KB125127

타입으로 견고하게
다형성으로 유연하게

타입으로 견고하게 다형성으로 유연하게: 탄탄한 개발을 위한 씨줄과 날줄

초판 1쇄 발행 2023년 10월 19일 **지은이** 홍재민 **펴낸이** 한기성 **펴낸곳** (주)도서출판인사이트 **편집** 송우일 **영업마케팅** 김진불 **제작·관리** 이유현, 박미경 **용지** 유피에스 **출력·인쇄** 예림인쇄 **제본** 예림바인딩 **등록번호** 제2002-000049호 **등록일자** 2002년 2월 19일 **주소** 서울특별시 마포구 연남로5길 19-5 **전화** 02-322-5143 **팩스** 02-3143-5579 **이메일** insight@insightbook.co.kr **ISBN** 978-89-6626-417-9 책값은 뒤표지에 있습니다. 잘못 만들어진 책은 바꾸어 드립니다. 이 책의 정오표는 https://blog.insightbook.co.kr에서 확인하실 수 있습니다.

타입으로 ——— 견고하게

다형성으로 —— 유연하게

탄탄한 개발을 위한 씨줄과 날줄

홍재민 지음

차례

추천사 viii

시작하며 x

1장 타입 검사 훑어보기 1

1.1 타입 검사의 정의와 필요성 2

1.2 정적 타입 언어 11

1.3 타입 검사의 원리 12

리터럴 21

덧셈 22

삼항 연산자 23

변수 26

함수 28

1.4 타입 검사 결과의 활용 38

코드 편집기 39

프로그램 성능 43

1.5 타입 추론 45

1.6 더 세밀한 타입 54

1.7 정적 타입 언어의 장단점 58

1.8 다형성 60

2장 서브타입에 의한 다형성 65

2.1 객체와 서브타입 68
이름에 의한 서브타입 78
구조에 의한 서브타입 82
추상 메서드 91

2.2 집합론적 타입 105
최대 타입 105
최소 타입 109
이거나 타입 118
이면서 타입 124

2.3 함수와 서브타입 134

3장 매개변수에 의한 다형성 147

3.1 제네릭 함수 152
제네릭 메서드 163
타입 인자 추론 166
힌들리-밀너 타입 추론 169

3.2 제네릭 타입 176

제네릭 클래스 184

3.3 무엇이든 타입 193

3.4 무엇인가 타입 205

4장 두 다형성의 만남 221

4.1 제네릭 클래스와 상속 224

4.2 타입 매개변수 제한 237

재귀적 타입 매개변수 제한 249

4.3 가변성 262

정의할 때 가변성 지정하기 276

사용할 때 가변성 지정하기 284

5장 오버로딩에 의한 다형성 293

5.1 오버로딩 298

가장 특화된 함수 304

메서드 오버로딩 312

5.2 메서드 오버라이딩 318
메서드 선택의 한계 327
메서드 오버라이딩과 결과 타입 331
5.3 타입클래스 339
5.4 카인드 358
마치며 369
감사의 글 373
찾아보기 375

추천사

“훌륭한 개발자가 되고 싶어요. 어떤 프로그래밍 언어를 배우는 것이 좋을까요? 가장 좋은 언어를 하나 고르라면 무엇을 추천하시겠어요?” 라는 질문을 받습니다. 질문하는 분이 아직 고등학교를 졸업하기 전이라면, 특정 언어를 숙달하는 것보다는 엄밀하게 생각하는 능력과 스스로의 생각을 정확하게 잘 표현하는 훈련이 더 중요하다고 말씀드립니다. 고등학교를 졸업한 분이 질문한다면, 적어도 세 가지 언어로 능숙하게 코딩할 수 있도록 경험을 쌓으시라고 대답합니다. 어떤 문제에도 가장 좋은 단 하나의 언어는 존재하지 않기 때문입니다. 오랜 기간 널리 사용되어 온 C와 C++는 탁월한 프로그램 성능을 제공하고, 자바스크립트는 웬만하면 프로그램이 실행 중에 비정상적으로 멈추지 않으며, 파이썬은 기계 학습 프로그램용으로 매우 널리 사용되고 있습니다. 각자 해결하고자 하는 문제에 제일 적합한 언어를 선택해 사용하면 됩니다.

그렇기는 하지만 프로그래밍 언어의 여러 가지 성질 중 가장 중요한 성질이 무엇이라고 생각하느냐고 물으신다면, 주저하지 않고 ‘타입 검사’를 선택하겠습니다. 아무리 빠르게 오래 실행되는 프로그램이라고 하더라도 제가 의도한 대로 동작하지 않는 프로그램은 그다지 의미가 없으니까요. 타입 검사는 프로그램이 제대로 동작할지를 프로그램 실행 전에 자동으로 미리 검사해 주는 기능입니다. 프로그램을 실행하려면 타입 검사가 지적하는 모든 문제를 해결해야 해서 귀찮을 수 있지만, 타입 검사를 통과한 후에는 프로그램이 올바르게 동작한다는 것을 보장해 주기 때문에 매우 큰 도움이 되는 기능입니다. 프로그램 작성은 쉽지만 디버깅이 너무나 어려운 자바스크립트나 파이썬과 같은 동적 언어보다는, 프로그램 작성 중에 잔소리를 많이 해서 귀찮기는 해도 올바르게 동작하는 프로그램을 작성하도록 도와주는 정적 언어가 제게는 더 좋은 친구입니다.

이 책은 이러한 타입 검사 기능에 대해 다양한 방식으로 이야기합니다. 타입 검사 기능을 쉬운 우리말로 차근차근 설명하고, 구체적인 코드 예시를 사용해 명확하게 보여주고, 귀여운 처르지와 큐리 박사가 함께 이야기를 이어 갑니다. 특히 중요한 개념에 대한 예시를 자바, C++, C#, 타입스크립트, 고, 코틀린, 러스트, 스칼라, 하스켈, 오캐멀 등 다양한 프로그래밍 언어로 보여 줍니다. 같은 개념을 각 언어가 얼마나 다르게 나타내고 어떤 다른 선택을 했는지 살펴보는 재미가 있습니다.

타입 검사가 약간 낯선 개념일 수도 있지만 마지막까지 큐리 박사와 처르지를 따라가다 보면 타입 시스템의 매력에 흠뻑 빠질 수 있으리라 생각합니다. 이 책의 코딩을 따라 하면서 즐거운 여행을 하길 기대합니다!

류석영 KAIST 전산학부 학부장

시작하며

요즘 가장 인기 있는 프로그래밍 언어 두 가지를 꼽으라면 단연 파이썬(Python)과 자바스크립트(JavaScript)다. 체감상으로도 그렇고 스택 오버플로와 깃허브 통계를 봐도 그렇다. 이 두 언어는 현역 개발자들이 많이 사용할 뿐 아니라 여러 교육 기관의 프로그래밍 입문용 언어로도 가장 많이 선택된다. 아마 이 책의 독자들 중에도 프로그래밍을 처음 배울 때 파이썬이나 자바스크립트로 시작한 사람이 있을 것이다.

무슨 언어로 프로그래밍을 시작했든 그 언어만 계속 사용하는 경우는 드물다. 대개 다른 언어를 사용할 일이 생긴다. 시스템 프로그래밍 분야에는 여전히 전통의 강자인 C와 C++가 사용되며 최근에 러스트(Rust)도 가세했다. 한편 안드로이드 앱을 개발한다면 자바(Java)나 코틀린(Kotlin)을 사용하기 마련이다. 또, 학계를 비롯한 일부 분야에서는 스칼라(Scala), 오캐멀(OCaml), 하스켈(Haskell) 같은 함수형 언어가 널리 사용된다. 그러다 보니 새로운 언어를 익히고 사용하는 능력 역시 개발자의 중요한 소양 중 하나다.

파이썬이나 자바스크립트로 프로그래밍을 시작한 사람이 다른 언어를 사용할 때 새롭게 접하게 되는 개념 중 하나가 바로 타입 검사(type checking)다. 앞에서 언급한 C, C++, 러스트, 자바, 코틀린, 스칼라, 오캐멀, 하스켈은 모두 타입 검사를 제공하는 언어다. 타입 검사를 한마디로 표현하자면 '내가 작성한 프로그램을 실행해도 문제가 없는지 컴퓨터가 자동으로 검사해 주는 기능'이다. 검사를 통과하지 못하면 프로그램을 아예 실행할 수 없다. 원래부터 타입 검사를 제공하는 언어를 사용하던 사람에게는 익숙한 일이지만, 파이썬과 자바스크립트만 사용해 봤다면 프로그램을 실행하는 것조차 컴퓨터의 허락을 받아야 한다는 점이 꽤나 불편할지도 모른다.

하지만 슬쩍 봤을 때 불편해 보인다고 무작정 멀리하기에는 타입 검사가 제공하는 이점이 너무나도 매력적이다. 그렇지 않았다면 그 많은 언어가 굳이 타입 검사라는 기능을 제공하지도 않았을 테다. 심지어는 타입 검사를 제공하지 않던 언어에마저 타입 검사를 추가하는 게 최근 추세다. 마이크로소프트는 자바스크립트에 타입 검사를 추가해 타입스크립트(TypeScript)를 만들었다. 파이썬 역시 타입 검사를 보조하는 기능들을 언어에 지속적으로 추가하고 있다. 그러니 앞으로는 무슨 일을 하든 타입 검사를 제공하는 언어를 사용할 가능성이 높다. 타입 검사를 잘 활용하는 능력이 개발자의 필수 소양 중 하나가 되어 가고 있다.

문제는 타입 검사를 잘 활용하기가 결코 쉬운 일이 아니라는 점이다. 물론 프로그램을 실행하기 전에 매번 자동으로 타입 검사가 진행되니 아무것도 몰라도 타입 검사를 그냥 '사용'할 수는 있다. 하지만 타입 검사를 제대로 '활용'하는 것은 전혀 다른 문제다. 타입 검사를 이해하지 않은 채 그냥 사용하기만 한다면 타입 검사의 장점을 살리기 어렵다. 오히려 타입 검사의 불편한 점에 시달리기 일쑤다.

이런 사태를 피하려면 우선 타입 검사의 장점과 단점을 정확히 알아야 한다. 그렇지 않으면 타입 검사를 사용하면서도 내가 지금 무슨 혜택을 얻고 있으며 무엇 때문에 불편한지 알 수가 없으니 상황을 개선할 방도가 없다. 타입 검사의 장단점을 파악했다면 남은 일은 어떻게 해야 타입 검사의 장점은 키우고 단점은 줄일 수 있는지 배우는 것이다. 그러면 비로소 타입 검사를 제대로 활용할 수 있게 된다.

다시 말해 타입 검사를 이왕 사용할 거라면 제대로 이해하고 써야 한다. 타입 검사를 제대로 이해했다는 것은 곧 '타입 검사의 장단점은 무엇인가?'와 '타입 검사의 장점은 키우고 단점은 줄이려면 어떻게 해야 하는가?', 이 두 질문에 잘 대답할 수 있다는 말이다. 그리고 이 두 질문에 대한 답은 이 책 속에 있다.

이 책은 일차적으로 파이썬이나 자바스크립트처럼 타입 검사가 없는 언어를 주로 사용해 온 사람들을 위한 책이다. 그런 독자들에게 이 책은 타입 검사를 알아 가는 과정에서 좋은 길잡이가 될 것이다. 단, 프로그래밍 경험이 거의 없는 사람에게는 이 책을 권하지 않는다. 최소한 클래스를 정의해 객체를 만들고 사용하는 정도까지는 아는 상태에서 책을 읽을 것을 추천한다.

또한 이 책은 타입 검사를 제공하는 언어를 사용하고 있지만 언어가 제공하는 타입 관련 기능을 능숙하게 사용하지 못한다고 느끼는 사람들을 위한 책이기도 하다. 이런 독자들은 '타입 검사의 장단점은 무엇인가?'에는 이미 어느 정도 스스로 답을 할 수 있을 것이다. 하지만 '타입 검사의 장점은 키우고 단점은 줄이려면 어떻게 해야 하는가?'에 대한 답을 아직 충분히 알지 못하고 있기에 여전히 타입 검사로 인한 불편을 겪을 수 있다. 그렇다면 이 책이 타입을 능숙하게 다룰 수 있는 경지에 도달할 때까지 이끄는 안내자가 될 것이다.

한 가지 주의할 점은, 이 책은 특정한 한 언어의 전문가가 되도록 돕는 책이 아니라는 것이다. 이 책의 목표는 여러 언어가 공통으로 제공하는 타입 관련 기능들을 다룸으로써 독자들이 어느 언어를 사용하든 타입을 능숙히 다루도록 돕는 것이다. 즉, 대다수의 프로그래밍 언어 책과는 다르고, 오히려 자료 구조 책이나 알고리즘 책과 더 비슷하다. 프로그래밍 언어 책들은 대개 한 언어를 정한 뒤 그 언어에 한정된 내용을 구체적으로 다룬다. C 책은 C만 다루고, 자바 책은 자바만 다루는 식이다. C 책을 읽었다고 곧바로 자바까지 능숙히 사용하게 되는 것은 아니다. 그 반면에 자료 구조 책이나 알고리즘 책은 한번 읽으면 그 내용을 어느 언어에나 적용할 수 있다. 정렬 알고리즘을 공부했다면 지금까지 내가 공부한 모든 언어로, 또 앞으로 공부할 모든 언어로 정렬 함수를 구현할 수 있게 된다. 이 책도 마찬가지다. 앞으로 무슨 언어를 사용하게 되든 상관없다. 그 언어가 타입 검사를 제공한다면 이 책에서 다룬 내용이 도움이 될 것이다.

이 책은 다음과 같이 다섯 개 장으로 구성되어 있다.

1. 타입 검사 훑어보기
2. 서브타입에 의한 다형성
3. 매개변수에 의한 다형성
4. 두 다형성의 만남
5. 오버로딩에 의한 다형성

1장에서는 '타입 검사의 장단점은 무엇인가?'에 대한 답을 살펴본다. 그에 더해 타입 검사의 기본 원리를 이해함으로써 타입 검사가 내 프로그램을 퇴짜 놓는 사태에 대응하는 기초적인 전략도 알아본다. 2~5장에서 타입 검사를 통과하는 프로그램을 작성하는 데 도움을 주는 프로그래밍 언어의 각종 기능을 다룸으로써 '타입 검사의 장점은 키우고 단점은 줄이려면 어떻게 해야 하는가?'에 대답한다. 각 장의 내용은 그 앞에 있는 장들의 내용을 아는 것을 전제로 한다. 따라서 자신이 관심 있는 내용을 다루는 부분으로 건너뛰면서 읽기보다는 앞부터 순서대로 읽을 것을 추천한다.

책에서 전문 용어를 적을 때는 대부분 관용적인 방식을 따랐다. 가령 오버라이딩(overriding)과 오버로딩(overloading)은 음차(音借) 형태가 이미 널리 사용되고 있기에 우리말로 옮기는 대신 음차 형태를 그대로 사용했다. 또한 음차 시 일부 용어는 관용 표기를 유지했다. 다만 우리말로 설명한 자료가 얼마 되지 않는 개념은 음차를 가급적 피하고 우리말로 풀어 썼다. 위치에 민감한 타입 검사(flow-sensitive type checking)와 타입 매개변수 제한(bounded quantification)이 그 예다. 이런 용어는 어차피 검색해도 우리말 자료가 잘 없으니 검색의 용이성보다는 용어를 쉽게 풀어 써 책을 읽기 쉽게 만드는 데 초점을 둔 것이다. 필요한 경우 각 용어에 원래 영어 용어도 병기했으니 영어에 큰 거부감이 없다면 영어로 검색해 더 많은 자료를 찾아보면 도움이 될 것이다.

1장

타입 검사 훑어보기

1.1 타입 검사의 정의와 필요성
1.2 정적 타입 언어
1.3 타입 검사의 원리
1.4 타입 검사 결과의 활용
1.5 타입 추론
1.6 더 세밀한 타입
1.7 정적 타입 언어의 장단점
1.8 다형성

1.1 타입 검사의 정의와 필요성

타입 검사는 도대체 무엇이며 왜 필요할까? 타입 검사를 하는 게 좋은가? 불편하지 않나? 왜 사람들이 사용하지? 타입 검사를 공부하기에 앞서 자연스럽게 떠오를 질문이다. 반드시 물어야 할 중요한 질문이기도 하다. 사실 타입 검사는 불편한 게 맞다. 하지만 그 불편을 감수하면서도 사용할 만큼 큰 가치가 있다. 지금부터 타입 검사가 무엇이며 왜 필요한지 알아보자.

우선 버그(bug)에 관한 이야기부터 해야 한다. 버그란 프로그램이 개발자의 의도와 다르게 동작하는 모든 경우를 말한다. 프로그램이 의도대로 동작해야 사용자를 만족시킬 수 있으니 프로그램에 버그가 있으면 고쳐야 한다. 하지만 처음부터 버그가 없는 프로그램을 만들기란 불가능에 가깝다. 개발자는 자신의 프로그램에서 끊임없이 버그를 찾고 고친다. 버그는 개발자에게 가장 큰 적이면서도 절대로 피할 수 없는 존재다.

버그 수정도 중요하고 어렵지만, 그보다 더 중요하고 어려운 일은 버그를 찾는 것이다. 버그를 일단 찾아야 고치든 말든 할 테니 버그를 찾는 것만큼 중요한 일이 없다. 개발 과정에서 버그를 미처 발견하지 못한 채 프로그램을 배포한다면, 사용자가 버그 때문에 피해를 볼 것이다. 버그를 찾는 일은 어렵기까지 하다. 프로그램에 버그가 있는지 없는지조차 모르는데, 수천수만 줄의 코드 속 어딘가에 있을지도 모르는 버그를 찾아 헤매야 한다.

어떻게 해야 버그를 잘 찾을 수 있을까? 지피지기(知彼知己)면 백전불태(百戰不殆)라고(적을 알고 나를 알면 백번 싸워도 위태롭지 않다) 했으니 먼저 버그라는 적을 잘 이해할 필요가 있다. 버그의 가장 흔한 원인은 타입 오류(type error)다. 타입 오류가 무엇인지 알려면 타입이 무엇인지부터 알아야 한다.

타입은 프로그램에 존재하는 값(value)들을 그 능력에 따라 분류한 것이다. 여기서 값이란 변수(variable)에 저장되거나 함수(function)에서 반환될 수 있는 `1`, `true`, `"abc"` 같은 것들을 말한다. 프로그램에는 다양한 값이 등장하며 제각각 다른 능력을 가지니 값들을 분류하는 행위는 꽤나 자연스럽다. 예를 들어 1 같은 정수는 사칙 연산에 사용할 수 있다. 한편 "abc" 같은 문자열(string)은 정수 n이 주어졌을 때 자신의 n번째 문자(character)가 무엇인지 알려 준다든지, 다른 문자열이 주어졌을 때 그 문자열이 자신의 일부인지 확인한다든지 하는 능력을 가진다. 그 반면에 정수에서 n번째 문자를 받아오거나 문자열을 사칙 연산에 사용하는 것은 불가능하다.

	1	"abc"
사칙 연산에 사용할 수 있는가?	○	×
자신의 n번째 문자를 알려 주는가?	×	○

그러므로 정수는 정수끼리 하나의 타입으로 묶고, 문자열은 문자열끼리 하나의 타입으로 묶을 수 있다. 정수나 문자열 말고도 불(boolean), 리스트(list), 함수 등 다양한 타입이 있다. 각 타입은 능력이 서로 다르다.

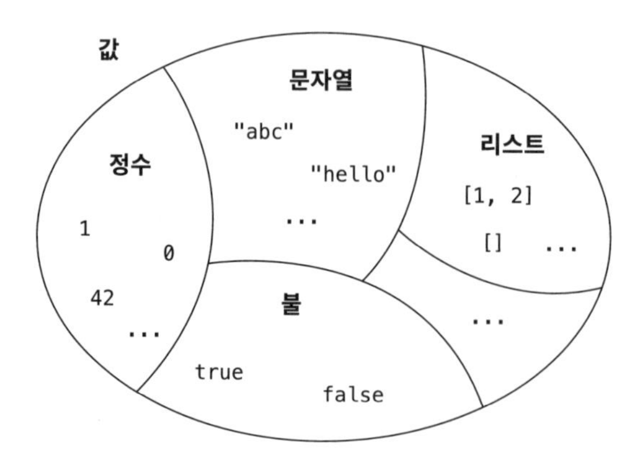

물론 언어마다 존재하는 타입과 각 타입의 능력은 조금씩 다르다. 예를 들어 문자열을 덧셈에 사용할 수 있는 언어도 있고 그렇지 않은 언어도 있다. 하지만 어느 언어에서나 값들을 능력에 따라 여러 타입으로 분류할 수 있다는 사실은 변하지 않는다.

어떤 타입의 값을 그 타입이 갖고 있지 않은 능력이 필요한 자리에 사용한다면 프로그램 실행에 문제가 생긴다. 문자열 타입이 뺄셈이라는 능력을 제공하지 않음에도 "abc" - "d"라는 코드를 실행하는 경우가 한 예다. 타입 오류는 바로 이런 경우를 말한다. 실행 중에 타입 오류가 발생하면 프로그램 실행이 즉시 중단되고 사용자에게 오류 메시지를 출력한다. 오류 메시지의 모양은 무슨 프로그램을 어디서 실행했느냐에 따라 다르지만 프로그램이 갑작스레 멈춘다는 점은 모두 같다.

```
Traceback (most recent call last):
  File "example.py", line 1, in <module>
    "abc" - "d"
TypeError: unsupported operand type(s) for -: 'str' and 'str'
```

명령 줄(command line)에서의 오류 메시지

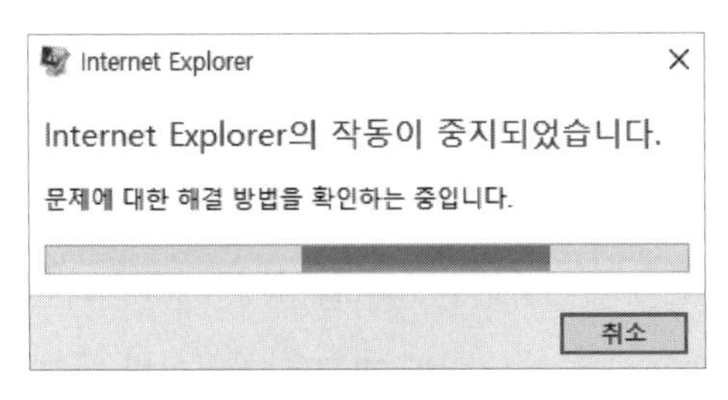

윈도우에서의 오류 메시지

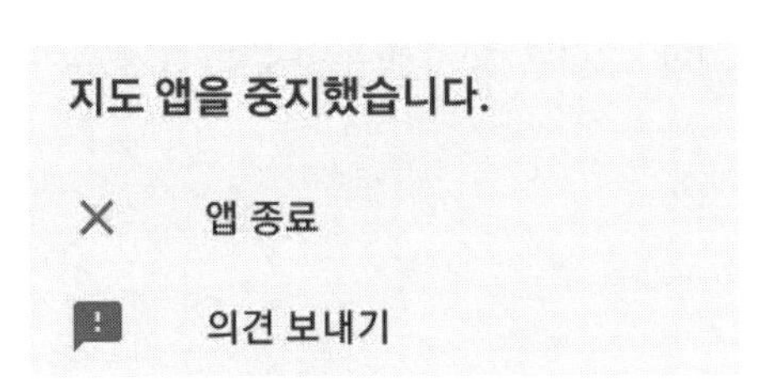

안드로이드에서의 오류 메시지

타입의 능력을 벗어나는 일을 시켰으니 프로그램이 어쩔 줄 모르고 그냥 멈춰 버린 것이다. 프로그램이 결과도 출력하지 않고 갑자기 종료되면서 사용자에게 오류 메시지나 내뱉는 일을 개발자가 의도할 리 없다. 그러므로 프로그램이 타입 오류를 일으킨다는 이야기는 곧 그 프로그램에 버그가 있다는 말이다.

버그라는 적을 잘 이해했으니 이제 버그를 찾기 위해 우리가 뭘 할 수 있는지 알아볼 차례다. 버그를 찾는 가장 쉬운 방법은 프로그램을 직접 실행해 보는 것이다. 타입 오류가 발생한다면 프로그램이 실행 중에 오류 메시지를 출력하며 종료될 것이다. 그럼 프로그램에서 버그를 발견한 것이다. 컴퓨터만 있으면 누구나 프로그램을 실행할 수 있으니 정말 쉬운 방법이다.

하지만 동시에 큰 약점도 있다. 실행을 통해 프로그램이 처할 수 있는 모든 상황을 시험해 볼 수는 없다는 것이다. 끝나려면 100시간쯤 걸리는 기상 시뮬레이션 프로그램을 만들었다고 해 보자. 실행해서 타입 오류가 발생하는지 확인하려면 100시간을 기다려야 하는 셈이다. 배포 일정을 맞추기 위해 50시간 안에 버그를 찾아야만 한다면 어떨까? 프로그램을 실행하고 처음 50시간 동안은 타입 오류가 발생하지 않음을 확인할 수 있겠지만, 그다음 50시간 동안도 타입 오류가 없을지는 아무도 모른다.

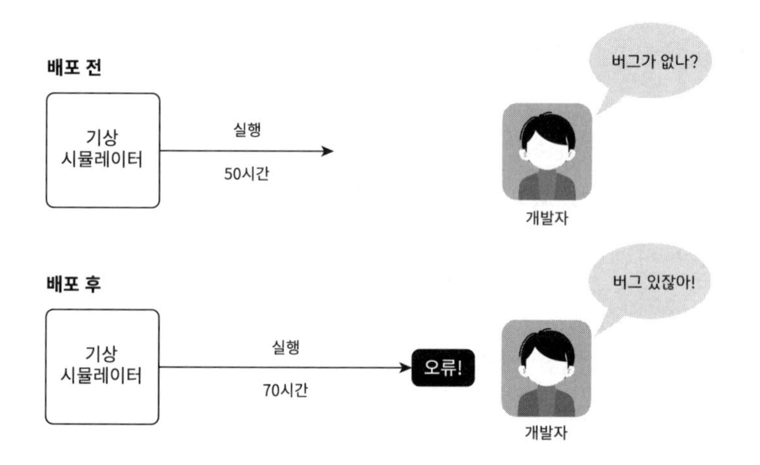

다행히 시간이 넉넉하다고 하더라도 여전히 문제가 있다. 프로그램에 입력으로 주어질 수 있는 시뮬레이션 초기 상태의 수는 무수히 많다. 그중 몇 개를 골라 실행해 봄으로써 타입 오류가 없음을 확인할 수는 있다. 하지만 시도해 보지 않은 나머지 초기 상태 중에는 프로그램을 타입 오류로 몰고 갈 입력이 있을지도 모른다.

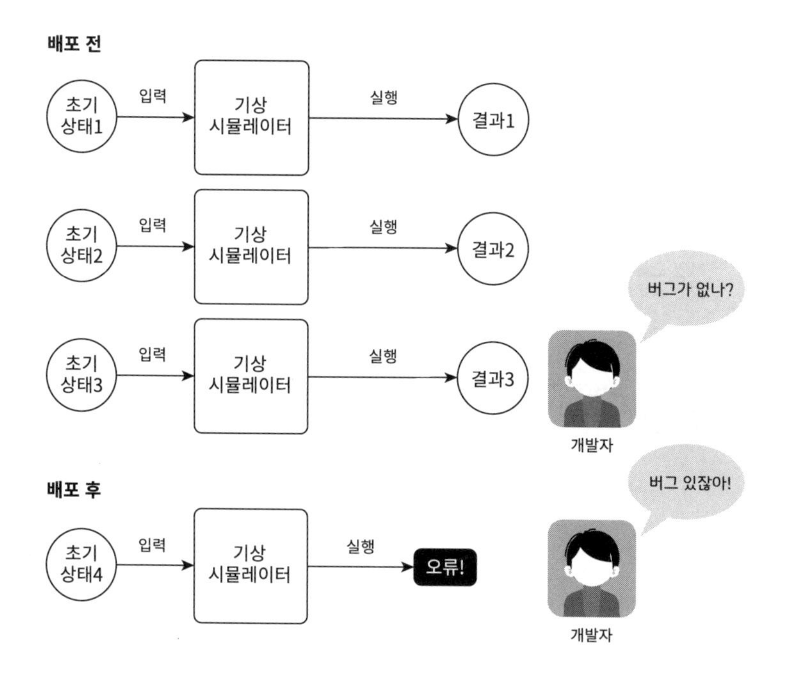

만든 프로그램이 입력을 받지 않고 실행 시간도 짧다면 실행해 보기만 해도 버그를 충분히 찾을 수 있을 것이다. 안타깝게도 대부분의 프로그램은 그렇지 않다. 우리는 더 좋은 방법이 필요하다.

단순히 실행하는 것으로 부족하다면 가지고 있는 코드를 더 적극적으로 활용해야 한다. 프로그램이 무슨 일을 할지는 사실 코드에 다 적혀 있으니 말이다. 그래서 사람들은 프로그램의 코드를 입력받아 그 프로그램이 타입 오류를 일으키는지 자동으로 판단해 주는 프로그램인 타입 검사기(type checker)를 사용한다.

가장 이상적인 타입 검사기는 주어진 프로그램이 타입 오류를 절대 일으키지 않는다면 '통과'라고 출력하고, 타입 오류를 일으키는 경우의 수가 단 하나라도 있다면 '거부'라고 출력한다. 여기에 더해 '거부'라고 출력할 때는 타입 오류가 어디에서 왜 일어날 수 있는지 오류 메시지를 출력한다. 이 오류 메시지는 실행 중에 타입 오류가 발생해서 출력된 오류 메시지와는 다르다. 타입 검사기가 타입 오류가 발생할 가능성을 경고하려고 출력한 것일 뿐, 실제로 타입 오류가 일어난 게 아니다.

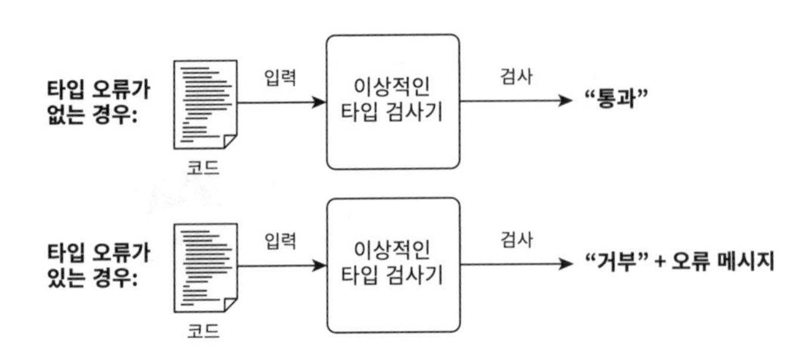

이런 타입 검사기가 있다면 걱정할 게 없다. 프로그램을 만들고 나서 타입 검사기에 코드를 넣기만 하면 된다. 타입 검사기가 '통과'라고 한다면 타입 오류가 없다는 확신이 생기고, '거부'라고 한다면 타입 검사기가 알려 준 내용을 바탕으로 코드를 고치면 된다.

딱 한 가지 문제는 이런 이상적인 타입 검사기가 존재하지 않는다는 것이다. 이런 타입 검사기를 만들기가 매우 어렵다거나, 아직까지 아무도 만드는 방법을 찾지 못했다는 이야기가 아니다. 아무리 기술이 발전하고 대단한 천재가 나와도 이런 타입 검사기를 절대 만들 수 없다는 사실이 논리적으로 이미 증명되어 있다. 이는 무려 1930년대에 컴퓨터의 아버지 튜링(Alan Turing)이 직접 증명한 사실이다.[1]

그래서 약간의 타협이 필요하다. 여전히 타입 오류를 놓치고 싶지는 않다. 그러니 우리의 현실적인 타입 검사기도 주어진 프로그램이 타입

1 정확히 말하자면, 튜링이 증명한 것은 주어진 프로그램이 언젠가 정지하는지, 아니면 무한히 실행되는지 판단하는 프로그램이 없다는 사실이다. 하지만 타입 오류가 있는지 판단하는 타입 검사기가 없다는 사실도 같은 방식으로 증명할 수 있으니, 사실상 튜링이 증명했다고 봐도 무방하다.

오류를 일으키는 경우의 수가 단 하나라도 있다면 '거부'라고 출력해야 한다. 여기까지는 이상적인 타입 검사기와 똑같다. 그 대신 실제로는 타입 오류가 없는데도 '거부'라고 출력하는 경우가 있다. 다시 말해 주어진 프로그램이 타입 오류를 절대 일으키지 않는다면, 올바르게 '통과'를 출력할 때도 있지만 간혹 가다 '거부'라고 출력하는 경우도 있는 것이다. 이게 바로 항상 올바르게 '통과'를 출력할 이상적인 타입 검사기와의 차이다.

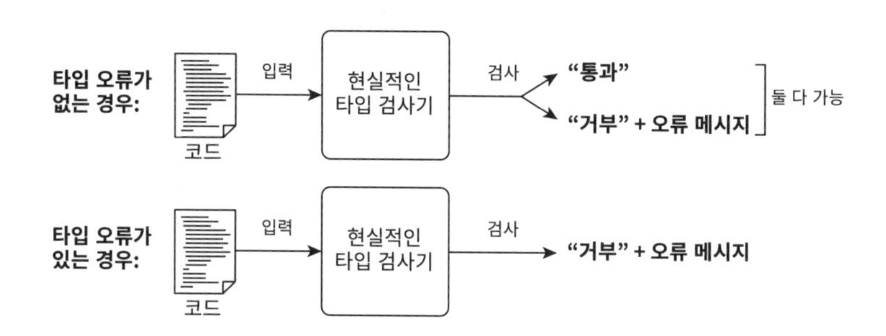

이상적인 타입 검사기만은 못해도 현실적인 타입 검사기 역시 충분히 쓸 만하다. 타입 검사기가 '통과'라고 한다면 타입 오류가 없다고 여전히 확신할 수 있다.

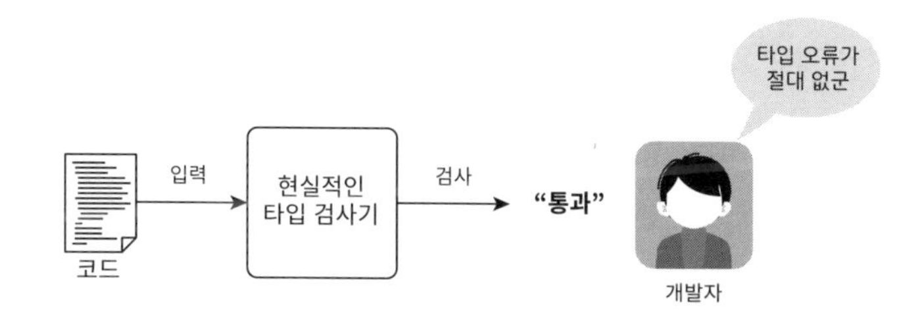

이는 타입 검사기의 가장 중요한 성질로, 흔히 타입 안전성(type safety)이라 부른다. 타입 검사기가 '통과'라고 했다면 프로그램을 타입 오류 없이 안전하게 실행할 수 있다는 말이다.

문제는 타입 검사기가 '거부'라고 한 경우다. 정말 타입 오류가 있어서 '거부'라고 했을 수도 있지만, 사실은 타입 오류가 없는데도 '거부'라고 했을 수도 있다. 이는 타입 검사기를 사용하는 데 있어서 가장 큰 불편이다. 그나마 다행인 점은 타입 검사기가 '거부'라고 출력할 때는 타입 오류가 어디에서 왜 일어날 수 있는지도 함께 알려 준다는 것이다. 대부분의 경우, 개발자가 이 정보를 바탕으로 타입 오류가 있는지 없는지 쉽게 판단할 수 있다. 타입 오류가 정말 있다면 타입 오류를 없애기 위해 코드를 고치면 되고, 타입 오류가 사실은 없다면 타입 검사기가 그 사실을 올바르게 알아낼 수 있도록 코드를 살짝 바꾸면 된다.

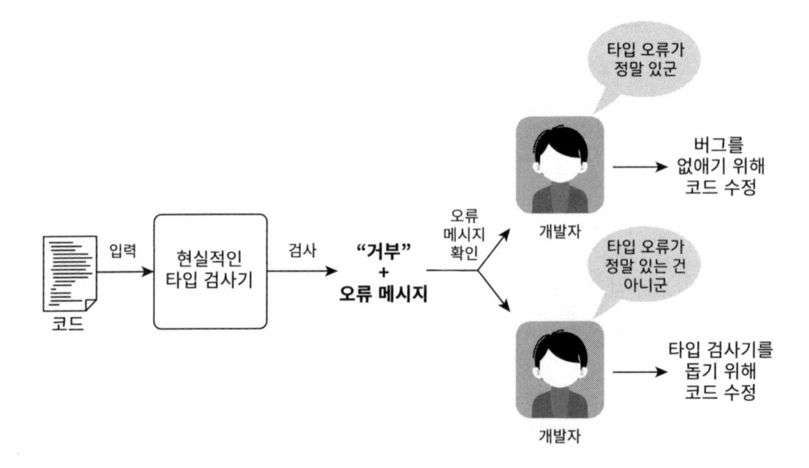

이처럼 타입 검사는 작성한 프로그램에서 버그를 자동으로 찾아 준다는 가치를 지닌다. 그 대가로 불편을 약간 감내해야 하지만 말이다. 바로 나는 제대로 짰는데도 타입 검사기가 '거부'라고 잘못 알려 주는 불편함이다. 하지만 불편보다는 가치가 훨씬 크다. 버그는 아주 많고 사람의 힘만으로 모든 버그를 찾기란 매우 어렵다. 그 반면에 '거부'라고 잘못 말하는 경우는 적고 그런 경우에도 오류 메시지를 참고하면 타입 검사를 통과하는 코드를 쉽게 만들 수 있다. 그래서 사람들은 타입 검사기를 사용한다.

1.2 정적 타입 언어

타입 검사기는 누가 만들까? 아무리 타입 검사기가 매력적이라 한들, 아무도 만들지 않으면 사용할 수조차 없다. 각 언어를 사용해 프로그램을 작성하는 개발자가 타입 검사기를 직접 만들어야 할까? 그럴 수는 없다. 타입 안전성을 갖춘 타입 검사기를 만드는 일은 어렵고 시간도 오래 걸린다. 타입 검사기를 만들 시간에 버그를 직접 찾는 게 차라리 빠를 테니 배보다 배꼽이 더 큰 격이다.

타입 검사기 제작은 언어를 만든 사람들의 몫이다. 언어 제작자가 언어를 설계할 때 타입 검사기도 같이 만든다. 그렇게 만든 타입 검사기는 개발자가 사용할 수 있도록 제공된다. 개발자는 타입 검사기를 사용해 자신의 프로그램이 타입 오류를 일으킬 수 있는지 확인하기만 하면 된다.

여러 언어가 타입 검사기를 제공한다. 자바, C, C++, C#, 타입스크립트, 고(Go), 코틀린, 러스트, 스칼라, 하스켈, 오캐멀 등이 그 예다. 이런 언어들을 정적 타입 언어(statically typed language)라 부른다. '정적'이라는 단어는 '프로그램을 실행하기 전에'를 뜻한다. 즉, 정적 타입 언어란 프로그램을 실행하기 전에 타입이 올바르게 사용되었는지 확인하는 언어다. 프로그램이 타입 검사를 통과하면 실행될 기회를 얻는다. 실행 중에 타입 오류가 절대 일어나지 않는다는 보장과 함께. 반대로 프로그램이 타입 검사를 통과하지 못하면 언어가 실행을 허락하지 않는다. 실행 중에 타입 오류가 일어날 가능성이 있다고 판단했기 때문이다.

한편 타입 검사기를 제공하지 않는 언어도 있다. 자바스크립트, 파이썬, 루비(Ruby), 리스프(LISP) 등이 대표적이다. 타입 검사기가 없으니 프로그램을 실행하기 전에 타입 검사를 해 볼 수 없다. 아무 프로그램이나 그냥 실행할 수 있지만, 실행 중에 타입 오류가 발생할 수도 있다. 이런 언어들은 동적 타입 언어(dynamically typed language)라 부른다. '동적'은 '프로그램을 실행하는 중에'를 뜻한다. 타입이 잘못 사용되었다고 해도 그 사실을 실행 중에야 파악할 수 있는 언어인 것이다.

1.3 타입 검사의 원리

정적 타입 언어를 잘 사용하기 위해서는 타입 검사기의 오류 메시지를 이해할 수 있어야 한다. 타입 검사기가 '거부'라고 출력할 때는 그렇게 판단한 이유를 항상 함께 출력한다. 우선은 출력된 내용을 이해할 수 있어야 '거부'라는 판단이 옳은지 그른지 알 수 있다. 그 판단이 올바르다면 내 프로그램의 잘못된 부분을 수정하는 데 오류 메시지의 내용이 큰 도움이 된다. 반대로 그 판단이 틀린 경우에도 타입 검사기가 '통과'라는 올바른 답을 찾도록 내 프로그램을 수정하려면 오류 메시지를 참고해야 한다.

타입 검사기의 오류 메시지를 이해하려면 타입 검사기가 어떻게 작동하는지 알아야 한다. 타입 검사기가 프로그램을 검사하는 방식은 현실에서 우리가 물건을 검사하는 것과 별반 다르지 않다. 예를 들어 자동차가 올바르게 조립되었는지 검사하는 상황을 생각해 보자. 사실 나는 자동차를 잘 모른다. 실제 자동차 공장에서 자동차를 어떻게 검사하는지는 더더욱 잘 모른다. 그러니 자동차를 잘 아는 독자에게는 다음 자동차 검사 과정이 우스꽝스럽게 들릴 수 있다. 하지만 타입 검사를 이해하기 쉽도록 드는 비유이니 너그러이 이해해 주기 바란다.

자동차는 부품들을 결합하고 또 결합해서 만들어진 하나의 큰 기계 장치다. 부품 중에는 더는 쪼갤 수 없는 가장 단순한 '기본' 부품도 있고, 여러 작은 부품을 결합해서 만든 더 큰 '복합' 부품도 있다. 일례로 타이어와 휠을 기본 부품이라 한다면, 타이어와 휠을 결합해서 만든 바퀴는 복합 부품이다. 또 바퀴 두 개와 축을 결합해서 만든 차축 역시 복합 부품이다.

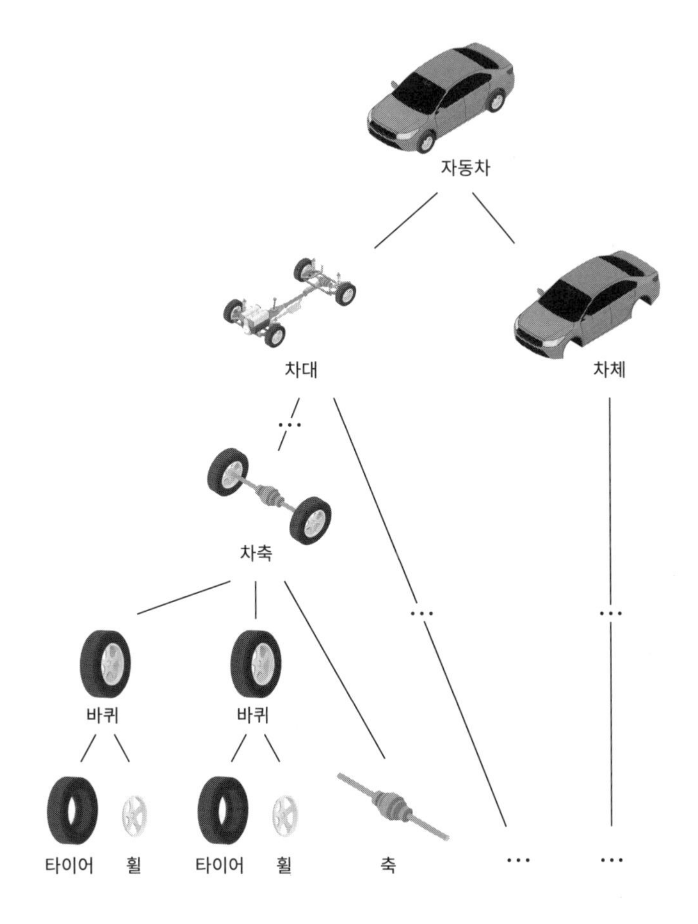

이제 자동차가 여러 부품으로 이루어졌다는 사실을 염두에 둔 채로 자동차 검사 과정을 하나하나 따라가 보자.

1. 우선 기본 부품들을 검사한다. 기본 부품들을 검사한다는 것은 기본 부품들의 정보를 알아낸다는 말이다. 가령 타이어의 안쪽 반지름이 얼마인지, 휠의 반지름이 얼마인지 확인하는 것이다.

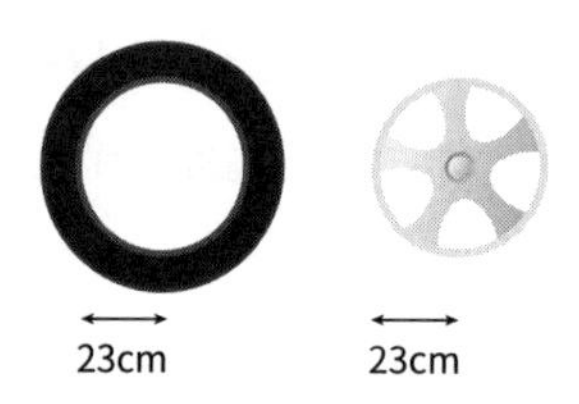

2. 이제 복합 부품을 검사한다. 각 복합 부품의 검사는 두 단계로 이루어진다.

    2-1. 복합 부품을 구성하는 작은 부품들이 올바르게 사용되었는지 확인한다. 이때 앞선 단계에서 얻은 정보를 활용한다. 타이어와 휠을 결합해 만든 바퀴를 예로 보자. 타이어와 휠의 크기가 맞지 않으면 자동차가 달리다가 타이어와 휠이 분리되는 사태가 일어날 수 있다. 그러니 타이어의 안쪽 반지름과 휠의 반지름이 같은지 확인해야 한다.

2-2. 1에서 기본 부품들의 정보를 알아낸 것처럼 복합 부품의 정보도 알아낸다. 가령 바퀴 구멍의 지름을 확인하는 것이다.

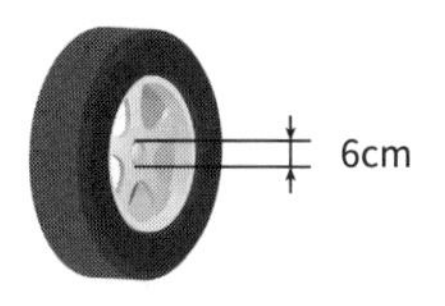

3. 2를 반복한다. 예를 들면 바퀴 두 개와 축을 결합해 만든 차축을 검사하는 것이다. 이때는 바퀴 구멍의 지름과 축의 지름이 같은지 확인해야 한다.

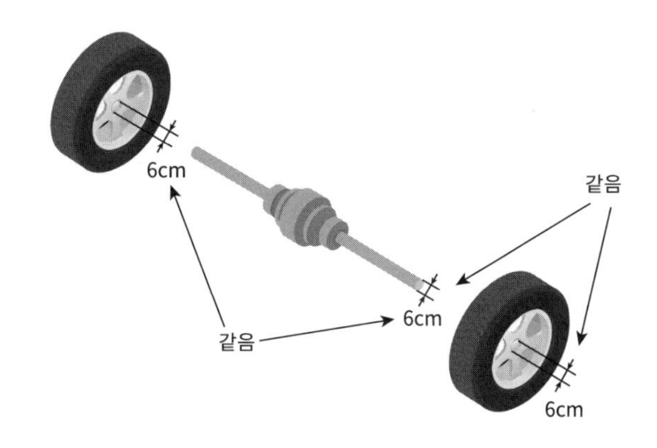

그러고 나서는 차축의 정보를 알아낸다. 이를테면 차축의 폭을 알아낼 수 있다.

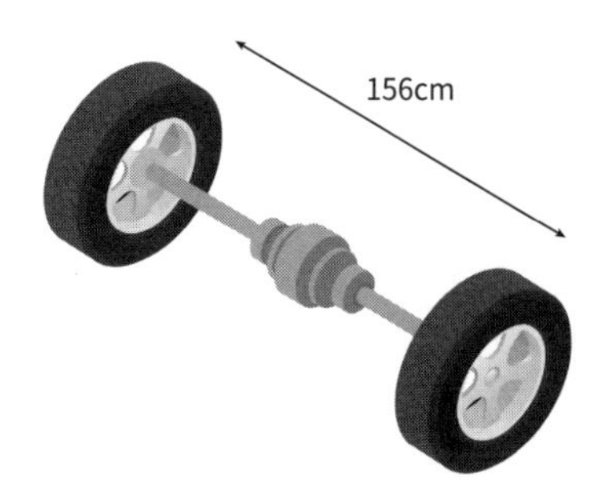

4. 2를 반복하다 보면 결국에는 자동차 전체에 이르게 된다. 여기까지 오면서 부품이 올바르게 사용되지 않은 경우가 한 번도 없었다면 자동차가 검사를 통과하고, 한 번이라도 있었다면 검사를 통과하지 못한다.

즉, 자동차를 검사할 때는 '작은 부품에서 큰 부품으로' 가면서 검사한다. 더 구체적으로는, 우선 작은 부품의 정보를 알아내고, 그 작은 부품들이 더 큰 부품을 구성할 때 각각의 작은 부품이 올바르게 사용되었는지 확인하는 것을 반복한다.

타입 검사도 비슷하다. 하나의 자동차가 여러 부품으로 이루어진 것처럼 프로그램도 여러 부품으로 이루어져 있다. 또 우리가 작은 부품에서 큰 부품으로 가면서 자동차를 검사했듯이 타입 검사기도 작은 부품에서 큰 부품으로 가면서 프로그램을 검사한다. 다음 프로그램을 예로 보자.

```
printInt(5 + 7)
```

이 프로그램은 부품 두 개로 구성되어 있다. 바로 `printInt`와 `5 + 7`이다. 두 부품이 함수 호출(call)이라는 형태로 모여 `printInt(5 + 7)`이 만들어진 것이다. 다시 각 부품을 보자. `printInt`는 함수의 이름으로, 더는 쪼갤 수 없는 기본 부품이다. 한편 `5 + 7`은 또 다시 부품 두 개로 구성된다. 이번에는 `5`와 `7`이다. 이 두 부품이 덧셈이라는 형태로 모여 `5 + 7`이 탄생한다. 마지막으로 `5`와 `7`은 각각 정수 리터럴(literal)로, `printInt`와 마찬가지로 더는 쪼갤 수 없는 기본 부품이다.

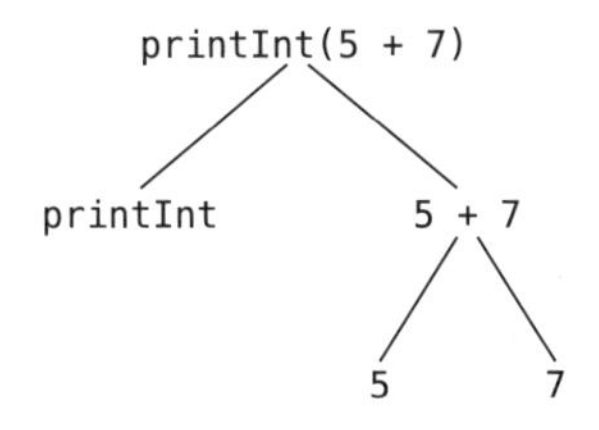

타입 검사기가 이 프로그램을 검사하는 과정을 처음부터 끝까지 따라가 보자. 다만 이 예의 목표는 타입 검사의 큰 그림을 보여 주는 것이기 때문에 약간의 세부 사항은 생략했다. 각 부품을 검사하는 정확한 방법은 뒤에서 더 자세히 다룰 것이다. 지금은 전체적인 흐름에 집중해 보자. 타입 검사기는 기본 부품부터 시작해 계속해서 더 큰 부품으로 이동하며 프로그램을 검사한다.

1. 기본 부품을 검사한다. 기본 부품 검사는 그 부품의 타입을 알아내는 것이다. 이때 부품의 타입은 그 부품을 실행했을 때 결과로 나오는 값의 타입을 말한다. 가령 5라는 부품을 계산한 결과는 정수 5이니 5라는 부품의 타입은 정수다. 마찬가지로 7의 타입 역시 정수이며, `printInt`의 타입은 정수를 인자(argument)로 받는 함수다.

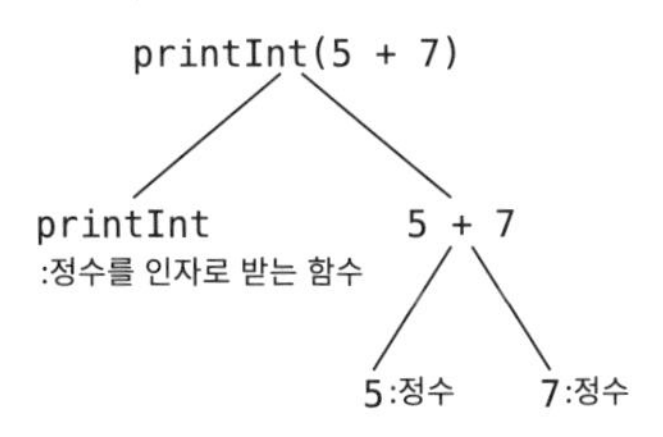

2. 복합 부품을 검사한다. 각 복합 부품의 검사는 두 단계로 이루어진다.

   2-1. 복합 부품을 구성하는 작은 부품들의 타입이 올바른지 확인한다. 이때 앞 단계에서 얻은 정보를 활용한다. `5 + 7`은 5와 7로

이루어진 복합 부품이다. 두 부품을 덧셈으로 결합하려면 두 부품이 모두 정수 타입이어야 한다. 따라서 5와 7 모두 정수 타입의 부품인지 확인한다. 1에서 알아낸 대로 둘 다 정수 타입이므로 아무 문제도 발견되지 않는다.

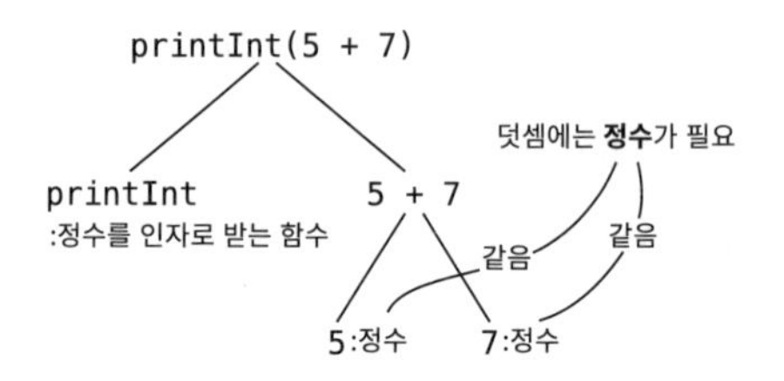

2-2. 1에서 기본 부품들의 타입을 알아낸 것처럼 복합 부품의 타입도 알아낸다. 덧셈을 하는 부품의 결과는 반드시 정수이므로 `5 + 7`의 타입은 정수다.

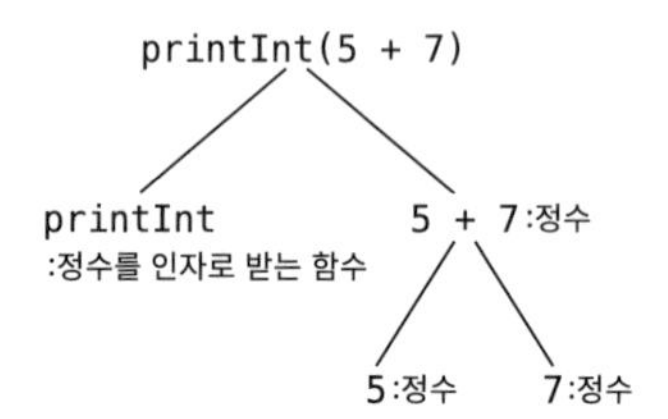

3. 2를 반복한다. `printInt(5 + 7)`은 `printInt`와 `5 + 7`로 이루어진 복합 부품이다. 두 부품을 함수 호출의 형태로 결합할 때는 함수 부품이 인자에 요구하는 타입과 인자 부품의 타입이 같아야 한다. `printInt`는 정수 타입을 요구하고, `5 + 7`의 타입은 정수이므로 아무 문제도 없다.

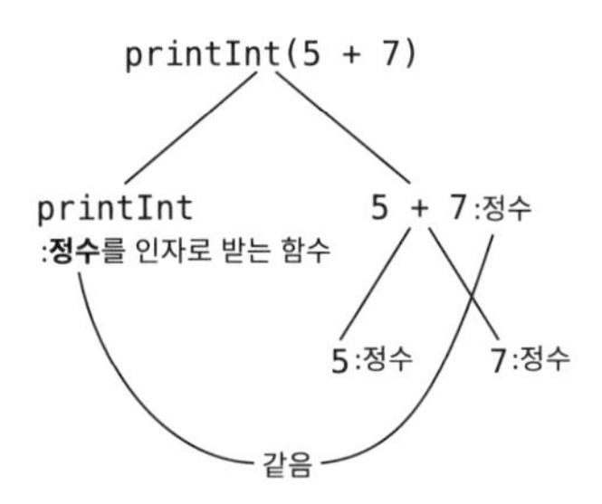

4. 2를 반복하다 보니 printInt(5 + 7)이라는 전체 프로그램에 도달했다. 부품이 올바로 사용되지 않은 경우가 한 번도 없으니 프로그램이 검사를 통과한다.

printInt가 잘 정의되어 있는 함수라는 가정하에 이 프로그램은 실행했을 때 타입 오류를 일으키지 않는다. 그러니 프로그램이 타입 검사를 통과하는 것이 합당한 결과다.

이번에는 타입 검사를 통과하지 못하는 프로그램을 보자.

```
printInt(5 + "7")
```

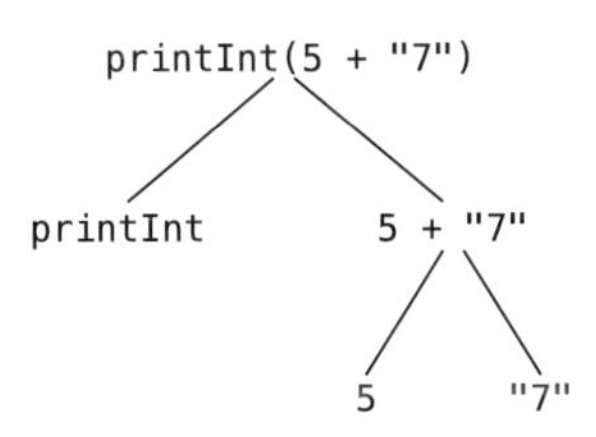

이 프로그램은 정수와 문자열을 더하려 하기 때문에 실행하면 타입 오류가 발생한다(정수와 문자열을 더할 수 없는 언어를 사용 중이라고 가정하자). 올바른 타입 검사기라면 이 프로그램을 거부해야 마땅하다. 과연 타입 검사기가 이 프로그램의 문제를 찾을 수 있을지 알아보자.

1. 기본 부품을 검사한다. printInt의 타입은 정수를 인자로 받는 함수, 5의 타입은 정수, "7"의 타입은 문자열이다.

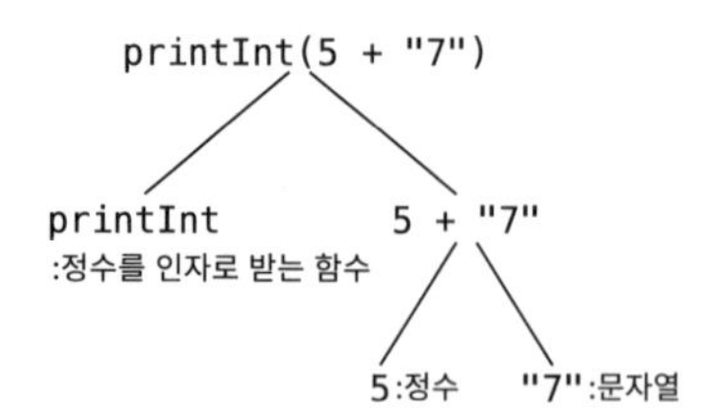

2. 복합 부품을 검사한다.

   2-1. 복합 부품을 구성하는 작은 부품들의 타입이 올바른지 확인한다. 5 + "7"은 5와 "7"로 이루어진 복합 부품이다. 두 부품을 덧셈으로 결합하려면 두 부품이 모두 정수 타입이어야 한다. 따라서 5와 "7" 모두 정수 타입의 부품인지 확인한다. "7"의 타입이 문자열이므로 문제가 발견되었다.

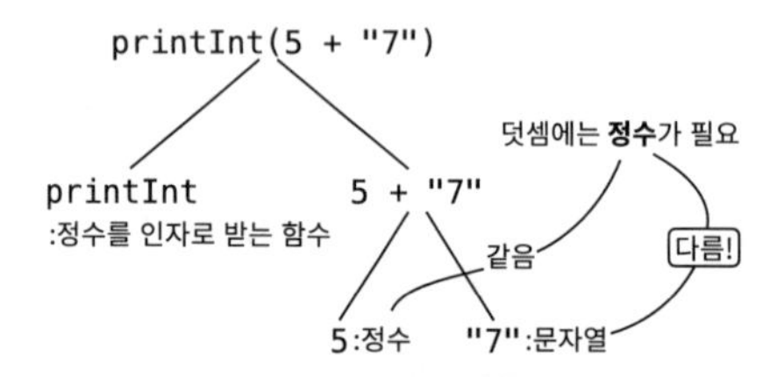

   2-2. 앞서와 같다.

3. 앞서와 같다.
4. 반복하다 보니 전체 프로그램에 도달했다. 부품이 올바르게 사용되지 않은 경우가 발견되었으니 프로그램이 검사를 통과하지 못한다. 타입 검사기는 '거부'와 함께 '정수가 필요한데 문자열인 "7"이 발견됨'이라고 출력한다.

우리의 기대대로 타입 검사기가 프로그램을 거부했다. 단순히 '거부'라고 출력했을 뿐 아니라 무엇이 문제인지도 정확히 알려 준다. 정수가 필요한 곳에 문자열인 "7"이 사용된 것이 문제임을 알았으니 프로그램을 고치는 데 어려운 점은 없다. 가령 "7"을 7로 바꾸어 문제를 해결할 수 있다.

이제 타입 검사기가 프로그램을 어떤 식으로 검사하는지 대강의 방법은 이해했다. 남은 일은 타입 검사기가 각 부품을 구체적으로 어떻게 검사하는지 이해하는 것이다.

리터럴

가장 쉬운 경우는 정수 리터럴을 검사하는 경우다. 정수 리터럴은 더는 쪼개지지 않는 기본 부품이니 타입만 찾으면 된다. 정수 리터럴의 계산 결과는 반드시 정수다. 1을 계산하면 1이 나오고, 2를 계산하면 2가 나온다. 그러므로 정수 리터럴이라는 부품의 타입은 정수 타입이다. 다른 종류의 리터럴도 별반 다르지 않다. 모든 리터럴은 기본 부품이니 타입만 찾으면 된다. 불 리터럴의 타입은 불 타입이고, 문자열 리터럴의 타입은 문자열 타입이다.

지금부터는 정수 타입은 `Int`, 불 타입은 `Boolean`, 문자열 타입은 `String`이라 쓸 것이다. 이에 따라 다시 쓰자면, 정수 리터럴의 타입은 `Int`, 불 리터럴의 타입은 `Boolean`, 문자열 리터럴의 타입은 `String`이다. 언어에 따라 각 타입을 다른 이름으로 부를 수도 있다. 예를 들면 정수 타입은 `int`, 불 타입은 `bool`, 문자열 타입은 `str`이라 쓰는 언어도 있을 것이다. 이는 어디까지나 이름의 차이일 뿐이다. 나타내고자 하는 대상은 여전히 정수 타입, 불 타입, 문자열 타입이다. 그러므로 이 책에서 설명한 내용은 타입들을 다른 이름으로 부르는 언어에서도 유효하다.

덧셈

이제 조금 더 큰 부품을 볼 차례다. 두 부품을 덧셈으로 연결한 a + b 형태의 부품부터 보자. 앞에서 본 5 + 7과 5 + "7" 같은 부품들이 해당한다. a + b라는 형태를 이야기할 때 a와 b 각각은 복합 부품일 수도 있다. 그러니 (2 + 3) + 7 같은 부품도 a + b 형태의 부품이다. (2 + 3) + 7은 (2 + 3)이라는 부품과 7이라는 부품을 덧셈으로 연결한 것이다. 앞으로도 a, b 등으로 부품을 지칭할 때 a, b 자리에는 기본 부품이든 복합 부품이든 모두 올 수 있다.

a + b는 a와 b의 두 부품으로 구성되니 '작은 부품에서 큰 부품으로' 규칙에 따라 a와 b를 검사한 다음에야 a + b를 검사한다. a와 b를 검사할 때 각각의 타입을 알아냈으니 a + b를 검사할 때는 a와 b의 타입을 이미 알고 있다.

a + b를 검사하는 첫 단계(2-1에 해당하는 단계)는 a와 b의 타입이 올바른지 확인하는 것이다. 덧셈을 하려면 주어진 값이 정수여야 한다. 따라서 a와 b의 타입이 Int인지 확인한다. 둘 다 Int라면 a + b는 확실히 타입 오류를 일으키지 않는다. 아무 문제도 없으니 두 번째 단계(2-2에 해당하는 단계)로 넘어갈 수 있다. 두 정수의 합은 정수다. 그러니 a + b라는 이 부품의 타입 역시 Int가 된다. 5 + 7이 이 경우에 해당한다.

한편 a와 b 중 하나라도 Int가 아니면 a + b는 타입 오류를 일으킬 수 있다. 그러므로 타입 검사의 최종 결과는 '거부'가 되고 오류 메시지에는 a(또는 b)의 타입이 Int여야 하지만 그렇지 않기에 거부한다는 내용이 들어간다. 5 + "7"이 그렇다. 5의 타입은 Int가 맞지만, "7"의 타입은 Int가 아니라 String이다. 그러므로 "Int가 필요한데 String인 "7"이 발견됨"이라는 오류 메시지가 출력된다. 실제로 5 + "7"은 실행 중에 타입 오류를 일으킬 것이므로 이는 올바른 지적이다.

물론 덧셈의 동작은 언어마다 다르다. 어떤 언어에서는 정수와 문자열의 덧셈도 허용될 수 있다. 그런 언어에서는 `5 + "7"`이 타입 검사를 통과한다. `a + b`를 검사할 때 `a`와 `b`의 타입이 `Int` 또는 `String`이면 괜찮은 것이다. 지금까지 내용의 핵심은 '덧셈은 `Int` 타입을 요구한다'가 아니라 '덧셈은 특정 타입(들)을 요구하며 타입 검사 과정에서 덧셈을 하는 부품이 그 요구를 만족하는지 확인한다'이다. 이 설명은 덧셈의 동작에 상관없이 어느 정적 타입 언어에서든 유효하다.

덧셈 말고도 뺄셈, 곱셈, 나눗셈 등의 다른 연산을 하는 부품도 있다. 하지만 각각을 검사하는 방법은 덧셈과 다를 게 없다. 우선 그 부품을 이루는 더 작은 부품들이 연산이 요구하는 타입을 만족하는지 확인한다. 그런 뒤 그 연산의 특성에 맞게 부품의 타입을 알아낸다.

삼항 연산자

흥미롭고 중요한 부품 형태 한 가지는 삼항 연산자(ternary operator)를 사용하는 부품, 즉 `a ? b : c` 형태의 부품이다. 파이썬을 주로 사용하던 독자에게는 `b if a else c` 형태라고 하는 편이 좀 더 익숙할 것이다. 이 부품은 `a`, `b`, `c` 세 개의 부품으로 구성된다. `a`를 계산한 결과가 `true`이면 `b`를 계산하고, `false`이면 `c`를 계산한다. `b` 또는 `c`를 계산해서 얻은 값이 `a ? b : c`의 결과가 된다.

이 부품을 검사하는 첫 단계는 `a`, `b`, `c`의 타입이 올바른지 확인하는 것이다. `a`의 타입은 `Boolean`이어야 한다. 반면 `b`와 `c`의 타입에는 아무런 요구 조건도 없어 보인다. 실행 중에 `b`와 `c`가 무슨 결과를 내든 타입 오류가 일어나지 않는다. 하지만 두 번째 단계로 넘어가면 문제가 생긴다. 이제 `a ? b : c`의 타입을 알아내야 한다. 그런데 `a`를 계산해서 `true`가 나올지 `false`가 나올지 미리 알 수 없으니 `b`와 `c` 중 무엇이 계산

될지도 알 수 없다. 둘 중 무엇을 계산하든 그 결과가 포함되도록 a ? b : c의 타입을 정해야 하는 셈이다. b와 c의 타입이 다르다면 난처해진다. b의 타입이 Int이고 c의 타입이 Boolean이면 a ? b : c의 결과는 정수일 수도, 불일 수도 있다. a ? b : c의 타입을 뭐라 표현할 방법이 없는 것이다. 해결책은 하나다. 첫 단계에서 b와 c의 타입이 같아야 한다고 요구하는 것이다. 그러면 두 번째 단계에서 a ? b : c의 타입은 b와 c의 공통된 타입이라고 쉽게 말할 수 있다.

예를 몇 개 보자. true ? 1 : 2는 타입 검사를 잘 통과한다. 1과 2의 타입이 모두 Int이므로 true ? 1 : 2의 타입 역시 Int다.

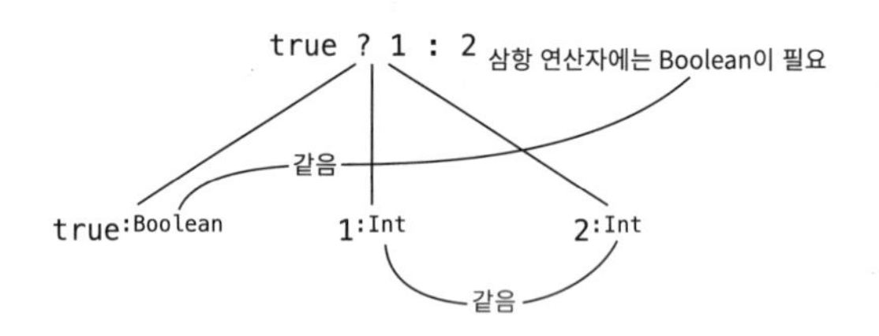

한편 0 ? 1 : 2는 타입 검사를 통과하지 못한다. "Boolean이 필요한데 Int인 0이 발견됨"이라는 오류 메시지가 나온다. 실행 중에 실제로 0 때문에 타입 오류가 발생할 테니 타입 검사가 도움이 된 셈이다.

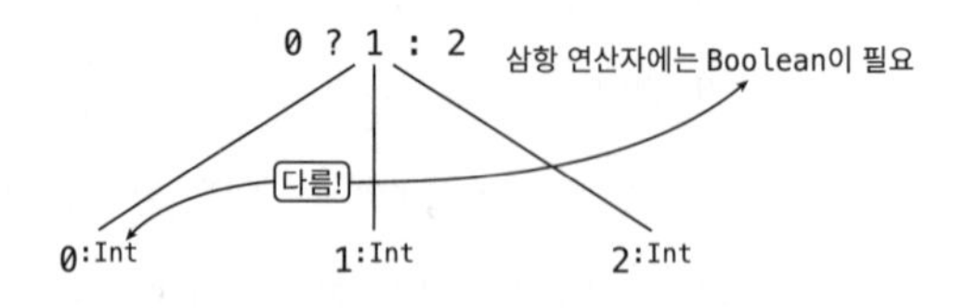

하지만 타입 오류를 일으키지 않는 프로그램이 타입 검사를 통과하지 못하는 경우도 있다. true ? 1 : false가 그 예다. true가 불이므로 이 프로그램을 실행할 때 아무 오류도 발생하지 않는다. 하지만 타입 검사기는 1의 타입인 Int와 false의 타입인 Boolean이 다르기 때문에 이 프로그램을 거부한다.

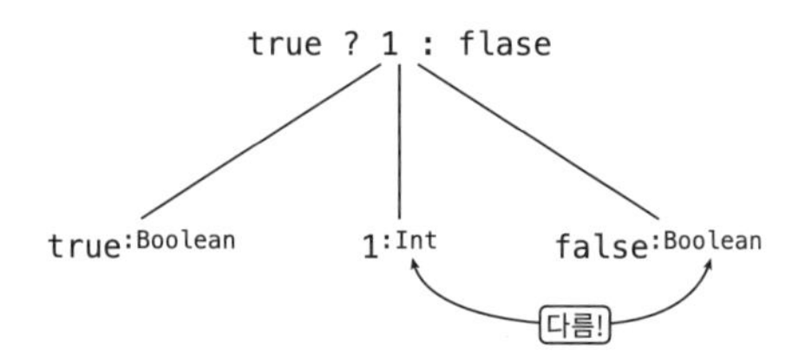

다행히 오류 메시지가 "1의 타입인 Int와 false의 타입인 Boolean이 같아야 하지만 그렇지 않다"라고 알려 준다. 타입 오류를 일으키지 않는 프로그램이 거부당한 게 아쉽지만 타입 검사를 통과하도록 프로그램을 고치는 수밖에 없다.

사실 true를 계산하면 true가 나온다는 사실이 너무나도 확실하니 타입 검사기가 true ? 1 : false의 타입을 그냥 Int라고 하지 않는 것이 의아할 수 있다. 하지만 타입 검사기는 true를 계산한 결과를 절대 고려하지 않는다. true의 타입이 Boolean인지 신경 쓸 뿐이다. 그 이유는 a ? b : c에서 a가 무슨 부품이든 될 수 있기 때문이다. true ? 1 : false에서는 운 좋게 a가 true라는 아주 간단한 부품이기 때문에 a를 계산했을 때 뭐가 나올지 금방 알 수 있었다. 그렇지만 항상 그러리라는 보장이 없다. 가령 (nthPrime(999999999) % 10 == 7) ? 1 : false라는 부품이 주어졌다면 a가 true일지 false일지 알기 위해 9억 9999만 9999번째 소수를 찾아야 한다. 타입 검사기만의 특별히 빠른 소수 찾기 전략 같은 게 있을 리 없으니, 타입 검사기가 a를 계산한 결과를 알아내려 했다가는 프로그램을 실행하는 것만큼이나 타입 검사가 오래 걸리게 된다. 그렇지 않아도 소수를 찾으려면 오래 걸리는데, 타입 검사에 그만큼의 시간을 추가로 써야 한다면 아무도 타입 검사를 원하지 않을 테다. 이처럼 어떤 부품을 계산한 결과를 찾는 일은 시간이 얼마나 오래 걸릴지 모르는 일이다. 개발자에게 검사 결과를 얼른 알려 줘야 하는 타입 검사기로서는 시도해서는 절대 안 되는 금단의 영역인 셈이다. 그래서 타입 검사기가 `a ? b : c`를 검사할 때는 a의 계산 결과를 전혀 고려하지 않는다. a가 아무리 간단한 부품이더라도 말이다. 이 '계산 결과를 절대 알아내려 하지 않는다'는 타입 검사의 원칙은 다른 모든 부품에도 똑같이 적용된다. 타입 검사기는 언제나 각 부품의 타입만 신경 쓴다.

변수

지금까지 본 리터럴, 덧셈, 삼항 연산자는 개발자가 따로 정의하지 않고도 그냥 사용할 수 있는 것들이다. 하지만 모든 부품이 그렇지는 않다. 변수나 함수의 경우는 개발자가 직접 정의해야만 사용할 수 있다. 지금부터 변수와 함수의 타입 검사가 어떻게 이루어지는지 살펴보겠다.

먼저 변수부터 보자. 변수가 사용되는 방식은 크게 두 가지다. 하나는 변수의 값을 읽는 것이다. 이 경우 부품의 형태는 x다. 여기서 x는 임의의 변수 이름을 뜻한다. 즉, res라든가 elem이라든가 아무 이름이나 쓰면 그게 하나의 부품이다. 다른 부품이 그렇듯이 변수 역시 더 큰 부품을 구성하는 데 사용될 수 있다. 예를 들면 `res + 2`는 res와 2로 구성된 부품으로, res와 2의 합을 구한다. 다른 한 가지 방식은 변수에 새로운 값을 쓰는 것이다. 이때는 부품이 `x = a` 형태다. 가령 `res = 3`은 res의 값을 3으로 수정하는 부품이다.

변수의 값을 읽는 부품은 더 이상 쪼갤 수 없는 기본 부품이니 부품의 타입만 알아내면 된다. 문제는 변수의 이름에는 그 타입을 알아낼 수 있는 아무런 정보도 없다는 것이다. res라는 이름만 보고 그 변수에 저장된 값이 뭔지 어떻게 알겠는가. 정수가 있을 수도, 불이 있을 수도 있다. 그래서 정적 타입 언어는 개발자에게 각 변수의 타입을 코드에 명시할 것을 요구한다. 단, 변수를 사용할 때마다 타입을 써 주려면 번거로우니 변수를 처음 정의할 때만 타입 표시(type annotation)를 붙이면 된다. 예를 들면 res라는 변수의 타입이 Int임을 타입 검사기에 알려 주려면 다음처럼 쓰면 된다.

```
Int res;
```

이렇게 변수의 타입을 알려 주면 변수의 값을 읽는 부품을 검사할 때 그 부품의 타입을 바로 알아낼 수 있다. 해당하는 변수가 정의된 곳을 찾아 무슨 타입이 쓰여 있는지 보기만 하면 된다. 앞에서처럼 res를 정의했을 때 res라는 부품의 타입은 Int다.

다만 코드의 생김새는 언어마다 다를 수 있다. 변수를 정의할 때 let, val, var 같은 키워드(keyword)를 함께 써야 할 수도 있고, 타입을 변수 이름 앞이 아니라 뒤에 써야 할 수도 있다. 이를테면 다음과 같이 쓰는 것이다.

```
let res: Int;
```

여기서 중요한 것은 코드의 생김새가 아니라 '변수를 정의할 때 그 변수의 타입을 명시해야 한다'는 사실이다. 앞으로도 같은 역할을 하는 코드가 언어마다 다르게 생긴 경우가 많을 것이다. 하지만 코드의 생김새는 전혀 중요하지 않다. 언제나 핵심은 개발자가 코드에 제공해야 하는 정보가 무엇이냐는 것이다. 그러니 코드의 다양한 생김새에 관해서는 굳이 더 언급하지 않겠다.

대신 각 기능을 설명한 뒤에는 해당 기능을 사용하는 코드를 여러 언어로 보여 주겠다. 굳이 모든 언어의 코드를 다 볼 필요는 없다. 자신이 관심 있는 언어로 작성된 코드만 보면 된다. 그러면 실제로 코드를 작성할 때 배운 내용을 어떻게 활용해야 할지 감이 좀 더 올 것이다. 제시된 코드를 바탕으로 코드를 직접 작성해서 배운 기능을 사용하는 연습을 바로 해 보는 것도 추천한다.

한편 변수에 새로운 값을 쓰는 부품 x = a는 복합 부품이다. 따라서 검사할 때 첫 단계에서 x와 a의 타입이 올바른지 확인해야 한다. x의 타입은 그 변수에 저장된 값의 타입이고 a의 타입은 그 변수의 새로운 값의 타입이므로 a의 타입은 x의 타입과 같아야 한다. 이 조건이 지켜지지 않는다면 변수를 정의할 때 명시한 타입을 따르지 않는 값이 변수에 저장되어 버린다. 변수의 값을 읽는 부품을 검사할 때 변수 정의에 명시된 타입을 참고해도 올바른 타입을 얻을 수 없는 것이다. 그러므로 변수의 값을 수정하더라도 그 타입을 수정해서는 안 된다. res의 타입이 Int일 때 res = 3은 타입 검사를 통과하지만 res = true는 그렇지 않다.

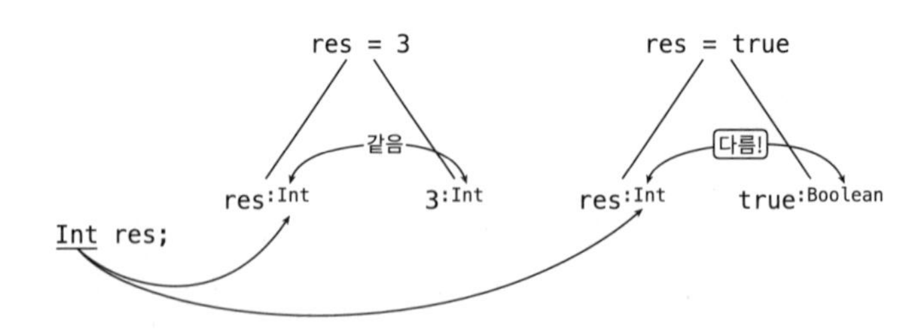

함수

이제 함수 차례다. 어떤 함수를 사용한다는 것은 그 함수를 호출한다는 말이다. 함수를 호출하는 부품은 f(a) 형태다. f는 호출할 함수의 이름, a는 함수에 넘길 인자의 값을 결정하는 부품이다. 알다시피 인자가 아예 없거나 여러 개일 수도 있다. 하지만 핵심을 이해하는 데는 인자가 하나인 경우만 봐도 충분하니 일단은 인자가 하나라 치자.

변수를 사용한 부품을 검사할 때와 마찬가지로 함수 이름만 봐서는 아무런 정보도 얻을 수 없다. 비슷하게 개발자가 함수를 정의할 때 함수의 타입을 제공해야 한다. 함수의 타입은 매개변수 타입(parameter type)과 결과 타입(return type)으로 구성된다. 예를 들면 isPositive라는 이름의 함수를 다음과 같이 정의할 수 있다.

```
Boolean isPositive(Int num) { return num > 0; }
```

매개변수 num 앞에 붙은 Int는 매개변수 타입으로, 함수가 인자로 받을 값의 타입을 나타낸다. 함수 이름 앞에 붙은 Boolean은 결과 타입으로, 함수가 반환할 값의 타입이다. 이 정보면 isPositive를 호출하는 부품을 검사하기 충분하다. isPositive(1)을 검사할 때는 우선 인자인 1의 타입이 isPositive의 매개변수 타입과 일치하는지 확인한다. 매개변수 타입은 함수가 원하는 인자의 타입을 의미하니 실제로 주어진 인자의 타입이 그에 맞아야 하는 것이다. 이 경우 1의 타입 Int와 매개변수 타입 Int가 일치하므로 아무 문제가 없다. 두 번째 단계로 넘어가 isPositive(1)의 타입을 결정할 때는 isPositive의 결과 타입을 참고하면 끝이다. 결과 타입이 Boolean이라 되어 있으니 isPositive(1)의 타입은 Boolean이다.

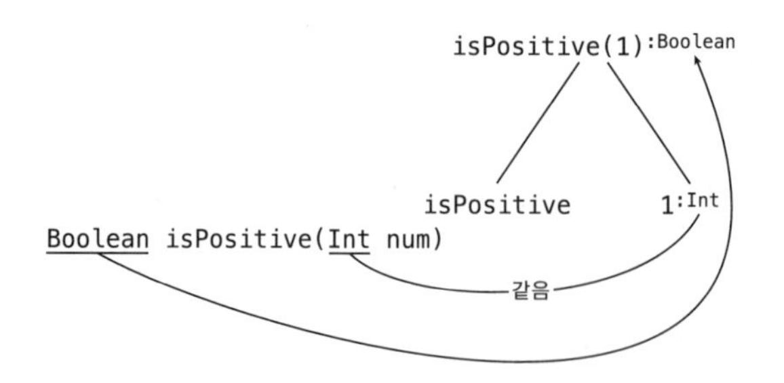

그 반면에 isPositive(true)를 검사했다면 true의 타입 Boolean이, 요구되는 타입인 Int와 다르기 때문에 검사를 통과할 수 없다.

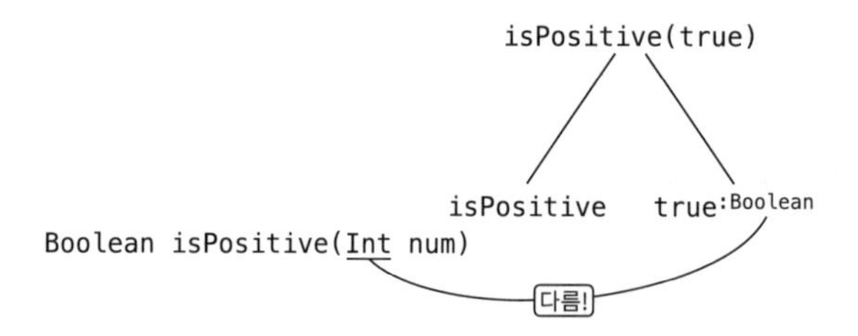

오류 메시지로 "Int가 필요한데 Boolean인 true가 발견됨"이라고 알려 줄 테니 무엇이 잘못되었는지 금방 알 수 있다.

변수를 정의할 때는 딱히 검사할 게 없었다. 그와 달리 함수를 정의할 때는 함수 정의 역시 하나의 부품으로서 검사 대상이다. 여기에는 두 가지 이유가 있다. 첫째는 함수의 몸통(body)을 계산하는 중에 타입 오류가 일어나지 않음을 보장하기 위해서다. 몸통은 함수 이름과 매개변수를 제외한, 중괄호 안에 있는 모든 부품이다. 몸통이 타입 오류를 일으킬 수 있다면, 그 함수를 호출했을 때 타입 오류가 발생할 수 있는 것이다. 이를 막으려면 몸통을 검사해야만 한다. 둘째는 개발자가 제공한 결과 타입이 올바른지 확인해야 하기 때문이다. 개발자가 결과 타입을 Boolean이라고 써 놓고는 실제로는 함수가 정수를 반환하게 할 수도 있다. 그 사실을 모른 채 쓰여 있는 결과 타입을 무작정 믿는다면, 함수 호출을 검사할 때 그 타입을 틀리게 알아내게 된다. 그러므로 타입 검사기는 함수가 반환하는 값이 주어진 결과 타입과 일치하는지 확인한다.

isPositive의 정의는 간단히 검사할 수 있다. 함수의 몸통에는 return num > 0;뿐이므로 num > 0만 검사하면 된다. num은 매개변수이므로 변수의 타입을 구할 때와 비슷하게 함수 정의에서 매개변수 타입을 찾으면 된다. 이 경우에는 Int다. 0의 타입 역시 Int이므로 num > 0은 검사를 통과하고 그 타입은 Boolean이다. 이로써 함수의 몸통이 타입 오류를 일으키지 않음은 확실해졌다. 남은 일은 함수의 결과가 결과 타입을 따르는지 확인하는 것이다. 몸통에 return이 사용된 것은 return num > 0; 한 번뿐이므로 num > 0의 타입이 Boolean인지 보면 된다. 이미 num > 0의 타입이 Boolean임을 알아냈으니 더 할 것도 없이 바로 끝이다. 그러므로 isPositive의 정의는 검사를 통과한다.

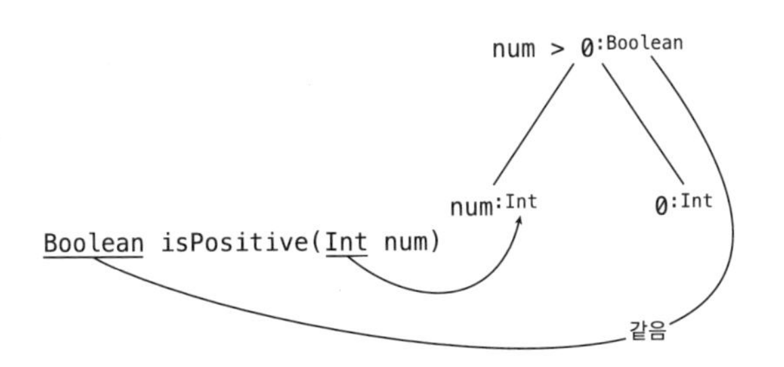

검사할 함수가 isPositive보다 더 복잡해도 결국 하는 일은 똑같다. 함수의 몸통이 여러 부품으로 구성된다면 각 부품을 모두 검사한다. 또 return이 여러 번 사용되었다면 각 return에 주어진 부품이 결과 타입을 따르는지 하나하나 다 확인한다. 일의 양이 많을 뿐이지 방법은 같다.

한 가지 특별한 경우는 함수가 어떤 값도 반환하지 않는 경우다.

printInt 같은 함수가 이에 해당한다. 이때는 함수의 결과 타입을 Void라 쓴다. Void는 함수의 결과 타입에만 사용할 수 있는 특별한 타입이다. 결과 타입이 Void이면 함수 정의를 검사할 때는 각 return에 아무 값도 주어지지 않았는지 확인한다. 모든 return이 return; 형태여야 하는 것이다. 그 함수를 호출한 부품의 타입 역시 Void가 될 것이다. 프로그램에서 대부분의 부품은 자신을 구성하는 부품에 특정 타입을 요구한다. 이를테면 덧셈은 앞서 보았듯이 Int를 요구한다. 함수가 값을 결과로 내지 않았음을 나타내는 타입인 Void를 요구하는 경우는 없다. 따라서 결과 타입이 Void인 함수를 호출해 얻은 결과를 어딘가에 사용하려 하면 타입 검사를 통과하지 못한다. 예를 들면 1 + printInt(2)는 "Int가 필요한데 Void인 printInt(2)가 발견됨"라는 오류 메시지와 함께 타입 검사기에 의해 거부당한다.

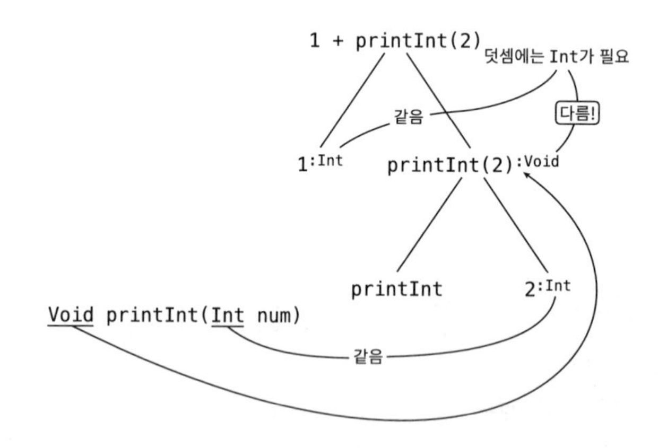

인자가 하나인 경우는 충분히 봤으니 함수가 여러 인자를 받을 수 있는 경우도 살펴보자. 함수를 정의할 때 매개변수가 여럿일 수 있다는 점만 빼면 똑같다. 각 매개변수의 타입을 빠트리지 않고 모두 적어 주면 된다. 예를 들어 다음 함수 add는 인자를 두 개 받는다.

```
Int add(Int num1, Int num2) { return num1 + num2; }
```

첫 번째 매개변수는 num1이고 두 번째 매개변수는 num2이다. 둘 다 타입은 Int다.

함수를 호출하는 부품은 f(a, b, ...) 형태다. 이 부품을 검사할 때는 우선 주어진 인자의 개수가 함수가 요구하는 인자의 개수와 일치하는지 확인해야 한다. 일치하지 않으면 실행 중에 타입 오류가 발생할 테니 검사를 통과할 수 없다. add(1)이 그런 경우다.

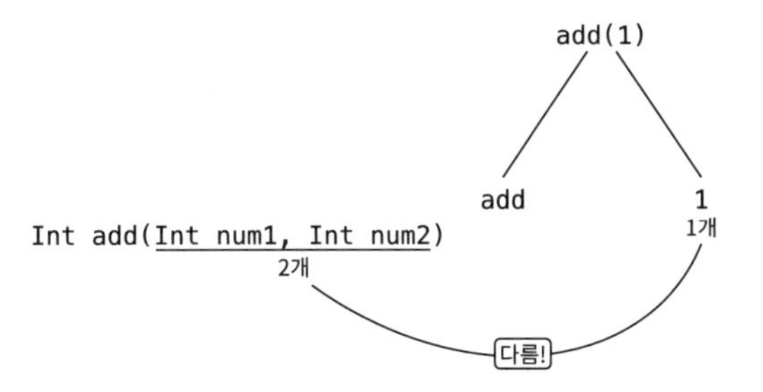

이후 과정은 인자가 하나일 때와 거의 같다. 각 인자의 타입이 함수 정의에 명시된 매개변수 타입과 같은지 보면 된다. 그중 하나라도 다르면 타입 검사를 통과하지 못한다. 예를 들면 add(1, true)가 그렇다. 1의 타입은 Int이지만 true의 타입은 Boolean이다.

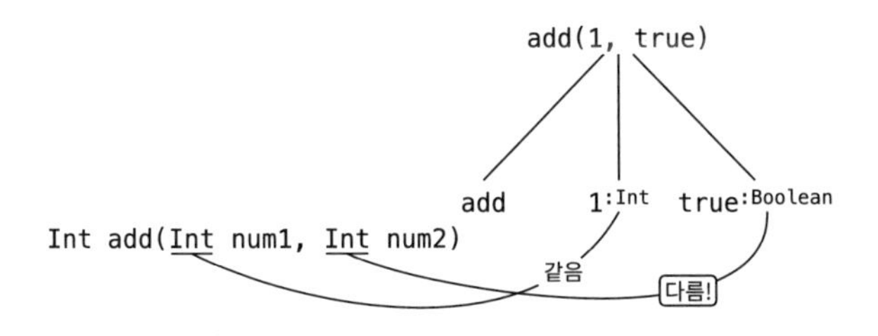

인자의 타입이 모두 올바르다면 f(a, b, ...)의 타입을 알아낼 시간이다. 그 타입은 함수 정의에 나온 결과 타입이다. 따라서 add(1, 2)의 타입은 Int다.

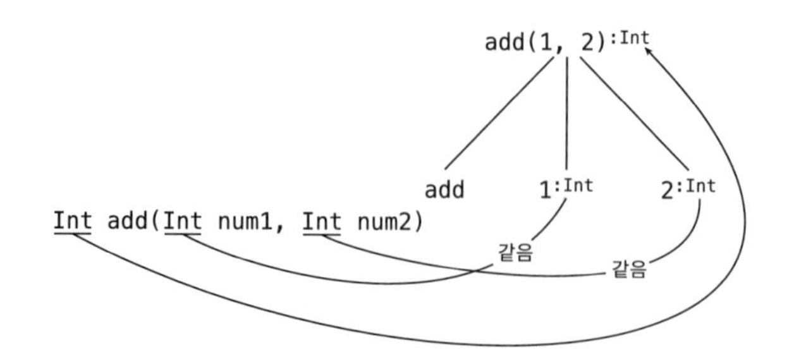

지금까지 타입 검사기가 어떻게 타입 오류를 찾는지 알아보았다. 타입 검사기는 주어진 프로그램에 타입 오류가 있다고 판단했을 때 언제나 그 이유를 오류 메시지로 알려 준다. 타입 검사기의 작동 원리를 이해하고 있다면 오류 메시지는 대부분 쉽게 이해할 수 있다. 이해한 내용을 바탕으로 정말 타입 오류가 있는지, 아니면 타입 검사기의 착각일 뿐인지 판단하고 프로그램이 타입 검사를 통과하도록 수정하면 된다.

프로그램이 정말 타입 오류를 일으킬 수 있어서 타입 검사기가 거부한 경우라면, 타입 검사기의 오류 메시지는 프로그램을 고치는 데 상당히 효과적이다. 적어도 프로그램을 실행해서 얻은 오류 메시지보다는 더 도움이 될 가능성이 매우 크다. 이는 간단한 예만 봐도 꽤나 명백한 사실이다. 다음 프로그램은 실행 중에 true에 1을 더하려 하기 때문에 타입 오류가 일어난다.

```
Int x;
...
x = true;
...
printInt(x + 1);
```

x의 타입이 Int이므로 타입 검사기는 x = true를 보고는 "Int가 필요한데 Boolean인 true가 발견됨"이라며 프로그램을 거부한다. 그럼 개발

자는 x = true가 잘못되었다는 사실을 바로 파악할 수 있다. 동적 타입 언어를 사용하는 바람에 타입 검사기의 도움을 받을 수 없다면 같은 결론에 이르기까지 시간이 좀 더 필요하다. 타입 오류로 인해 실행이 중단되면서 출력된 오류 메시지는 문제의 원인을 직접적으로 알려 주지 않는다. "printInt(x + 1)에서 x의 값이 true였기에 덧셈을 할 수 없다"라고 알려 줄 뿐이다. 개발자가 x에 true가 저장된 원인을 직접 찾아 나서야 한다. x가 사용된 지점을 찾다 보면 결국 x = true를 발견할 수는 있다. 하지만 그러려면 다소간의 시간이 필요하다.

주요 언어 예시

자바

```
int res;
res = 3;
boolean isPositive(int num) { return num > 0; }
isPositive(1);
void printString(String str) { ... }
printString("2");
int add(int num1, int num2) { return num1 + num2; }
add(1, 2);
```

정수 타입은 int, 불 타입은 boolean, 문자열 타입은 String, Void 타입은 void라 부른다.

C++, C#

```
int res;
res = 3;
bool isPositive(int num) { return num > 0; }
isPositive(1);
void printString(string num) { ... }
```

```
printString("2");
int add(int num1, int num2) { return num1 + num2; }
add(1, 2);
```

정수 타입은 int, 불 타입은 bool, 문자열 타입은 string, Void 타입은 void라 부른다.

타입스크립트

```
let res: number;
res = 3;
function isPositive(num: number): boolean { return num > 0; }
isPositive(1);
function printString(str: string): void { ... }
printString("2");
function add(num1: number, num2: number): number {
  return num1 + num2;
}
add(1, 2);
```

수 타입은 number, 불 타입은 boolean, 문자열 타입은 string, Void 타입은 void라 부른다.

고

```
var res int
res = 3
func isPositive(num int) bool { return num > 0 }
isPositive(1)
func printString(str string) { ... }
printString("2")
func add(num1 int, num2 int) int { return num1 + num2 }
add(1, 2)
```

정수 타입은 int, 불 타입은 bool, 문자열 타입은 string이라 부른다. 결과 타입 표시를 작성하지 않음으로써 결과 타입이 Void임을 표현한다.

코틀린

```
val res: Int
res = 3
fun isPositive(num: Int): Boolean = num > 0
isPositive(1)
fun printString(str: String): Unit { ... }
printString("2")
fun add(num1: Int, num2: Int): Int = num1 + num2
add(1, 2)
```

정수 타입은 Int, 불 타입은 Boolean, 문자열 타입은 String, Void 타입은 Unit이라 부른다.

러스트

```
let res: i32;
res = 3;
fn is_positive(num: i32) -> bool { num > 0 }
is_positive(1);
fn print_string(str: String) -> () { ... }
print_string("2".to_string());
fn add(num1: i32, num2: i32) -> i32 { num1 + num2 }
add(1, 2);
```

정수 타입은 i32, 불 타입은 bool, 문자열 타입은 String, Void 타입은 ()이라 부른다. ()은 유닛이라 읽는다.

스칼라

```
val res: Int = 3
def isPositive(num: Int): Boolean = num > 0
isPositive(1)
def printString(str: String): Unit = ...
printString("2")
def add(num1: Int, num2: Int): Int = num1 + num2
add(1, 2)
```

정수 타입은 Int, 불 타입은 Boolean, 문자열 타입은 String, Void 타입은 Unit이라 부른다.

하스켈

```
res :: Int
res = 3
isPositive :: Int -> Bool
isPositive num = num > 0
isPositive 1
printString :: String -> ()
printString str = ...
printString "2"
add :: Int -> Int -> Int
add num1 num2 = num1 + num2
add 1 2
```

정수 타입은 Int, 불 타입은 Bool, 문자열 타입은 String, Void 타입은 ()이라 부른다. ()은 유닛이라 읽는다.

오캐멀

```
let res: int = 3
let is_positive (num: int): bool = num > 0
is_positive 1
let print_string (str: string): unit = ...
print_string "2"
let add (num1: int) (num2: int): int = num1 + num2
add 1 2
```

정수 타입은 int, 불 타입은 bool, 문자열 타입은 string, Void 타입은 unit이라 부른다.

1.4 타입 검사 결과의 활용

지금까지 살펴본 정적 타입 언어의 장점은 타입 오류를 빠트리지 않고 모두 찾을 수 있다는 것 그리고 타입 검사기의 오류 메시지 덕분에 코드를 올바르게 고치기 쉽다는 것이다. 이 두 가지가 끝일까? 그렇지 않다. 이 두 가지만으로도 이미 충분히 큰 이점이지만, 타입 검사 결과를 바탕으로 얻을 수 있는 게 두 가지 더 있다.

코드 편집기

첫 번째는 타입 검사기가 코드 편집기(code editor)의 기능을 보조하여 개발자의 생산성을 높인다는 것이다. 코드 편집기는 다양한 기능을 제공하지만, 그중 대표적인 기능인 자동 완성 기능과 이름 바꾸기 기능만 생각해 보자. 동적 타입 언어를 사용할 때도 두 기능이 코드 편집기에 있을 수 있다. 하지만 두 기능을 최대로 활용하는 것은 정적 타입 언어를 사용할 때만 가능하다.

자동 완성 기능은 현재 개발자가 작성 중인 코드의 앞부분만 보고 뒷부분을 추측해 개발자에게 보여 준다. 예를 들어 `collect`와 `contains`라는 이름의 메서드(method)가 이미 정의되어 있다면 개발자가 `res.co`까지만 써도 두 이름을 보여 주는 것이다.

```
res.co
    collect   [A]
    contains  [A]
```

개발자가 원하는 메서드가 그 둘 중에 있다면 코드를 마저 다 적지 않아도 된다. 원하는 메서드를 선택하기만 해도 코드 편집기가 코드를 완성시킨다.

```
res.contains
    collect   [A]
    contains  [A]
```

그러면 당연히 코드를 작성하는 시간이 단축된다. 그뿐 아니라 개발자가 변수, 함수, 메서드 등의 이름을 완벽하게 알아야 할 필요가 줄어든다. 이름을 암기하거나 찾느라 노력할 시간에 더 중요한 일들을 할 수 있게 해 주는 셈이다.

하지만 프로그램이 커질수록 타입 검사기의 보조 없이는 자동 완성 기능의 편리함이 줄어든다. 큰 프로그램이라면 co로 시작하는 이름의 메서드가 한둘이 아닐 것이다. res.co까지 쳤을 때 나오는 메서드 수십 개 중에서 원하는 메서드를 찾으려면 시간이 필요하다. 차라리 이름을 직접 다 쓰는 편이 더 빠를지도 모른다. 조금 더 써서 res.cont까지 쓰면 나오는 메서드의 수가 줄기는 하겠지만, 거기까지 쳤으면 그냥 직접 끝까지 쓰는 것과 비슷하다. 따라서 동적 타입 언어를 사용 중이라면 자동 완성 기능의 혜택을 얼마 보지 못할 수 있다.

이 문제는 정적 타입 언어를 사용한다면 말끔히 해결된다. 코드 편집기가 정확하게 추측할 수 있도록 타입 검사기가 돕기 때문이다. 타입 검사의 목표는 주어진 프로그램이 오류를 일으킬 수 있는지 확인하는 것이지만, 그 과정에서 프로그램에 있는 각 부품의 타입을 알아낸다. 코드 편집기는 이 정보를 활용한다. 예를 들어 문자열에는 contains라는 이름의 메서드만 있고 collect라는 이름의 메서드는 없다고 해 보자. 개발자가 res.co까지 작성하면 코드 편집기는 res의 타입을 타입 검사기에 물어본다. 타입 검사기가 String이라고 알려 준다면 collect는 선택지에서 바로 제외할 수 있다. 따라서 개발자에게는 contains만 보여 준다.

```
res.co|
    contains(s: String): Boolean f [LS]
```

프로그램이 커지더라도 대부분의 타입은 메서드를 그리 많이 가지고 있지 않다. 그러니 자동 완성 기능이 보여 주는 메서드 개수 역시 적다. 그 안에서 원하는 메서드를 금방 찾을 수 있다. 정적 타입 언어를 사용해야 자동 완성 기능의 혜택을 최대로 누릴 수 있는 것이다.

이름 바꾸기는 이미 정의한 변수, 함수, 메서드 등의 이름을 바꿔 주는 기능이다. 코드를 한번 다 작성한 다음 코드를 리팩터링(refactoring)할 때 많이 사용한다. 이름 바꾸기 기능의 핵심은 한 곳에서 이름을 바꾸면 같은 이름이 사용된 다른 곳에서도 다 같이 바뀐다는 점이다. 메서드 정의에서 메서드 이름을 바꾸면 그 메서드를 호출하는 모든 곳에서 새로운 이름을 사용하도록 올바르게 고쳐진다. 큰 프로그램이라면 메서드 하나의 이름만 바꾸려 해도 고칠 곳이 한둘이 아닐 테니 이름 바꾸기는 유용한 기능이다.

문제는 프로그램에서 서로 다른 대상이 같은 이름을 가지는 경우가 있다는 것이다. 예를 들면 원래 문자열에 `contains`라는 메서드가 있는데, 내가 새롭게 정의한 `Tree` 타입에도 `contains`라는 메서드가 있을 수 있다. `contains`라는 이름만 봐서는 이게 문자열의 `contains` 메서드를 호출하려는 것인지, 아니면 `Tree`의 `contains` 메서드를 호출하려는 것인지 전혀 알 수 없다. 이런 상황에서 이름 바꾸기 기능을 사용했다가는 코드가 망가질 수 있다. `Tree`의 `contains` 메서드의 이름을 `includes`로 바꾸려 한다고 해 보자. 메서드를 정의한 부분에 가서 `contains`를 `includes`로 바꾸겠다고 코드 편집기에 알려 주면 된다. 그러면 코드 편집기는 `contains`를 호출하는 모든 곳에 가서 `contains`를 `includes`로 바꿔 버린다. 하지만 그중에는 문자열의 `contains` 메서드를 호출하는 부분도 있을 것이다. 그러면 프로그램을 실행했을 때 원래 문자열을 사용하는 부분에서 문제가 생긴다. 존재하지 않는 `includes` 메서드를 호출하려 하다가 오류가 발생하고 만다. 이러니 코드 편집기의 이름 바꾸기 기능을 믿고 사용할 수가 없다.

물론 이 문제는 동적 타입 언어를 사용할 때만 존재한다. 정적 타입 언어를 사용하면 이름 바꾸기 기능이 항상 잘 작동한다. 각 이름이 가리키는 대상이 무엇인지 코드 편집기가 타입 검사기에 물어보기만 하면 되기 때문이다. contains를 호출하는 모든 곳에 가서 .contains 앞에 등장한 부품의 타입을 타입 검사기에 묻는 것이다. 타입 검사기가 Tree라고 알려 주면 contains를 includes로 바꾸면 되고, 그 외의 답을 내놓으면 그대로 두면 된다. 이름 바꾸기가 잘못되어 코드가 망가질 걱정이 없다.

```
class Tree {
  def contains(s: String): Boolean
```

Tree 타입에 contains 메서드가 정의되어 있다.

```
str.contains("a")
tree.contains("a")
```

str의 타입은 String, tree의 타입은 Tree다.

```
class New name
  def contains
}
```

contains 메서드에 커서를 올리고 이름 바꾸기 버튼을 누른다.

```
class New name
  def includes
}
```

메서드의 새 이름을 includes로 한다.

```
class Tree {
  def includes(s: String): Boolean
}
```

이름 바꾸기를 종료한다.

```
str.contains("a")
tree.includes("a")
```

str.contains는 그대로 남고 tree.contains는 tree.includes로 바뀐다.

프로그램 성능

정적 타입 언어의 두 번째 장점은 뛰어난 성능이다. 여기서 성능이 뛰어나다는 것은 프로그램의 실행 시간이 짧다는 뜻이다. 즉, 같은 프로그램을 작성해도 정적 타입 언어를 사용한 쪽의 실행이 더 금방 끝난다. 이 역시 타입 검사 덕분이다. 타입 검사에서 얻은 정보를 바탕으로 실행 중에 할 일을 줄일 수 있기 때문이다. 아주 간단한 프로그램을 예로 생각해 보자.

```
function add(num1, num2) { return num1 + num2; }
```

동적 타입 언어에서는 실행 중에 num1과 num2가 어떤 값일지 전혀 알 수 없다. num1과 num2가 정수가 아닐 수도 있는 것이다. 그래서 실행 중에 num1과 num2가 모두 정수인지 확인해야 한다. 둘 중 하나라도 정수가 아니면 오류 메시지를 출력한 뒤 실행을 중단해야 한다. 둘 다 정수일 때만 무사히 덧셈을 할 수 있다. 실행 중에 실제로 일어나는 일이 드러나도록 코드를 쓰면 다음과 같이 된다.

```
function add(num1, num2) {
    if (num1이 정수가 아님)
        error();
    if (num2가 정수가 아님)
        error();
    return num1 + num2;
}
```

개발자가 프로그램을 잘 작성해서 add에 항상 정수만 인자로 넘긴다 하더라도 add에서는 매번 인자가 정수인지 확인한다. 실행 중에 불필요한 검사를 하느라 시간을 허비하는 것이다.

정적 타입 언어로 같은 프로그램을 작성하면 훨씬 효율적으로 실행할 수 있다.

```
Int add(Int num1, Int num2) { return num1 + num2; }
```

타입 검사 과정에서 num1과 num2의 타입이 Int임이 밝혀진다. 프로그램이 타입 검사를 통과하면 실행 중에 num1과 num2의 값은 반드시 정수다. 그러므로 num1과 num2가 정수인지 굳이 확인할 필요가 없다. 동적 타입 언어로 작성했을 때는 코드에 없는데도 실행 중에 진행되는 숨겨진 검사가 있었다. 반면 정적 타입 언어로 작성하면 실행 중 추가 검사가 없다. 코드에 쓰여 있는 그대로의 일이 일어나는 셈이다.

물론 언어의 성능에 영향을 주는 요인은 타입 검사 말고도 많기에 타입 검사 유무만으로 언어의 성능을 단정 짓기는 어렵다. 어떤 정적 타입 언어가 설계상 성능에 손해를 보는 요소가 많다면 타입 검사기의 도움에도 불구하고 다른 동적 타입 언어보다 느릴 수 있다. 하지만 다른 특징들이 대체로 비슷한데 타입 검사의 유무만 차이 나는 두 언어가 있다면 둘 중에는 정적 타입 언어의 성능이 우월할 것이다. 특히 언어의 성능을 최대한 높이고 싶다면 타입 검사기의 도움이 반드시 필요하다. 성능을 가장 중요한 목표로 두고 만든 언어인 C, C++, 러스트가 모두 정적 타입 언어인 것은 결코 우연이 아니다.

1.5 타입 추론

이런 다양한 장점에도 불구하고 정적 타입 언어에는 불편한 점도 분명 있다. 그중 하나가 타입 표시다. 타입 검사기가 변수나 함수의 타입을 알 수 있도록 개발자가 타입 표시를 제공해야 한다. 타입을 표시할 필요가 없는 동적 타입 언어와 비교하면 확실히 불편하다. 내가 원해서 하는 게 아니라 타입 검사기가 요구해서 억지로 해야 하니 성가신 일이다.

타입 표시를 매번 붙이기가 번거롭다면, 타입 검사기가 더 똑똑해져서 타입 표시 없이도 타입 검사를 할 수 있게 되는 게 제일 좋다. 그래서 실제로 여러 언어가 그런 기능을 제공한다. 그 기능의 이름은 타입 추론(type inference)이다. 하지만 본격적으로 타입 추론을 알아보기 전에 한 가지 짚고 넘어갈 점이 있다. 타입 표시가 마냥 나쁘기만 하지는 않다는 것이다.

타입 표시는 코드에 더 많은 정보를 담음으로써 코드 가독성을 높이는 유용한 기능도 한다. 먼저 타입 표시가 없는 코드의 간단한 예를 보자.

```
function readFile(file) { ... }
```

타입 표시가 없으니 함수의 몸통을 보기 전까지는 함수에 대해 알 수 있는 정보가 제한적이다. 이름이 `readFile`이고 `file`이라는 매개변수를 가지고 있다는 것만 알 수 있다. 이것만 있어도 썩 나쁘지는 않다. 프로그래밍을 조금 해 본 사람이라면, 이게 파일을 읽는 함수라는 사실과 인자로 넘기는 값이 읽을 파일을 결정한다는 사실 정도는 쉽게 추측할 수 있다. 그럼에도 만족스러운 정보라고 하기는 어렵다. 일단 인자로 넘겨야 하는 값이 정확히 뭔지 알 수 없다. 문자열일까, 아니면 특정 파일을 나타내는 File 타입의 값일까? 그것도 아니면 파일 시스템상의 특정 경로를 나타내는 Path 타입의 값일까? 지금까지의 정보만으로는 답을 찾을 수 없다. 또 함수가 파일을 읽은 뒤 무슨 일을 할지도 알 수 없다. 파일의 내용을 문자열로 만들어 반환하려나? 내용을 줄 단위로 끊어 문자열의 리스트를 반환할까? 아니면 아무것도 반환하지 않고 파일의 내용을 화면에 출력하는 걸까? 이번에도 역시 답을 찾을 수 없다. 이 질문들에 답하려면 결국 함수의 몸통을 봐야 한다. 어쩌면 수십, 수백 줄일 수도 있다.

이때 타입 표시는 아주 효과적인 해결책이다. 타입 표시만 붙여도 같은 코드가 훨씬 더 많은 정보를 준다.

```
String readFile(String file) { ... }
```

이제 매개변수 타입 표시와 결과 타입 표시가 생겼다. 인자로 넘겨야 하는 값과 결과로 나오는 값 모두 문자열임을 알 수 있다. 파일 이름을 문자열로 받은 뒤 그 파일의 내용을 문자열로 반환하는 함수일 가능성이 매우 크다. 고작 타입 표시만 붙였는데 아까 한 질문에 대한 답이 모두 나온 것이다.

물론 이게 타입 표시만의 장점이 맞느냐는 의문이 들 수 있다. 타입 표시라는 개념이 없는 동적 타입 언어에도 주석이라는 좋은 기능이 있다. 함수를 정의할 때 함수의 타입 정보를 함수 위에 주석으로 적으면 되는 것이다. 그럼 타입 표시를 붙이는 것과 같은 효과를 낼 수 있다. 다음처럼 말이다.

```
// file의 타입: String
// 결괏값의 타입: String
function readFile(file) { ... }
```

하지만 이 방법에는 치명적인 단점이 있다. 주석이 틀릴 수 있다는 것이다. 프로그램은 한번 작성한다고 끝이 아니다. 지속적으로 수정되고 기능이 추가된다. 처음 readFile을 작성할 때는 파일 이름을 문자열로 받도록 했을 수 있다. 하지만 코드를 고치다 보니 문자열 대신 Path 타입의 값을 인자로 받게 바꾸는 경우도 있는 것이다. 그러면 주석도 함께 고쳐 줘야 한다. 이를 깜빡한다면 주석은 그때부터 잘못된 정보를 제공하게 된다. 주석이 올바른지 자동으로 확인하는 수단이 없으니, 누군가 코드를 열심히 읽다 주석이 틀렸다는 사실을 발견할 때까지 틀린 채로 남아 있을 것이다.

타입 표시에는 이런 단점이 없다. 타입 검사를 할 때마다 타입 검사기가 타입 표시가 올바른지 확인하기 때문이다. readFile의 몸통에서 문자열 대신 Path 타입의 값을 사용하도록 바꾼 뒤, 매개변수 타입 표시를 고치지 않고 그대로 뒀다고 해 보자. 이 실수는 바로 들통난다. 타입 검사기가 매개변수 file을 사용하는 지점이 잘못되었다고 지적할 것이다. "Path가 필요한데 String인 file이 발견됨"이라고. 그러면 매개변수 타입을 올바르게 Path로 고쳐 주면 된다. 이처럼 타입 검사 덕분에 타입 표시는 언제나 올바른 정보를 제공한다. 타입 표시는 '절대로 낡지 않는 주석'인 셈이다.

하지만 아무리 타입 표시가 코드를 읽는 데 도움이 된다 해도 내가 원하지 않으면 의미가 없다. 내가 붙이기 귀찮다는데 누가 뭐라 한들 무슨 상관이겠는가. 게다가 때로는 타입 표시 때문에 코드가 불필요하게 길어지기도 한다. 타입의 이름이 긴 경우에 특히 그렇다. 지금까지 본 타입은 Int, Boolean, String 등 이름이 짧았다. 하지만 다음 장부터는 이름이 긴 타입도 등장한다. 그런 타입들을 사용하다 보면 한 줄에 함수 매개변수 목록을 다 쓸 수 없을 정도다. 코드가 꽤나 장황해지는 셈이다.

```
fn get<K, V>(map: Mutex<HashMap<K, Arc<RwLock<Option<V>>>>>,
    key: K) -> Option<V> { ... } // 긴 이름의 타입을 사용하는 러스트 코드.
                                 // fn, get, map, key를 제외하고는
                                 // 전부 다 타입 이름이다.
```

그래서 타입 추론 기능이 중요하다. 귀찮아서 또는 타입 이름이 너무 길어서, 아니면 그 밖의 이유로 개발자가 타입 표시를 생략하고 싶을 때 생략할 수 있게 하는 것이다. 타입 표시를 생략해도 타입 검사기가 타입 검사 중에 자동으로 알아낸다.

가장 간단한 형태의 타입 추론은 변수의 타입을 알아내는 것이다. 이 기능은 대부분의 정적 타입 언어가 제공한다. 변수가 정의될 때 초깃값이 주어진다면 타입 검사기는 변수의 타입을 쉽게 찾을 수 있다. 다음 코드를 보자.

```
var num = 1 + 2;
```

여기서 var는 타입이 아니라 변수 정의를 나타내는 키워드다. 즉, num의 타입이 무엇인지 개발자가 표시하지 않은 것이다. 그 대신 num의 초깃값이 1 + 2라는 정보가 있다. 타입 검사기에는 이거면 충분하다. 1 + 2를 검사하면 그 타입이 Int임을 알 수 있다. 한번 정의된 변수는 타입이 바뀌지 않으니 num의 타입이 Int라고 결론지어도 무리가 없다. 따라서 타입 검사기는 코드를 다음과 같이 바꾼 뒤 검사를 이어 나간다.

```
Int num = 1 + 2;
```

물론 개발자가 가지고 있는 코드 파일이 실제로 수정된 것은 아니다. 타입 검사기가 타입 검사에 사용하는, 개발자에게는 보이지 않는 코드만 바뀐 것이다.

함수의 타입 표시를 생략하면 변수의 경우와 달리 타입 추론이 쉽지 않다. 함수의 몸통을 검사하려면 매개변수의 타입을 알아야 하기 때문이다. 재귀 함수라면 결과 타입도 필요할 것이다. 그래서 대부분의 언어에서 매우 제한적인 경우에만 함수의 타입 표시를 생략할 수 있다. 함수의 타입 표시를 자유롭게 생략할 수 있도록 하는 언어는 드물다. 하지만 아예 없지는 않다. 오캐멀과 하스켈이 그 예다. 이 두 언어는 타입 추론을 극한까지 발전시켰다. 그 결과 개발자가 모든 함수의 모든 타입 표시를 생략할 수 있다. 예를 들면 다음 오캐멀 코드는 타입 검사를 통과한다(코드 모양새만 다를 뿐, 앞서 본 add 함수와 같다. 함수의 이름은 add이고, 매개변수는 num1과 num2 두 개이며, num1 + num2가 결과다).

```
let add num1 num2 = num1 + num2
```

매개변수 타입 표시가 없다. 결과 타입 표시도 없다. 오캐멀이 동적 타입 언어가 아닐까 싶을 정도다. 하지만 오캐멀은 분명히 정적 타입 언어다. 타입 검사기는 num1과 num2의 타입이 int임을 차례로 알아낸 뒤, 결과 타입이 int라는 사실까지 알아낸다. 결국 다음과 같은 코드가 만들어진다.

```
let add (num1: int) (num2: int): int = num1 + num2
```

이처럼 타입 추론은 개발자가 타입 표시를 생략해 코드를 간결하게 만드는 데 도움이 된다. 굳이 타입 표시를 쓰느라 번거로워질 일도 줄여 준다. 그러면서도 생략된 타입 표시를 타입 검사기가 다 알아낸다. 그러니 타입 검사가 원래 제공하던 모든 혜택을 그대로 받을 수 있다.

한 가지 주의할 점은 타입 추론이 타입 검사의 결과에 영향을 주지 않는다는 것이다. 어디까지나 타입 표시를 생략할 수 있게 할 뿐이다. 예를 들어 readFile을 다음처럼 고쳐 보자.

```
String readFile(file, Boolean isString) {
    if (isString) {
        String fileName = file;
        ...
    } else {
        Path filePath = file;
        ...
    }
}
```

추가된 두 번째 인자는 첫 번째 인자가 문자열인지 파일 시스템 경로인지 함수에 알려 준다. 두 번째 인자가 true면 file을 문자열로 사용해 파일을 찾고, false면 file을 파일 시스템 경로로 사용해 파일을 찾는다. 그러니 첫 번째 매개변수 타입을 String이라 해도 틀리고, Path라 해도 틀리다. 그래서 꼼수를 사용했다. 타입 표시를 생략해 버린 것이다(매개변수 타입 추론을 제공하는 언어라고 가정하자). 이 꼼수가 통할까? 전혀 그렇지 않다. 타입 추론은 생략된 타입 표시를 복구할 뿐이다. 타입 표시를 생략하는 거지, 타입 검사를 생략하는 게 아니다. 즉,

타입 검사 중에 생략된 매개변수 타입에 해당하는 타입을 찾을 수 있어야 한다. 매개변수 타입을 String이라 해도 틀리고 Path라 해도 틀리니 타입 검사기는 '거부'를 출력한다. 이처럼 타입 추론은 검사를 통과하지 못하던 프로그램이 검사를 통과할 수 있게 해 주는 기능이 아니다. 타입 표시가 있을 때도 검사를 통과할 프로그램에 한해 타입 표시를 생략할 수 있게 해 줄 뿐이다.

타입 추론의 좋은 점은 개발자가 타입 추론의 원리를 이해하지 않고도 혜택을 누릴 수 있다는 것이다. 그냥 타입 표시를 생략하면 된다. 그럼 타입 검사기가 생략된 타입을 알아낸다. 단, 사용 중인 언어가 어디까지 타입을 추론해 주는지는 알아야 한다. 언어마다 제공하는 타입 추론의 범위가 다르기 때문이다. 변수의 타입 표시만 생략할 수 있는 언어부터 함수의 타입 표시를 항상 생략할 수 있는 언어까지 타입 추론의 범위는 매우 다양하다. 제대로 알아보지 않고 아무 타입 표시나 생략했다가는 타입 검사기가 타입 검사를 시작하기도 전에 정보가 부족하다며 불평할 것이다.

정적 타입 언어에서 타입 표시는 양날의 검이다. 타입 표시를 모든 곳에 붙였다가는 코드가 너무 장황해지기 십상이다. 그렇다고 타입 추론이 허용하는 범위 안에서 무작정 다 생략하는 게 꼭 좋지만도 않다. 타입 표시를 적당히 남겨 둠으로써 코드에 정보를 더 담는 편이 좋을 때도 있다. 그러니 항상 과유불급의 자세로 타입 표시를 적절히 활용하는 지혜가 필요하다.

주요 언어 예시

자바, C#

```
var res = 1 + 2;
```

타입 표시를 생략한 자리에 키워드 var를 사용하면 타입 검사기가 변수의 타입을 추론한다.

C++

```
auto res = 1 + 2;
```

타입 표시를 생략한 자리에 키워드 auto를 사용하면 타입 검사기가 변수의 타입을 추론한다.

타입스크립트

```
let res = 1 + 2;
function isPositive(num: number) { return num > 0; }
```

변수를 정의할 때 타입 표시를 생략하면 타입 검사기가 변수의 타입을 추론한다. 재귀적이지 않은 함수를 정의할 때 결과 타입 표시를 생략하면 타입 검사기가 결과 타입을 추론한다.

고

```
var res = 1 + 2
```

변수를 정의할 때 타입 표시를 생략하면 타입 검사기가 변수의 타입을 추론한다.

코틀린

```
val res = 1 + 2
fun isPositive(num: Int) = num > 0
```

변수를 정의할 때 타입 표시를 생략하면 타입 검사기가 변수의 타입을 추론한다. 재귀적이지 않은 함수를 정의할 때 결과 타입 표시를 생략하면 타입 검사기가 결과 타입을 추론한다.

러스트

```
let res = 1 + 2;
```

변수를 정의할 때 타입 표시를 생략하면 타입 검사기가 변수의 타입을 추론한다.

스칼라

```
val res = 1 + 2
def isPositive(num: Int) = num > 0
```

변수를 정의할 때 타입 표시를 생략하면 타입 검사기가 변수의 타입을 추론한다. 재귀적이지 않은 함수를 정의할 때 결과 타입 표시를 생략하면 타입 검사기가 결과 타입을 추론한다.

하스켈

```
res = 1 + 2
isPositive num = num > 0
```

변수나 함수를 정의할 때 타입 표시를 생략하면 타입 검사기가 타입을 추론한다.

오캐멀

```
let res = 3
let is_positive num = num > 0
```

변수나 함수를 정의할 때 타입 표시를 생략하면 타입 검사기가 타입을 추론한다.

1.6 더 세밀한 타입

타입 검사기를 만든 목적은 버그를 자동으로 찾는 것이다. 타입 검사가 주는 다른 혜택도 있지만, 주목표는 언제나 버그 찾기다. 문제는 오직 타입 오류로 인한 버그만 찾을 수 있다는 점이다. 타입 오류는 많은 버그의 원인이지만 모든 버그의 원인은 아니다. 타입 오류가 원인이 아닌 버그는 타입 검사기로 찾을 수 없다. 타입 검사기를 만든 이유에 비추어 봤을 때 이는 타입 검사기의 가장 큰 문제다.

타입 오류가 원인이 아닌 버그에는 어떤 것들이 있을까? 타입이 맞아도 실패할 수 있는 계산들이 있다. 나눗셈이 대표적인 예다. 나눗셈에 사용되는 값은 정수여야 한다. 하지만 나눗셈의 요구 사항은 이게 전부가 아니다. 나누는 수, 즉 나눗셈 부호 오른편에 오는 수는 0이 아니어야 한다는 조건도 있다. 어떤 정수를 0으로 나누면 0으로 나누기(division by zero) 오류가 발생하며 실행이 중단되고 만다. 이는 타입으로는 설명되지 않는 요구 사항이다. 0도 분명히 정수니 말이다.

```
int x = 1 / 0; // 타입 검사를 통과하는 자바 코드.
               // 하지만 실행하면 다음 오류가 발생한다.
Exception in thread "main" java.lang.ArithmeticException: / by zero
```

또 다른 예로는 널 접근(null dereference)이 있다. 널(null)은 데이터의 부재를 나타내기 위해 사용되는 값으로, 여러 타입에 포함된다. 이를테면 널을 `String` 타입의 값으로 취급할 수 있다. 문제는 널이 의미 있는 데이터를 갖고 있지 않다는 것이다. 그래서 널 값을 직접적으로 사용하려 들면 널 접근 오류가 발생하며 실행이 중단된다. 예를 들면 널을 문자열 값으로 사용해서 어떤 문자열이 널에 포함되는지 확인하려 할 때 널 접근이 발생한다.

```
String s = null;
s.contains("a");
// 타입 검사를 통과하는 자바 코드. 하지만 실행하면 다음 오류가 발생한다.
Exception in thread "main" java.lang.NullPointerException
```

그럼 우리는 이런 오류에 꼼짝없이 당할 수밖에 없는 걸까? 만약 그렇다면 별로 달갑지 않은 소식이다. 아무리 타입 오류가 흔하다고 한들 0으로 나누기 오류나 널 접근 오류도 꽤 흔하기 때문이다. 상당한 수의 버그를 놓치는 것이다. 이런 종류의 버그마저도 자동으로 찾을 수는 없을까?

놀랍게도 또다시 타입 검사가 해결책이 될 수 있다. 어떻게 그럴 수 있을까? 분명 타입 검사는 타입 오류로 인한 버그만 찾을 수 있다 하지 않았는가. 비밀은 타입이라는 개념 속에 숨어 있다. 앞에서 타입은 '프로그램에 존재하는 값들을 그 능력에 따라 분류한 것'이라 했다. 이때 얼마나 자세히 능력을 구분해야 하는지는 타입이라는 개념에 내재되어 있지 않다. 언어를 설계하는 사람이 관심 있는 능력을 정한 뒤, 그 능력을 기준으로 값을 분류하면 타입이 만들어지는 것이다. 적은 수의 능력을 기준으로 값을 대강 분류할 수도 있고, 많은 능력을 고려해 값을 세밀하게 분류할 수도 있다.

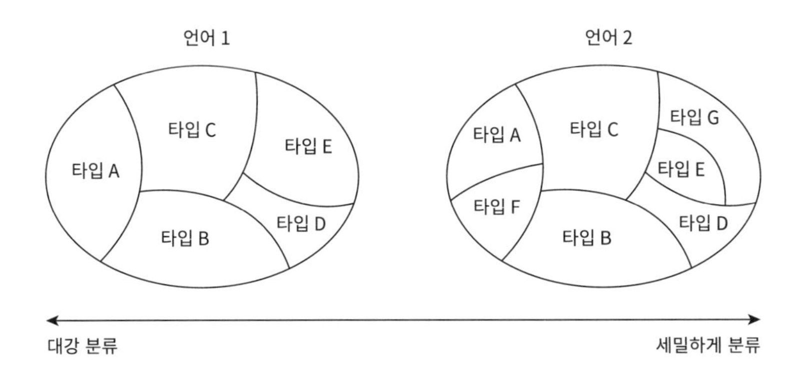

그러므로 어떤 언어에서는 타입 오류라 볼 수 없었던 버그가 다른 언어에서는 타입 오류가 되는 것이다. 그리고 타입 오류로 인한 버그라면 당연히 타입 검사를 통해 찾을 수 있다.

이런 경우를 여러 언어에서 찾아볼 수 있다. 대표적인 게 널 접근이다. 자바에서는 앞서 설명한 것처럼 널 접근이 타입 오류가 아니다. 그래서 자바로 작성된 프로그램은 타입 검사를 통과해도 실행 중에 널 접근 오류가 일어날 수 있다. 반면 코틀린에서는 널 접근이 타입 오류다. 그 이유는 자바보다 코틀린이 값을 더 세밀하게 분류하기 때문이다. 자바에서는 널도 `String` 타입에 속한다. 그렇지만 코틀린은 다르다. 오직 정말로 데이터가 있는 문자열만이 `String` 타입에 속한다(길이가 0인 문자열도 데이터가 있는 것이다). 널은 `String` 타입 값이 아닌 것이다. 그래서 코틀린 프로그램은 타입 검사를 통과하면 실행 중에 널 접근 오류가 없다는 게 보장된다.

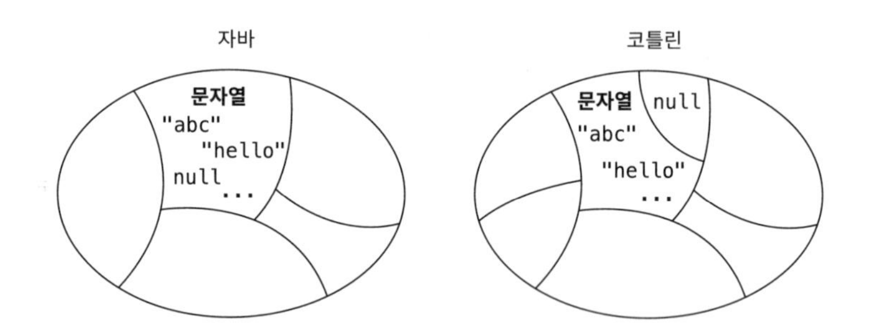

그럼 무조건 값을 세밀하게 분류하는 게 좋지 않을까? 왜 어떤 언어들은 다른 언어에 비해 값을 대강 분류해서 버그를 놓치는 걸까? 그 이유는 개발자의 편의를 고려했기 때문이다. 코틀린은 값을 세밀하게 분류하는 바람에 자바에서보다 널을 사용하기 불편해졌다. 널을 사용하려면 값이 널이 될 수 있음을 나타내는 특별한 타입이 필요하다. 또 그런 타입의 값을 사용할 때는 반드시 널이 아닌지 확인한 후에 사용해야 한다. 널을 사용하는 데 여러 제약이 추가된 셈이다. 개발자 입장에서는 널을 사용하기 다소 불편하다. 그러니 널을 자유롭게 사용하고 싶다면 코틀린 대신 자바를 선택하는 게 나을 수 있다.

결과적으로 타입이라는 개념의 유연함은 언어 설계자와 개발자에게 여러 선택지를 제공한다. 값을 분류하는 방법에 따라 어떤 오류가 타입 오류가 될 수도 있고 그렇지 않을 수도 있다. 언어 설계자가 개발자의 자유에 가치를 둔다면 값을 대강 분류하도록 타입 검사기를 만들 것이다. 코드를 자유롭게 작성하고 싶은 개발자는 그런 언어를 선택하면 된다. 반대로 언어 설계자가 더 많은 버그를 찾는 데 가치를 둔다면 값을 더 세밀하게 분류한다. 버그를 줄이는 게 중요한 개발자는 이런 언어를 선택하면 된다.

그러나 여전히 남아 있는 문제가 있다. 실행 중에 오류 메시지를 내뱉으며 프로그램이 중단되는 것만 버그가 아니라는 점이다. 프로그램이 끝까지 정상적으로 실행되었지만 그 동작이 의도와 다른 경우도 많다. 예를 들면 계산기 프로그램이 1 + 2라는 입력을 받아 3 대신 4를 출력하는 경우다. 이는 분명히 버그다. 지금까지 본 내용에 따르면 이런 버그는 타입 검사로 잡을 수 없다. 하지만 정말 그럴까?

아주 흥미롭게도 타입 검사는 그런 버그조차도 찾을 수 있다. 미국의 수학자 커리(Haskell Curry)와 논리학자 하워드(William Alvin Howard)가 밝혀낸 사실에 따르면 프로그램에 관한 임의의 성질을 타입으로 표현할 수 있다. 개발자가 원하는 동작을 타입으로 표현하고, 타입 검사기로 프로그램이 의도대로 동작한다는 사실을 검증할 수 있는 것이다. 단, 그러려면 값을 아주 세밀하게 분류해야 한다. 또 아주 정교한 타입 검사기도 필요하다. 이게 가능한 대표적인 언어가 콕(Coq)이다. 콕으로 프로그램을 만들면 어떤 종류의 버그도 없다는 사실을 타입 검사만으로 확인할 수 있다. 지금까지 여러 프로그램이 콕으로 개발되었다. 그 예로는 C 컴파일러(compiler)인 컴서트(CompCert)와 운영 체제인 서티코스(CertiKOS)가 있다. 모두 버그가 없다는 게 보장된 프로그램이다.

물론 언제나 그렇듯 값을 세밀하게 분류할수록 프로그램을 개발하기 불편해진다. 콕 같은 언어는 세밀함의 최고봉에 있으니 개발 과정도 엄청나게 불편하다. 그래서 지금까지는 널리 사용되지 못한 채 학자들의 전유물로 남아 있다. 콕으로 더 쉽게 개발할 수 있도록 학자들이 열심히 연구하고 있지만 갈 길이 아직 멀다. 언젠가는 모든 개발자가 타입 검사기의 도움만으로 버그 없는 프로그램을 쉽게 만들 날이 올 수도 있을 것이다. 아쉽지만 지금은 실행 중에 오류를 일으키는 버그를 찾는 데 만족하자. 그것만으로도 타입 검사의 가치는 충분히 크다.

1.7 정적 타입 언어의 장단점

지금까지 본 것처럼 정적 타입 언어는 여러 장점을 가지고 있다. 하지만 그 대가로 단점도 있다. 그러니 무조건 정적 타입 언어가 좋은 게 아니다. 동적 타입 언어를 사용하는 게 더 나은 경우도 분명 있다. 언제 정적 타입 언어를 사용하고 언제 동적 타입 언어를 사용해야 할까?

우선 지금까지 알아본 정적 타입 언어의 특징을 정리해 보자. 정적 타입 언어의 장점은 매우 다양하다. 정적 타입 언어로 코드를 작성하면 프로그램의 모든 타입 오류를 찾을 수 있다. 코드 편집기가 타입 검사 결과를 활용할 수 있으니 생산성을 높이기도 좋고, 불필요한 실행 중 검사를 없앨 수 있어서 프로그램이 좋은 성능을 내는 데도 유리하다.

또 타입 표시를 적절히 활용한다면 코드에 정보를 추가해 가독성을 높일 수 있다. 하지만 단점도 있다. 모든 타입 표시를 생략할 수 있는 일부 언어를 제외하고는 타입 표시 때문에 코드가 장황해지는 경우가 생긴다. 그보다 더 큰 단점은 타입 검사기가 '거부'라고 틀리게 말하는 경우가 있다는 것이다. 분명히 타입 오류를 일으키지 않는 프로그램인데 타입 검사를 통과하지 못해 쓸데없이 코드를 고쳐야 할 수 있다.

정적 타입 언어의 장단점을 종합하면 언제 정적 타입 언어가 유용한지, 또 언제 동적 타입 언어가 유용한지 나온다. 정적 타입 언어는 큰 프로그램을 만들 때 유용하다. 정적 타입 언어의 장점들은 모두 큰 프로그램에서 뚜렷하게 드러난다. 프로그램이 크면 버그가 많으니 모두 찾기 어렵다. 만드는 데도 오래 걸리고 긴 코드를 이해하기도 어렵다. 타입 오류를 모두 자동으로 찾고, 코드 편집기의 능력을 최대로 끌어내고, 코드의 가독성이 우월한 정적 타입 언어가 최적인 것이다. 반면 작은 프로그램을 만들 때는 정적 타입 언어의 장점이 큰 쓸모가 없다. 어차피 작은 프로그램이니 버그도 적고 금방 만들 수 있으며 코드도 이해하기 쉽다. 오히려 단점만이 두드러진다. 프로그램을 빨리 만들고 싶은데 쓸데없이 타입 표시를 붙이느라 시간을 낭비하거나, 나는 제대로 짰는데 타입 검사를 통과하지 못해 지체되는 상황이 발생한다. 그래서 작은 프로그램을 빠르게 만드는 데는 동적 타입 언어가 유용하다.

두 종류의 언어의 장단점을 잘 보여 주는 게 트위터의 사례다. 트위터는 초창기에 동적 타입 언어인 루비를 서버 개발에 사용했다. 사업 초기에는 새롭게 구현해야 할 기능이 많으니 빠른 개발에 특화된 동적 타입 언어가 훌륭한 선택이었을 것이다. 하지만 시간이 지나면 코드의 규모가 커진다. 버그를 찾기가 갈수록 어려워지고 새로 들어온 개발자들이 코드를 이해하기도 힘들어진다. 동적 타입 언어의 한계가 보이기 시작한 것이다. 이 상황을 타개하는 가장 좋은 수단은 정적 타입 언어다. 그래서 트위터는 루비에서 정적 타입 언어인 스칼라로 옮겨 가기로 했다. 물론 루비로 구현했던 서버를 스칼라로 다시 구현하는 데는 다소 간의 시간이 걸렸다. 그래도 다 옮기고 나니 정적 타입 언어의 혜택을 누릴 수 있게 되었다. 루비를 사용하던 시절보다는 버그를 찾기 훨씬 쉬워진 것이다. 코드의 가독성과 개발 과정의 생산성도 높아진 것은 덤이다.

1.8 다형성

정적 타입 언어는 큰 프로그램을 만드는 데 유용하지만 꽤 치명적인 한 가지 단점이 있다. 바로 타입 검사기가 '거부'라고 틀리게 말하는 단점이다. 이 단점은 큰 프로그램을 만들든 작은 프로그램을 만들든 잘 드러난다. 게다가 이 단점은 절대로 완벽하게 해결할 수 없다. 앞에서 본 것처럼 타입 검사기가 '거부'라고 오판하는 경우가 반드시 존재한다. 튜링이 증명한, 아무리 시간이 지나도 바뀔 리 없는 사실이다.

그렇다고 아무런 방법이 없는 것은 아니다. 타입 검사기가 '거부'라고 잘못 말하는 경우를 줄이는 것만으로도 개발자의 불편이 줄어든다. 완벽하게 해결할 수는 없어도 단점을 최대한 작게 만드는 것이다. 현존하는 언어들은 타입 검사기의 오판을 줄이는 데 도움이 되는 다양한 기능을 제공한다. 그런 기능들을 잘 알고 사용한다면 정적 타입 언어의 이 단점이 훨씬 덜 느껴지게 할 수 있다.

타입 검사기가 '거부'라고 잘못 말하는 상황을 해결하는 기능에는 두 가지 종류가 있다. 첫 번째는 타입 검사의 틀 안에서 개발자를 돕는 '안전한' 기능이다. 안전한 기능은 타입 오류가 일어날 수 있을 것 같으면 '거부'를 출력한다는 타입 검사의 원칙을 지키면서 타입 검사기의 오판을 줄여 준다.

두 번째는 타입 검사를 무력화하는 '위험한' 기능으로, 타입 검사의 원칙을 아예 파괴해 버린다. 타입 오류가 일어날 수 있다고 타입 검사기가 판단했음에도 그냥 '통과'라고 출력하게 만드는 것이다. 이런 위험한 기능의 대표적인 예로는 코틀린의 !! 연산자가 있다. 개발자는 !!를 사용해 타입 검사기가 널을 String 타입의 값으로 취급하도록 강제할 수 있다. 타입 검사기가 널 접근 오류의 가능성을 예견하고서도 그냥 지나치게 되는 것이다. 그러니 !!를 사용한 프로그램은 타입 검사를 통과해도 실행 중에 널 접근 오류를 일으킬 수 있다. 즉, 위험한 기능을 사용한다는 것은 곧 개발자가 타입 검사기에 "네게는 타입 오류가 일어날 수 있겠다고 보일지 몰라도, 내가 보기에는 타입 오류가 절대 일어날 수 없어. 나를 믿고 그냥 '통과'라고 출력해"라고 말하는 것과 같다. 개발자의 판단이 옳았다면 별 문제없겠지만, 틀렸다면 타입 검사를 통과한 프로그램이 실행 중에 타입 오류를 일으키는 참사가 발생할 것이다.

그러니 코드를 작성할 때 위험한 기능을 사용하지 않는 것이 바람직하다. 위험한 기능을 사용하는 것은 타입 검사가 제공하는 가장 큰 이점을 스스로 포기하는 행위이기 때문이다. 다만 간혹가다 안전한 기능을 사용해 코드를 아무리 고쳐도 타입 검사기가 '거부'라고 틀리게 말하는 사태를 피할 수 없다는 확신이 들 때가 있다. 이때는 최후의 비상수단으로 위험한 기능을 사용하는 것을 고려해 볼 만하다. 이 책의 목표 한 가지는 타입 검사의 장점은 유지한 채 단점을 해결하는 방법을 알려주는 것인 만큼, 위험한 기능은 다루지 않는다. 오직 안전한 기능만을 살펴볼 것이다.

다형성(polymorphism)은 타입 검사기의 오판을 줄이는 안전한 기능의 대부분을 차지하는 개념이다. 다형성은 프로그램의 한 개체가 여러 타입에 속하게 만든다. 여기서 개체라 함은 값, 함수, 클래스, 메서드 등 여러 가지가 될 수 있다. 하나의 값이 여러 타입에 속할 수도 있고, 한 함수를 여러 타입의 함수로 사용할 수도 있는 것이다. 다형성은 거의 모든 정적 타입 언어에서 발견할 수 있는 매우 널리 사용되는 개념이다. 타입 안전성을 해치지 않으면서도 타입 검사기의 오판을 획기적으로 줄이며, 동시에 개발자가 쉽게 이해할 수 있는 오류 메시지를 제공하기 때문이다. 다형성이 널리 사용되는 만큼, 다형성만 제대로 이해해도 타입 관련 기능을 대부분 이해한 것과 다름없다. 다형성만 잘 알아도 정적 타입 언어 전문가라 불릴 만하다. 그렇기에 이 책에서는 다형성에 초점을 맞춘다.

다형성은 크게 서브타입에 의한 다형성, 매개변수에 의한 다형성, 오버로딩에 의한 다형성으로 나눌 수 있다. 이는 어떤 개체에 다형성을 부여하는지, 어떻게 다형성을 부여하는지에 따라 나눈 것이다. 각각 상당히 다른 특성을 가지므로 각 주제를 별개의 장으로 다룰 것이다. 2장에서는 서브타입에 의한 다형성을, 3장에서는 매개변수에 의한 다형성을 살펴본다. 두 방식이 한 언어에 공존할 수도 있다. 그 경우, 둘 중 하나만 존재할 때는 없던 유용한 기능들이 탄생한다. 그래서 4장에서는 두 가지가 함께 있을 때 어떻게 되는지 살펴본다. 그리고 나서 5장에서는 오버로딩에 의한 다형성을 살펴본다.

정적 타입 언어를 처음 다뤄 본다면 이 시점에서 책을 잠깐 덮어도 좋다. 우선 정적 타입 언어를 사용해 보는 게 먼저다. 다형성은 아직 몰라도 된다. 일단 지금까지 배운 내용만으로 정적 타입 언어를 사용해 보자. 무엇이 좋고 무엇이 불편한지 체험할 시간이다. 사용하다 보면 지금까지 알아본 정적 타입 언어의 장점을 느낄 것이다. 동시에 불편함 역시 느낄 것이다. 그렇다면 책을 다시 펴고 다형성을 알아보자.

정적 타입 언어를 이미 가볍게 경험해 보았다면, 정적 타입 언어의 장단점을 어렴풋이 느끼고 있었을 테다. 이제는 그 어렴풋한 느낌이 구체적인 지식으로 승화되었다. 다형성을 알아보기에 완벽한 상태다. 물론 역시 책을 잠시 덮어도 좋다. 잠시 쉬는 것도 훌륭한 선택이니까. 충분히 쉬었고 새로운 지식을 습득할 준비가 되었다면, 다시 책으로 돌아오자.

그럼 이제 우리를 정적 타입 언어 전문가로 만들어 줄 다형성의 세계로 떠나 보자. 다형성의 세계를 여행하는 동안 우리와 함께할 두 친구가 있다. 바로 카레를 좋아하는 큐리 박사와 큐리 박사의 친구인 고양이 처르지다.[2]

2장부터 각 장은 서너 개의 절로 구성된다. 각 절 앞에는 그 절에서 다룰 내용과 이어지는 큐리 박사와 처르지가 등장하는 이야기가 실려 있

2 큐리와 처르지라는 이름은 각각 전산학자 커리와 처치(Alonzo Church)에서 따 왔다. 커리와 처치는 타입 연구의 선구자로, 타입을 이론적으로 설명하는 서로 다른 방식을 각자 제시했다.

다. 이야기를 읽으면서 그 절이 어떤 기능을 소개할지 미리 짐작해 보면 이해에 도움이 될 것이다. 또 각 절을 끝까지 읽은 뒤에 앞으로 다시 돌아가 배운 내용을 정리하는 기분으로 이야기를 다시 읽어 보는 것도 추천한다.

2장

서브타입에 의한 다형성

2.1 객체와 서브타입
2.2 집합론적 타입
2.3 함수와 서브타입

- 카레 가게 -

큐리 박사: 와, 드디어 카레 가게를 차렸어. 20년간 꿈꿔 오던 일이 드디어 이뤄졌다고! 처르지, 내 카레 가게에 사람들이 많이 올까? 그러겠지? 그렇다고 말해 줘.

처르지: 글쎄, 아마 그렇지 않을까? 네 카레는 끝내주니까. 뭐, 나는 카레보다 츄르가 더 좋긴 하지만.

큐리 박사: 그래, 고마워. 꼭 사람들에게 최고의 카레를 대접하겠어.

며칠 후

큐리 박사: 처르지, 큰일이야. 사람들이 카레를 먹으러 오지 않아. 어제는 온종일 세 명밖에 오지 않았어.

처르지: 어, 그거 참 이상한 일이네.

큐리 박사: 어떡하지? 사람들이 왜 안 올까? 내 카레가 맛이 없는 걸까?

처르지: 사람들에게 직접 물어보는 게 어때? 마침 저 앞에 사람이 한 명

지나가네. 교복을 입은 걸 보니 학생인가 보군. 가서 왜 카레 가게에 오지 않는지 물어봐.

큐리 박사: 좋은 생각이야. 당장 물어봐야겠어.

큐리 박사: 어이, 잠시만 뭘 좀 물어보려 하는데 괜찮겠나?

학생: 무슨 일이시죠?

큐리 박사: 혹시 자네는 카레를 싫어하나?

학생: 아뇨, 좋아하죠.

큐리 박사: 그렇다면 왜 내 카레 가게에 카레를 먹으러 오지 않는 겐가?

학생: 저도 가고 싶었죠. 하지만 아쉽지만 그럴 수가 없었어요. 가게 앞에 "**사람**들을 위한 카레 가게"라고 적혀 있는 걸요. 저는 **학생**이니까요.

큐리 박사: 아니, 그게 도대체 무슨 소리인가. 자네는 사람 아닌가?

학생: 뭐, 사람이 아닌 건 아니죠. 하지만 정확히 말하자면 저는 학생인걸요?

큐리 박사: 어쨌든 **학생은 사람**이잖나.

학생: 그렇긴 해요. 하지만 가게 앞에는 사람이라고만 적혀 있는 걸요. 학생이 와도 된다는 말은 어디에도 없잖아요. 아, 벌써 시간이 이렇게 됐네. 저는 그만 가 봐야겠어요. 안녕히 계세요.

큐리 박사: 허, 참, 이게 뭔 소리람.

2.1 객체와 서브타입

서브타입에 의한 다형성(subtype polymorphism)은 객체를 다룰 때 유용하다. 객체라는 개념이 있는 정적 타입 언어라면 대개 서브타입에 의한 다형성도 제공한다. 서브타입에 의한 다형성이 왜 필요한지 예를 통해 알아보자. 지금부터 학교 행정 처리 프로그램을 만들 것이다.

학교에 있는 각 사람은 이름, 메일 주소, 학번이나 사번 같은 고유 번호 등의 정보를 가지고 있다.

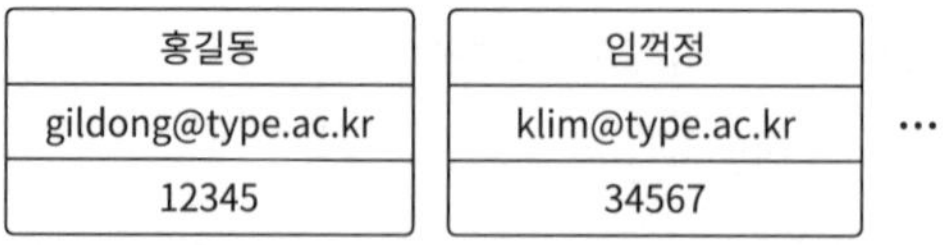

홍길동	임꺽정	
gildong@type.ac.kr	klim@type.ac.kr	…
12345	34567	
사람 1	사람 2	

따라서 사람 한 명 한 명을 객체로 표현할 수 있다. 사람 객체를 만드는 클래스를 `Person`이라 이름 붙이겠다. 그럼 `Person` 클래스는 `name`, `email`, `id` 등의 필드(field)를 가진다.

```
class Person {
    String name;
    String email;
    Int id;
}
```

동적 타입 언어만 사용해 본 사람은 클래스 정의에 필드가 나열되어 있는 게 생소할 수도 있다. 정적 타입 언어에서는 클래스를 정의할 때 그 클래스의 객체가 사용할 필드를 미리 정의해야 한다. 필드를 정의한다는 것은 필드의 타입과 이름을 쓴다는 뜻이다. 변수를 정의하는 것과 비슷하다. 타입 검사기가 변수의 값을 읽는 부품을 검사할 때 변수 정의에서 타입을 찾듯이 필드의 값을 읽는 부품을 검사할 때는 필드 정의에서 타입을 찾는다. 필드를 미리 정의해야 하는 이유가 여기에 있다. 클래스에 메서드도 정의할 수 있지만, 지금 할 이야기에는 필드면 충분하다. 메서드를 정의하는 코드는 조금 뒤에 보게 될 것이다.

학교에 있는 사람 중 상당수는 학생이다. 각 학생은 이름, 메일 주소, 학번뿐 아니라 학년, 성적, 학비 납부 여부 등의 학생에게만 있는 정보도 가지고 있다.

학생 1	학생 2	
장길산	이몽룡	
gilsan@type.ac.kr	mlee@type.ac.kr	
20200011	20220022	…
3학년	1학년	
3.45	3.67	
학비 완납	학비 미납	

사람 객체만으로는 이를 표현할 수 없으니 학생 객체를 만들 Student 클래스가 필요하다. 아예 처음부터 새 클래스를 만들 수도 있지만, 이때는

상속(inheritance)을 활용하는 게 더 나은 선택이다. Student 클래스에 정의할 필드와 메서드 중 일부가 Person 클래스에 이미 있으니 Person을 상속해 Student를 정의한다.

```
class Student extends Person {
    Int grade;
    Float gpa;  // Float는 부동 소수점 수 타입이다.
    Boolean paid;
}
```

Student 클래스에 직접적으로 명시된 필드는 grade, gpa, paid뿐이지만 Person 클래스를 상속한 덕에 name, email, id 필드도 자동으로 정의된다.

우리가 하고 싶은 일은 학비를 아직 내지 않은 학생들에게 안내 메일을 발송하는 것이다. 학교에서 사람들에게 메일을 보낼 일이 자주 있다 보니 메일을 보내는 함수는 이미 있다.

```
Void sendEmail(Person person, String title, String content) {
    String email = person.email;
    ...
}
```

각 사람 객체가 메일 주소를 가지고 있으므로 메일을 보내는 sendEmail 함수는 사람 객체 하나와 문자열 두 개를 인자로 받는다. 두 문자열은 각각 메일 제목과 내용에 해당한다. sendEmail은 주어진 사람 객체의 email 필드를 읽어 메일 주소를 얻은 뒤 해당 주소로 메일을 보낸다.

여기서 주목할 부분은 sendEmail의 첫 매개변수 person에 붙은 타입 표시다. 사람 객체의 타입을 Person이라 한 것을 볼 수 있다. 클래스는 객체의 설계도로서 객체가 어떤 필드와 메서드를 가지는지 정의한다.

각 클래스는 자신만의 필드와 메서드를 정의하니, 서로 다른 클래스로부터 만들어진 객체는 서로 다른 구조와 능력을 가진 값이다. 그러므로 타입의 관점에서는 각 클래스가 새로운 타입을 정의한다고 볼 수 있다. 같은 클래스로부터 만들어진 객체끼리는 같은 타입에 속하고, 다른 클래스로부터 만들어진 객체는 다른 타입에 속한다. 각 클래스가 고유한 이름을 가지므로 클래스 이름이 타입으로 사용된다. 그래서 사람 객체의 타입이 Person이다. 같은 원리로 학생 객체의 타입은 Student다.

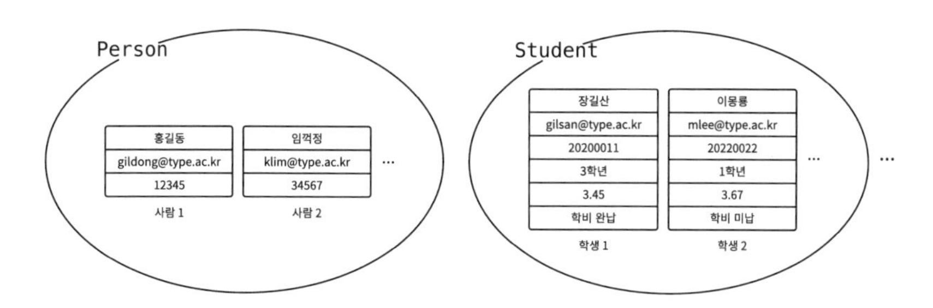

이제 학생 리스트가 students라는 변수에 저장되어 있다고 하자. 그럼 남은 일은 간단하다. 리스트를 순회하면서 각 학생이 학비를 납부했는지 확인하고, 아직 안 냈다면 sendEmail 함수를 사용해 메일을 보내면 된다.

```
for (Int i = 0; i < students.length; i++) {
    Student st = students[i];
    if (!st.paid) {
        sendEmail(st, ..., ...);
    }
}
```

놀랍게도 올바르게 구현한 것 같은 위 코드는 타입 검사를 통과하지 못한다. 서브타입에 의한 다형성이 없다면 말이다. 다행히 우리가 사용할 법한 언어들은 서브타입에 의한 다형성을 제공한다. 그래서 앞의 코드가 타입 검사를 문제없이 통과한다. 이 예만 봐도 서브타입에 의한 다형성의 중요성이 드러난다. 흠잡을 데 없는 코드가 타입 검사를 통과하지 못한다면 꽤나 불편하지 않겠는가. 이처럼 서브타입에 의한 다형성은 객체를 사용할 때의 불편을 크게 줄여 주는 윤활유 같은 존재다.

지금부터는 서브타입에 의한 다형성이 무엇이기에 앞의 코드가 타입 검사를 통과하는 데 중요한 역할을 하는지 그리고 서브타입에 의한 다형성을 제공하는 언어를 잘 사용하려면 무엇을 알아야 하는지 살펴보겠다.

서브타입에 의한 다형성이 없으면 왜 타입 검사를 통과하지 못할까? 앞의 코드에서 st의 타입은 Student다. 학생 객체는 Student 클래스로부터 만들어지기 때문이다. 문제는 sendEmail이 Person 타입의 인자를 요구한다는 점이다. Student 타입은 Person 타입과 다르다. 그러므로 sendEmail에 st를 넘기는 코드를 보면 타입 검사기가 "Person이 필요한데 Student인 st가 발견됨"이라며 거부한다.

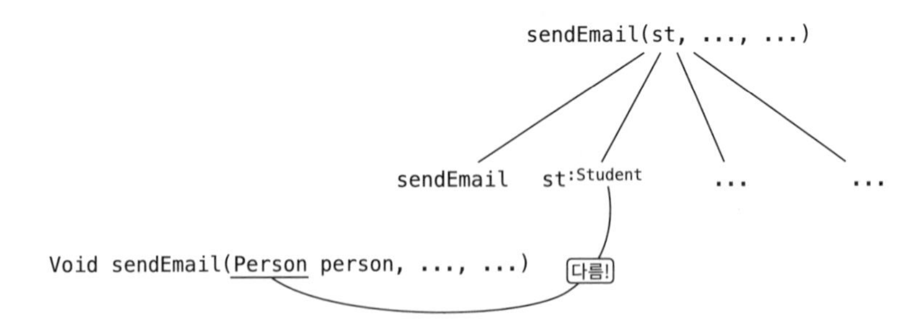

이런 일이 일어나지 않으려면 st의 타입을 Person으로 간주할 수 있게 만드는 '특별한 무언가'가 필요하다. 그 특별한 무언가가 바로 서브타입에 의한 다형성이다. 서브타입에 의한 다형성은 st가 Student 타입에 속하면서 동시에 Person 타입에도 속하게 만든다. st가 여러 타입에 동시에 속하도록 다형성을 부여한 것이다.

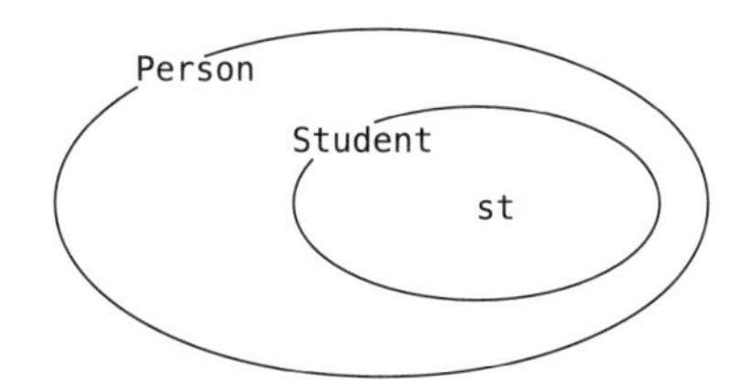

서브타입에 의한 다형성은 서브타입이라는 개념을 통해 다형성을 실현한다. 그러므로 서브타입에 의한 다형성을 이해하려면 서브타입부터 이해해야 한다.

서브타입은 "A는 B다"라는 타입 사이의 관계다. "A는 B다"라는 설명이 올바르다면 A는 B의 서브타입이다. 또한 서브타입에 반대되는 의미로서 슈퍼타입(supertype)이라는 용어를 사용한다. A가 B의 서브타입이면 B는 A의 슈퍼타입이다. 예를 들면 "학생은 사람이다"는 올바른 설명이다. 즉, Student는 Person의 서브타입이고 Person은 Student의 슈퍼타입이다. 반대로 "사람은 학생이다"는 틀린 설명이다. 세상에는 학생 이외의 사람도 있다. 따라서 Person은 Student의 서브타입이 아니고 Student는 Person의 슈퍼타입이 아니다.

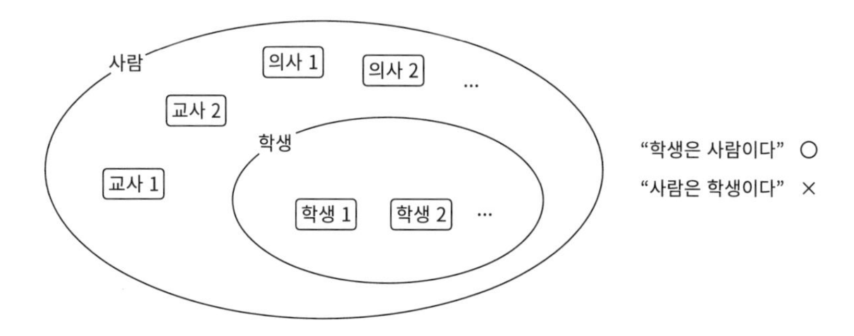

서브타입이 뭔지 이해했다면 서브타입에 의한 다형성은 쉽다. A가 B의 서브타입일 때 A 타입의 부품을 B 타입의 부품으로도 간주할 수 있게 하는 기능이 서브타입에 의한 다형성이다. 다르게 표현하면 B 타입의 부품이 요구되는 자리에 A 타입의 부품이 오더라도 타입 검사기가 문제 삼지 않는 것이다.

이제 앞서 본 코드가 왜 서브타입에 의한 다형성을 필요로 하는지 알 수 있다. st는 Student 타입의 부품이다. 하지만 Student가 Person의 서브타입이므로 st가 Person 타입의 부품이 필요한 자리에 사용되더라도 타입 검사를 통과한다. 그러므로 sendEmail의 인자로 st를 사용할 수 있는 것이다.

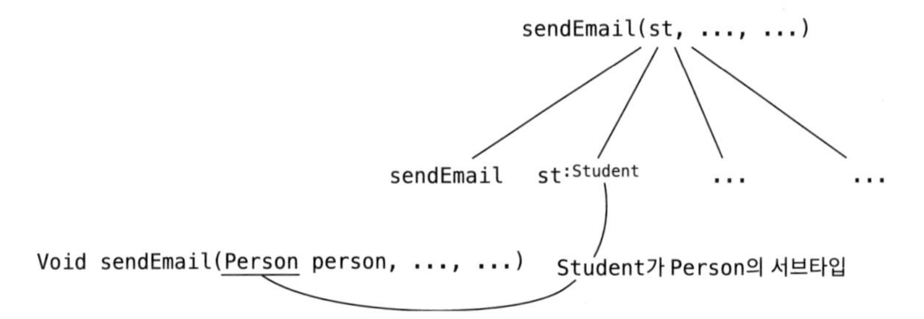

서브타입에 의한 다형성이 말이 되는 이유가 뭘까? 다시 말해 서브타입에 의한 다형성을 제공해도 타입 검사기의 가장 중요한 성질인 타입 안전성에 문제가 생기지 않는 이유가 무엇일까? 이는 비유를 통해 쉽게 이해할 수 있다. 앞서 본 것처럼 '학생은 사람이다'는 올바른 설명이다. 이제 사람이 이용할 수 있는 도서관이 있다고 하자. 도서관을 이용하려면 사람이 지닌 어떤 능력이 필요한 것이다. 그렇다면 학생이 해당 도서관을 이용해도 아무런 문제가 없다. 학생도 사람이기 때문이다. 아무 사람이나 가진 능력이라면 어느 학생이든 반드시 가지고 있다. 각 학생에게는 도서관을 사용할 능력이 있는 것이다.

이는 프로그래밍 세계에서도 동일하다. Person 타입의 부품이 필요한 곳이 있다고 하자. 그곳에서는 Person 타입의 값이 지닌 어떤 능력을 필요로 한다. 이때 Student 타입의 부품이 그곳에 사용되어도 괜찮다. Student가 Person의 서브타입이므로 Person 타입의 부품이 가진 능력은 Student 타입의 부품도 가지고 있기 때문이다.

또한 서브타입에 의한 다형성을 '반대 방향'으로 적용할 수 없다는 사실, 즉 A가 B의 서브타입일 때 A 타입의 부품이 요구되는 곳에 B 타입의 부품이 오는 것은 타입 검사기가 허용하지 않는다는 사실도 비유를 통해 이해할 수 있다. 앞서와는 반대로 학생만 이용할 수 있는 도서관이 있다고 하자. 이 도서관을 이용하려면 학생이 지닌 어떤 능력이 필요하다. 그렇다면 길에 지나가는 아무 사람이나 붙잡고 그 도서관에 데려가서는 안 된다. 그 사람이 학생인지 아닌지 모르기 때문이다. 학생에게 있는 능력을 가지고 있지 않은 사람일 수도 있는 것이다.

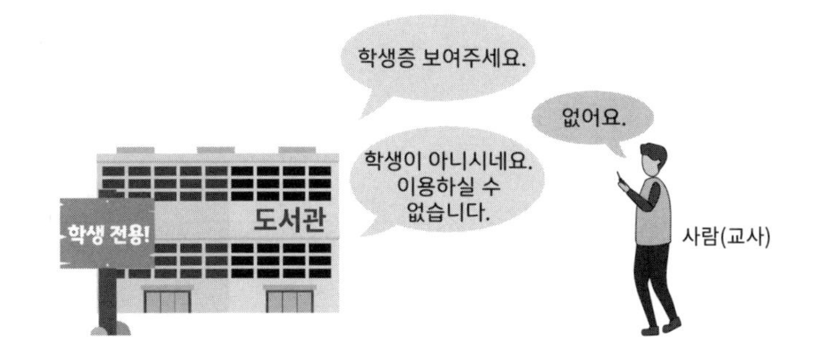

프로그래밍 세계에서도 같은 논리가 통한다. Student 타입의 부품이 필요한 곳에 Person 타입의 부품을 함부로 사용해서는 안 된다. Student 타입의 부품이 가진 능력을 Person 타입의 부품은 가지고 있지 않을 수 있기 때문이다. 예를 들면 다음 코드는 타입 검사를 통과하지 못한다.

```
Void checkPaid(Student student) {
    if (!student.paid) { ... }
}
for (Int i = 0; i < people.length; i++) {
    Person pr = people[i];
    checkPaid(pr);
}
```

checkPaid는 학생 객체를 인자로 받은 뒤 해당 학생이 학비를 아직 내지 않았으면 특정 동작을 수행한다. people이 학교에 있는 모든 사람의 리스트라 하자. 이때 people을 순회하면서 각 사람을 checkPaid에 인자로 넘기는 위 코드는 올바르지 않다. 사람 객체 중에는 paid 필드가 없는 객체도 있기 때문에 checkPaid에서 student.paid를 계산하다가 오류가 발생할 수 있다. Person 타입의 부품을 Student 타입의 부품이 필요한 자리에 사용하는 코드를 타입 검사기가 허용하지 않는 게 올바르다.

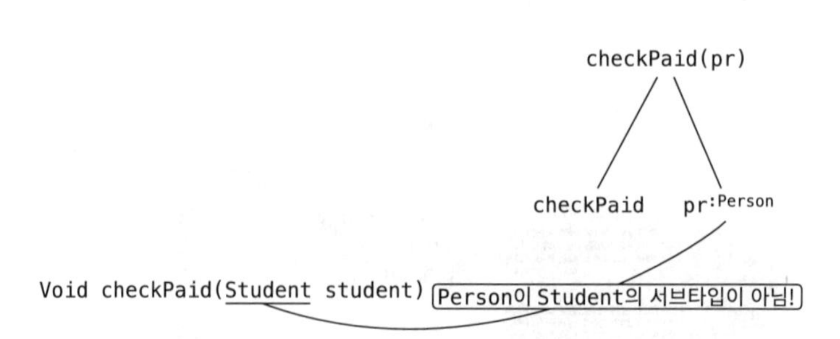

이제 서브타입에 의한 다형성을 잘 활용하는 방법을 알아볼 차례다. "A가 B의 서브타입이면 B 타입의 부품이 필요한 곳에 A 타입의 부품을 쓸 수 있다"라는 원칙에는 개발자 입장에서 어떻게 해 볼 게 없다. 문제는 "A가 B의 서브타입이다"라는 사실을 어떻게 개발자가 파악할 수 있느냐 하는 데 있다. 앞서 "A는 B다"가 사실이면 A가 B의 서브타입이라고 하지 않았냐고? 그렇다. 하지만 사람은 "A는 B다"가 옳다고 생각하는데 타입 검사기는 그렇게 판단하지 않는 경우가 있다. 내가 보기에는 "A는 B다"가 맞아서 A가 B의 서브타입이겠거니 하고 코드를 작성했는데, 타입 검사기가 A를 B의 서브타입으로 인정하지 않아서 타입 검사를 통과하지 못하는 경우가 생길 수 있는 것이다. 그래도 다행히 타입 검사기는 명확한 규칙에 따라 서브타입 관계를 판단한다. 그 규칙만 파악한다면 타입 검사기가 A를 B의 서브타입으로 판단할지 아닐지 알 수 있다. 그렇기에 "'A는 B다'가 사실이면 A가 B의 서브타입이다"라는 설명을 통해 서브타입이라는 개념을 직관적으로 이해하되, 실제 코드를 작성할 때는 타입 검사기가 사용하는 규칙을 고려하여 서브타입 관계를 판단해야 한다.

지금부터는 타입 검사기가 객체 타입의 서브타입 관계를 판단할 때 사용하는 규칙을 살펴보겠다. 크게 두 종류의 방식이 존재한다. 각각 이름에 의한 서브타입(nominal subtyping)과 구조에 의한 서브타입(structural subtyping)이다. 용어가 드러내듯이, 하나는 타입이 알려 주는 이름을 바탕으로 서브타입 관계를 판단하고, 다른 하나는 타입이 알려 주는 구조를 바탕으로 서브타입 관계를 판단한다. 둘을 병용하는 언어도 있고 둘 중 하나만 사용하는 언어도 있다. 그러니 자신이 사용하는 언어가 무슨 방식을 사용하는지 알아 두는 게 좋다.

이름에 의한 서브타입

이름에 의한 서브타입을 사용하는 경우, 타입 검사기는 타입이 보여 주는 클래스의 이름과 클래스 사이의 상속 관계만 고려한다. 해당 클래스가 어떻게 생겼는지, 즉 그 클래스에 어떤 필드와 메서드가 있는지는 전혀 신경 쓰지 않는다. 고려할 게 얼마 없는 만큼, 서브타입을 판단하는 규칙도 단순하다. 클래스 A가 클래스 B를 상속한다면 A가 B의 서브타입이다. 여기서 상속은 직접 상속(direct inheritance)과 간접 상속(indirect inheritance)을 모두 포함한다.

앞서 본 Student와 Person의 예가 직접 상속에 해당한다. Student 클래스를 정의할 때 Person 클래스가 상속할 클래스 목록에 직접 포함되었다. 따라서 우리가 "학생은 사람이다"라고 생각한 직관과 동일하게 타입 검사기도 Student를 Person의 서브타입으로 판단한다.

간접 상속은 어떤 클래스를 상속하는 클래스를 다시 상속하는(또는 같은 방식으로 더 많은 클래스를 거치는) 상황을 말한다. 예로서 학교 행정 처리 프로그램의 규모를 더 키워 보자. 이제 프로그램이 학교에 있는 사람뿐 아니라 각종 비품도 관리할 것이다.

```
class SchoolObject { ... }
class Person extends SchoolObject { ... }
class Student extends Person { ... }
```

이를 위해 학교에 있는 무언가를 나타내는 클래스인 SchoolObject를 정의했다. 이제 Person 클래스는 SchoolObject 클래스를 상속한다. 그리고 이전처럼 Student 클래스가 Person 클래스를 상속한다. 이때 Student 클래스가 Person 클래스를 거쳐 SchoolObject 클래스를 간접적으로 상속하는 것으로 볼 수 있다. 비록 Student 클래스를 정의할 때 상속할 클래스 목록에 SchoolObject가 직접 들어 있는 것은 아니지만, SchoolObject에 정의된 필드와 메서드는 Person에 존재하고, 따라서 Student에도 존재하기 때문이다. 그래서 Student는 Person의 서브타입이면서 동시에 SchoolObject의 서브타입이다. 이는 "학생은 학교에 있는 무언가다"라는 우리의 직관과도 일치한다.

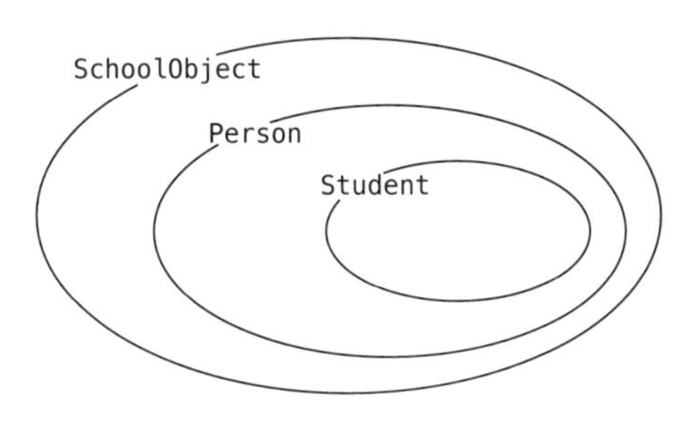

주요 언어 예시

자바

```
class Person { String email; }
class Student extends Person { int grade; }
void sendEmail(Person person) {
    String email = person.email;
    ...
}
Student st = new Student();
sendEmail(st);
```

Student 클래스가 Person 클래스를 상속하므로 Student는 Person의 서브타입이다.

C++

```
class Person { public: string email; };
class Student : public Person { public: int grade; };
```

```
void sendEmail(Person *person) {
    string email = person->email;
    ...
}
Student *st = new Student();
sendEmail(st);
```

Student 클래스가 Person 클래스를 상속하므로 Student*는 Person*의 서브타입이다. 단, 상속할 때 public 키워드를 빼먹고 class Student : Person이라고 적으면 Student가 Person을 상속함에도 Student*가 Person*의 서브타입이 아니게 된다.

C#

```
class Person { public string email; }
class Student : Person { public int grade; }
void sendEmail(Person person) {
    string email = person.email;
    ...
}
Student st = new Student();
sendEmail(st);
```

Student 클래스가 Person 클래스를 상속하므로 Student는 Person의 서브타입이다.

코틀린

```
open class Person(val email: String)
class Student(email: String, val grade: Int) : Person(email)
fun sendEmail(person: Person): Unit {
    val email: String = person.email
    ...
}
val st: Student = Student(..., ...)
sendEmail(st)
```

Student 클래스가 Person 클래스를 상속하므로 Student는 Person의 서브타입이다.

스칼라

```
class Person(val email: String)
class Student(email: String, val grade: Int) extends
      Person(email)
def sendEmail(person: Person): Unit =
  val email: String = person.email
  ...
val st: Student = Student(..., ...)
sendEmail(st)
```

Student 클래스가 Person 클래스를 상속하므로 Student는 Person의 서브타입이다.

이 책에서 소개하는 개념은 그저 이론적으로만 존재하는 것이 아니라 실제 개발 과정에서 널리 사용되고 있다. 이 책에서는 각 개념을 알아본 뒤에 그 개념이 유용하게 사용되는 실제 프로젝트 몇 개를 골라 소개한다. 깃허브에 공개되어 있는 오픈 소스 프로젝트 중 스타가 많은 유명 프로젝트 위주로 선택했다. 다음 표는 이름에 의한 서브타입을 사용하는 프로젝트 목록으로 프로젝트 이름, 구현 언어, 프로그램 용도, 스타 개수(책 집필 당시), 깃허브 주소를 보여 준다.

프로젝트 이름	구현 언어	프로그램 용도	스타 개수	깃허브 주소
일래스틱서치	자바	검색 엔진	63.4k	*https://github.com/elastic/elasticsearch*
기드라	자바	디컴파일러	38.9k	*https://github.com/NationalSecurityAgency/ghidra*
셀레늄	자바	브라우저 자동화 도구	26.3k	*https://github.com/SeleniumHQ/selenium*

마이크로소프트 파워토이스	C#	시스템 유틸리티	89.7k	*https://github.com/microsoft/PowerToys*
파워셸	C#	셸	38k	*https://github.com/PowerShell/PowerShell*
파일스	C#	파일 관리자	27.2k	*https://github.com/files-community/Files*
OkHttp	코틀린	HTTP 클라이언트	43.8k	*https://github.com/square/okhttp*
아파치 스파크	스칼라	데이터 처리 엔진	35.5k	*https://github.com/apache/spark*
리라	스칼라	온라인 체스 서버	13k	*https://github.com/lichess-org/lila*

표 2-1 이름에 의한 서브타입을 사용하는 프로젝트

구조에 의한 서브타입

이미 정의된 클래스를 수정할 수 없는 경우에는 이름에 의한 서브타입만으로는 부족할 수 있다. 그럴 때는 구조에 의한 서브타입이 필요하다. 구조에 의한 서브타입의 필요성을 알아보기 위해 다른 사람이 만든 라이브러리를 사용하는 경우를 생각해 보자. 사용할 라이브러리에는 `Person` 클래스가 있다.

```
/* 라이브러리 1 */
class Person {
    String name;
    String email;
    Int id;
}
```

이전과 동일하게 사람 객체는 이름, 메일 주소, 고유 번호 등의 정보를 가지고 있다. 따라서 사람을 인자로 받는 `sendEmail` 함수를 똑같이 정의할 수 있다.

```
Void sendEmail(Person person, String title, String content) {
    String email = person.email;
    ...
}
```

이 상황에서 새로운 라이브러리를 추가로 사용하게 되었다. 두 번째 라이브러리에는 Student 클래스가 있다.

```
/* 라이브러리 2 */
class Student {
    String name;
    String email;
    Int id;
    Int grade;
    Float gpa;
    Boolean paid;
}
```

두 라이브러리가 별개로 개발되는 바람에 이 Student 클래스는 첫 번째 라이브러리의 Person 클래스를 상속하지 않는다. 그렇지만 이전과 동일하게 이름, 메일 주소, 고유 번호 등 사람에게 있는 정보는 물론이고 학년, 성적, 학비 납부 여부 같은 학생에게 있는 정보를 모두 가지고 있다. 이제 이전처럼 학비를 내지 않은 학생들에게 메일을 보내려고 하면 문제가 생긴다.

```
for (Int i = 0; i < students.length; i++) {
    Student st = students[i];
    if (!st.paid) {
        sendEmail(st, ..., ...);
    }
}
```

앞서와 동일한 코드인데 타입 검사를 통과하지 못한다. 서브타입에 의한 다형성이 있는데도 말이다. 그 이유는 Student 클래스가 Person 클래스를 상속하지 않는 데 있다. 이름에 의한 서브타입에 따르면 Student가 Person의 서브타입이 아닌 것이다. 이는 꽤나 불편한 일이다. 비록 Student가 Person을 정말로 상속한 것은 아니지만, Person에 정의된 필드와 메서드가 모두 Student에도 정의되어 있으니 Student를 Person의 서브타입으로 봐야 타당하다.

한 가지 해결 방안은 Student 클래스의 정의를 수정해 Person을 상속하도록 만드는 것이다. 그러면 Student가 Person의 서브타입이 되고, 앞의 코드가 타입 검사를 통과한다. 하지만 Student 클래스를 고칠 수 없기 때문에 이 방법을 쓸 수 없는 경우가 있다. 지금처럼 Student가 외부 라이브러리에 정의된 경우가 그렇다. Student를 내가 직접 정의했다면 고칠 수 있지만, 라이브러리에 있는 클래스이니 고칠 방법이 없다.

이런 불편을 해소해 주는 개념이 구조에 의한 서브타입이다. 구조에 의한 서브타입을 사용하는 경우, 타입 검사기는 클래스 사이의 상속 관계 대신 클래스의 구조, 즉 각 클래스에 어떤 필드와 메서드가 있는지 고려한다. 클래스 A가 클래스 B에 정의된 필드와 메서드를 모두 정의한다면 A는 B의 서브타입이다. 이 규칙에 따르면 Student가 Person의 서브타입이다.

구조에 의한 서브타입이 직관적으로 말이 되는 이유 역시 "A는 B다"에 입각해 알아볼 수 있다. 클래스 A에는 필드 f, g가 정의되어 있고 클래스 B에는 필드 f가 정의되어 있다고 하자. 그러면 A 타입의 객체는 '필드 f, g를 가진 객체'이고 B 타입의 객체는 '필드 f를 가진 객체'다. 따라서 A가 B의 서브타입인지 확인하려면 "필드 f, g를 가진 객체는 필드 f를 가진 객체다"라는 설명이 올바른지 보면 된다. 꽤나 당연하게도 필드 f, g를 가진다는 말은 필드 f를 가짐을 의미하므로 이 설명은 올바르다.

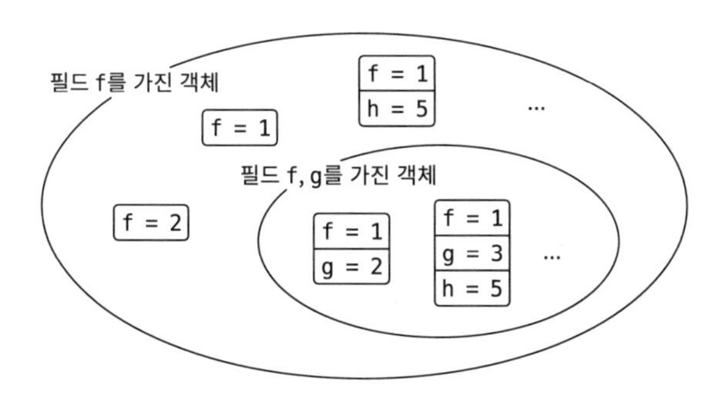

또한 반대 방향, 즉 B가 A의 서브타입이 될 수 없음도 명확하다. '필드 f를 가진 객체는 필드 f, g를 가진 객체다'는 누가 봐도 틀린 설명이니 말이다.

구조에 의한 서브타입을 더욱 잘 활용하려면 한 가지 개념을 더 아는 게 좋다. 바로 구조를 드러내는 타입(structural type)이다. 지금까지는 객체의 타입을 클래스 이름을 사용해 표현했다. `Person`, `Student` 같은 타입들이 그렇다. 이렇게 이름만 보여 주는 방식의 타입을 이름을 드러내는 타입(nominal type)이라고 부른다. 이와 반대로 구조를 드러내는 타입은 타입에서부터 객체의 구조를 직접 드러낸다. 우선 이름을 드러내는 타입만 사용했을 때 무엇이 불편한지 살펴보자.

앞서 본 예와 마찬가지로 `Person` 클래스와 `Student` 클래스가 별개의 라이브러리에 정의된 상황을 가정하자.

```
/* 라이브러리 1 */
class Person {
    String name;
    String email;
    Int id;
```

```
}
/* 라이브러리 2 */
class Student {
    String name;
    String email;
    Int grade;
    Float gpa;
    Boolean paid;
}
```

그런데 이번에는 id 필드가 Person 클래스에만 있고 Student 클래스에는 없다. 그러면 Student가 Person의 서브타입이 아니게 된다. 따라서 Student 타입의 객체를 sendEmail 함수에 인자로 넘길 수 없다.

우리로서는 좀 억울하다. 사실 sendEmail 함수는 Person 클래스의 필드 중 email만 사용한다. id 필드는 거들떠보지도 않는다. 따라서 학생 객체에 id 필드가 없다 한들 sendEmail이 동작하는 데는 아무 문제도 없다. 학생 객체에 email 필드는 확실히 있으니 말이다.

하지만 타입 검사기의 입장도 충분히 말이 된다. sendEmail은 email 필드만 사용할지라도, Person 타입의 인자를 요구하는 모든 함수가 그렇다는 보장은 없다. 어떤 함수에서는 Person 타입의 인자를 받아 id 필드의 값을 읽을 수 있다. Student를 Person의 서브타입으로 인정했다가는 이 함수가 Student 타입의 객체를 인자로 받을 수 있게 된다. 그러면 id 필드를 읽으려고 하다가 오류가 발생할 것이다. 이 사태를 막으려면 Student를 Person의 서브타입으로 인정하지 않아야 한다.

결국 이 문제를 해결하려면 코드를 고치는 수밖에 없다. 한 가지 방법은 새로운 클래스를 정의하는 것이다.

```
class HasEmail {
    String email;
}
```

이 HasEmail 클래스는 단 하나의 필드를 정의한다. 바로 email이다. Person 클래스도 email 필드를 가지고 Student 클래스도 email 필드를 가지니 Person과 Student 모두 HasEmail의 서브타입이다. 이제 sendEmail이 Person 타입 대신 HasEmail 타입을 요구하게 고치면 된다.

```
Void sendEmail(HasEmail he, String title, String content) {
    String email = he.email;
    ...
}
```

Person이 HasEmail의 서브타입이니 Person 타입 객체를 sendEmail에 넘기는 코드는 여전히 타입 검사를 잘 통과한다. 또한 Student 역시 HasEmail의 서브타입이니 Student 타입 객체를 sendEmail에 넘기는 코드 역시 이제는 타입 검사를 통과한다. 클래스 하나 추가하고 매개변수 타입 표시 한 개 고쳐서 문제를 해결했으니 꽤 괜찮은 해결책이다.

하지만 이 방법에는 한 가지 아쉬운 점이 있다. 여러 번 사용할 것도 아닌 HasEmail이라는 클래스를 굳이 정의해야 한다는 것이다. sendEmail의 매개변수 타입을 표시하려고 새 클래스를 정의해야 한다니 다소 번거롭게 느껴진다. 이 문제를 해결하려면 구조를 드러내는 타입을 사용하면 된다.

구조를 드러내는 타입은 객체가 가지는 필드와 메서드를 그냥 나열한 것이다. 예를 들면 { String email; }은 구조를 드러내는 타입이다. 이 타입에는 String 타입의 필드 email을 가지는 객체들이 속한다. 객체에 email 이외의 필드나 메서드가 더 있어도 괜찮다.

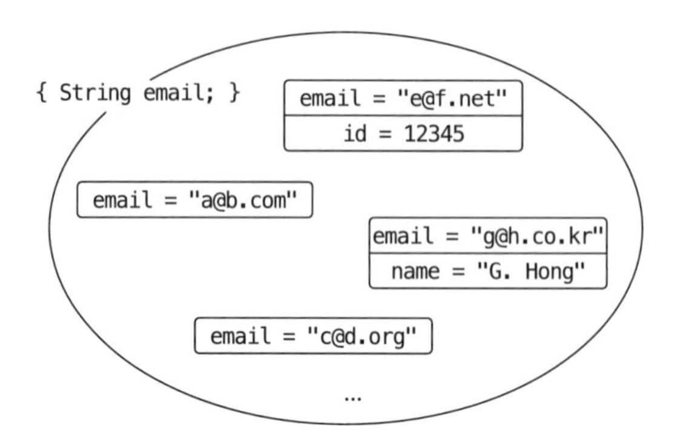

하나의 타입에 여러 필드와 메서드를 나열할 수도 있다. { String email; Boolean paid; }가 그러한 예다.

구조를 드러내는 타입을 사용하면 클래스를 정의하지 않고도 sendEmail이 항상 잘 작동하도록 고칠 수 있다. 그 방법은 첫 번째 매개변수 타입을 { String email; }로 하는 것이다.

```
Void sendEmail({ String email; } person, String title,
               String content) {
    String email = person.email;
    ...
}
```

구조를 드러내는 타입을 사용할 때도 "A가 B에 정의된 필드와 메서드를 모두 정의한다면 A는 B의 서브타입이다"라는 규칙이 그대로 적용된다. Person 클래스가 { String email; }에 있는 필드인 email을 정의하고 있으므로 Person은 { String email; }의 서브타입이다. 마찬가지로 Student 역시 { String email; }의 서브타입이다. 따라서 sendEmail에 Person 타입 객체를 넘기든, Student 타입 객체를 넘기든 다 타입 검사를 통과한다. 다른 코드는 하나도 건드리지 않고 매개변수 타입 표시를 { String email; }로 고치기만 해서 모든 문제를 해결한 것이다.

주요 언어 예시

타입스크립트

```
class Person { email: string; }
class Student { email: string; grade: number; }
function sendEmail(person: Person): void {
    let email: string = person.email;
}
let st = new Student();
sendEmail(st);
```

Person 클래스에 정의된 모든 필드를 Student 클래스도 정의하므로 Student는 Person의 서브타입이다.

```
function sendEmail(person: { email: string }): void {
    let email: string = person.email;
    ...
}
sendEmail(st);
```

Student 클래스가 string 타입의 필드 email을 정의하므로 Student는 { email: string }의 서브타입이다.

고

```
type Person struct {
    _email string
}
func (pr Person) email() string { return pr._email }
type Student struct {
    _email string
    _grade int
}
func (st Student) email() string { return st._email }
func (st Student) grade() int { return st._grade }
func sendEmail(person interface { email() string }) {
```

```
    var email string = person.email()
    ...
}
var st Student = Student{..., ...}
sendEmail(st)
```

구조에 의한 서브타입을 사용하려면 구조를 드러내는 타입을 사용해야 한다. 따라서 Student는 Person의 서브타입이 아니다. 구조를 드러내는 타입은 interface { ... } 형태로 쓴다. 중괄호 안에 필드는 들어갈 수 없고 메서드만 들어갈 수 있다. Student 구조체(struct)에 결과 타입이 string인 email 메서드가 정의되어 있으므로 Student는 interface { email() string }의 서브타입이다.

스칼라

```
class Person(val email: String)
class Student(val email: String, val grade: Int)
def sendEmail(person: { val email: String }): Unit =
  val email: String = person.email
  ...
val st: Student = Student(..., ...)
sendEmail(st)
```

이름을 드러내는 타입끼리 비교할 때는 이름에 의한 서브타입만 사용된다. 따라서 Student는 Person의 서브타입이 아니다. 구조에 의한 서브타입을 사용하려면 구조를 드러내는 타입을 사용해야 한다. Student 클래스가 String 타입의 필드 email을 정의하므로 Student는 { val email: String }의 서브타입이다.

오캐멀

```
class person (email: string) = object
  method email: string = email
end
class student (email: string) (grade : int) = object
  inherit person email
```

```
  method grade: int = grade
end
let send_email (person: < email: string; .. >): unit =
  let email: string = person#email in
  ...
let st: student = new student ... ... in
send_email st
```

구조에 의한 서브타입을 사용하려면 구조를 드러내는 타입을 사용해야 한다. student 클래스가 string 타입의 메서드 email을 정의하므로 student는 < email: string; .. >의 서브타입이다. 한편 이름에 의한 서브타입이 없기에 student 클래스가 person 클래스를 상속함에도 student는 person의 서브타입이 아니다.

프로젝트 이름	구현 언어	프로그램 용도	스타 개수	깃허브 주소
비주얼 스튜디오 코드	타입스크립트	코드 편집기	145k	*https://github.com/microsoft/vscode*
앵귤러	타입스크립트	웹 프레임워크	87.5k	*https://github.com/angular/angular*
아파치 슈퍼세트	타입스크립트	데이터 탐색·시각화 플랫폼	51.5k	*https://github.com/apache/superset*
바벨	타입스크립트	컴파일러	42.2k	*https://github.com/babel/babel*
리라	스칼라	온라인 체스 서버	13k	*https://github.com/lichess-org/lila*

표 2-2 구조에 의한 서브타입을 사용하는 프로젝트

추상 메서드

이제 메서드에 관한 이야기를 조금 해 보자. 필드가 각 객체가 가지고 있는 데이터라면, 메서드는 각 객체가 제공하는 기능이다. 클래스에 메서드를 정의하는 방법은 동적 타입 언어에서나 정적 타입 언어에서나 비슷하다. 함수를 정의하는 것과 비슷하게 하되 클래스 안에 정의하면 된다.

```
class Person {
    String name;
    String email;
    Int id;
    Void sendEmail(String title, String content) {
        String email = this.email;
        ...
    }
}
```

앞에서는 함수로 정의했던 sendEmail을 이번에는 메서드로 정의했다. 함수에 타입 표시를 붙여야 하는 것과 마찬가지로 메서드 역시 타입 표시가 필요하다. this가 객체 자기 자신을 나타내므로 사람 객체를 인자로 받을 필요 없이 this.email을 통해 메일 주소를 얻을 수 있다(어떤 언어에서는 this 대신 self를 사용하며, this나 self를 매개변수 목록에 명시할 것을 요구하기도 한다. 이 책에서는 매개변수 목록에 this를 포함하지 않는다).

정적 타입 언어에서 메서드를 사용할 때는 추상 메서드(abstract method)라는 개념을 알면 편리하다. 지금부터는 추상 메서드가 무엇이며 왜 필요한지 알아보자.

우선 우리의 학교 행정 처리 프로그램에 클래스를 하나 추가하자. 학교와 자주 거래하는 회사를 나타내는 Company 클래스를 정의할 것이다.

```
class Company {
    String name;
    String website;
```

```
    String manager;
    Void sendEmail(String title, String content) {
        String email = this.manager + "@" + this.website;
        ...
    }
}
```

name은 회사 이름, website는 회사 웹 사이트 주소, manager는 해당 회사의 담당자 아이디다. 특정 회사에 메일을 보내는 sendEmail 메서드는 담당자 아이디와 @, 웹 사이트 주소를 이어 붙여 메일 주소를 만든다. 가령 담당자 아이디가 gildong.hong이고 웹 사이트 주소가 type.co.kr이면 gildong.hong@type.co.kr이 메일 주소가 되는 셈이다.

이제 새해를 맞이해 학교에 있는 모든 사람 및 학교와 거래하는 회사에 신년 인사 메일을 보낸다고 하자. 이를 위해 다음과 같이 sendNewYearEmail이라는 함수를 작성할 수 있다.

```
Void sendNewYearEmail(??? destination) {
    destination.sendEmail(..., ...);
}
```

문제는 함수의 매개변수 타입을 정하는 데 있다. 이 함수는 Person 타입의 인자도 받을 수 있어야 하고, Company 타입의 인자도 받을 수 있어야 한다. 따라서 매개변수 타입은 Person의 슈퍼타입이면서 Company의 슈퍼타입이어야 한다. 하지만 그런 타입은 없다. 그래서 지금은 매개변수 타입 표시 자리에 임시로 ???라고 써 두었다.

간단한 해결 방법은 새로운 클래스를 하나 추가한 뒤 Person과 Company가 모두 그 클래스를 상속하도록 하는 것이다.

```
class EmailDst {}
class Person extends EmailDst { ... }
class Company extends EmailDst { ... }
```

EmailDst는 메일의 목적지가 될 수 있는 객체를 표현하는 클래스다. 이제 sendNewYearEmail의 매개변수 타입을 EmailDst로 하면 된다.

```
Void sendNewYearEmail(EmailDst destination) {
    destination.sendEmail(..., ...);
}
```

Person도 Company도 EmailDst의 서브타입이므로 사람 객체든 회사 객체든 sendNewYearEmail의 인자로 사용할 수 있다.

그러면 모든 문제가 해결된 것일까? 안타깝게도 그렇지 않다. 우리의 코드는 타입 검사를 통과하지 못한다. 그 이유는 sendNewYearEmail의 정의에 있다. 타입 검사기는 destination이 EmailDst 타입이라는 것만 알고 있다. 그런데 EmailDst 클래스에는 어떤 필드나 메서드도 정의되어 있지 않다. 타입 검사기로서는 destination이 어떤 필드와 메서드를 가지는지 전혀 알 수 없는 것이다. destination이 sendEmail이라는 메서드를 가지고 있다는 보장이 없으므로 이 함수를 거부하는 것이 타당하다.

추상 메서드는 이 문제를 해결하기 위해 도입된 개념이다. 정말로 메서드를 정의하지는 않되 '이 클래스를 상속하려면 특정 메서드를 반드시 정의해야 한다'는 사실을 표현하는 것이 추상 메서드의 용도다. 우리의 코드를 추상 메서드를 사용해 고쳐 보면서 어떻게 사용하는지 살펴보자.

```
abstract class EmailDst {
    Void sendEmail(String title, String content);
}
```

EmailDst의 정의에서 두 가지가 달라졌다. 하나는 class 앞에 abstract라는 키워드가 추가된 것이고, 다른 하나는 sendEmail이라는 이름의 추상 메서드가 정의된 것이다. 우선 추상 메서드에 집중하자.

코드만 봐도 추상 메서드가 무엇인지 알 수 있다. 추상 메서드는 몸통 없이 이름, 매개변수 타입, 결과 타입만 작성된 메서드다(매개변수 이름도 같이 적혀 있기는 하지만 별로 중요한 역할을 하지 않는다). 이 셋을 묶어 메서드의 시그니처(signature)라고 부른다. 시그니처에 서명, 특징이라는 뜻이 있듯이 메서드 시그니처는 타입 검사를 할 때 메서드의 서명 같은 존재로서 메서드의 특징을 알려 준다. 타입 검사기가 원하는 정보인 메서드 이름, 매개변수 타입, 결과 타입을 제공하는 것이다. 새로운 용어를 사용해 다시 표현하면, 추상 메서드는 일반적인 메서드와는 다르게 몸통이 없고 시그니처만 가진다.

EmailDst에 sendEmail이라는 추상 메서드를 추가함으로써 EmailDst를 상속하는 모든 클래스에는 sendEmail과 시그니처가 정확히 일치하는 메서드를 정의해야 한다는 요구 사항이 생긴다. 즉, EmailDst를 상속하려면 이름은 sendEmail이고 매개변수 타입은 String이며 결과 타입은 Void인 메서드를 정의해야만 하는 것이다.

```
class Person extends EmailDst {
    ...
    Void sendEmail(String title, String content) {
        String email = this.email;
        ...
    }
}
```

```
class Company extends EmailDst {
    ...
    Void sendEmail(String title, String content) {
        String email = this.manager + "@" + this.website;
        ...
    }
}
```

Person과 Company는 모두 이 조건을 만족한다. 따라서 무사히 EmailDst를 상속할 수 있다.

추상 메서드를 추가한 덕에, 이제 타입 검사기도 EmailDst 타입에 대한 충분한 정보를 가지고 있다.

```
Void sendNewYearEmail(EmailDst destination) {
    destination.sendEmail(..., ...);
}
```

destination의 타입은 EmailDst인데, EmailDst를 상속하는 모든 클래스는 sendEmail 메서드를 정의한다. destination이 sendEmail 메서드를 가지고 있다는 사실이 보장된 것이므로 sendNewYearEmail은 타입 검사를 통과한다. 우리가 겪던 문제가 해결됐다.

다시 EmailDst의 정의로 돌아가 class 앞에 붙은 abstract의 의미를 알아볼 차례다. 추상 메서드는 몸통을 가지고 있지 않기에 호출되었을 때 무슨 계산을 해야 하는지 알려 주지 않는다. 추상 메서드를 가진 클래스를 상속한 다음 몸통까지 정의해 주어야지만 호출할 수 있게 된다. 따라서 사람 객체나 회사 객체의 sendEmail을 호출하는 것은 가능해도, EmailDst 객체를 만들고 sendEmail을 호출하는 것은 말이 되지 않는다. 이런 이유로 추상 메서드를 가진 클래스는 객체를 직접 만들 수 없다. 오직 그 클래스를 상속해 새로운 클래스를 만들고 새로운 클래스로부터 객체를 만들 수 있을 뿐이다. 이렇게 클래스가 객체를 직접 만들 수 없다는 사실을 드러내는 키워드가 abstract이다. 추상 메서드를 가지는 대신 객체를 직접 만들 수 없는 클래스를 추상 클래스(abstract class)라 부른다. 즉, EmailDst는 추상 클래스다.

언어에 따라서 추상 클래스 대신 인터페이스(interface)나 트레이트(trait) 등의 용어를 사용하기도 한다. 용어도 다르고 때로는 기능도 조금씩 다르지만, 추상 메서드를 가지는 대신 객체를 직접 만들 수 없다는 점만은 모두 같다. 이 책에서는 추상 클래스라는 말만 사용하겠다.

EmailDst가 추상 클래스이기 때문에 객체를 직접 만들 수 없다는 사실은 꽤나 합리적이다. sendEmail이 추상 메서드이기에 몸통이 없다는 사실을 떼 놓고 봐도 그렇다. EmailDst는 실제로 어떤 대상을 나타내는 클래스가 아니다. 단지 sendNewYearEmail이 타입 검사를 통과할 수 있도록 특정 객체가 sendEmail 메서드를 가진다는 사실을 표현하기 위해 만든 타입일 뿐이다. EmailDst 객체를 직접 만들어야 하는 경우는 절대 없다. 다른 추상 클래스에도 항상 같은 설명이 적용된다. 추상 클래스를 만드는 목적은 언제나 메서드의 존재에 관한 정보를 타입 검사기에 제공하려는 것이다. 그 자체로 객체를 만들려는 게 아니다. 그렇기에 추상 클래스가 객체를 직접 만들지 못하는 게 합리적이며, 이 제약 사항이 불편할 일도 없다.

언어가 구조에 의한 서브타입을 제공한다면 추상 메서드의 필요성이 다소 줄어든다. 많은 경우에 구조를 드러내는 타입으로도 충분하기 때문이다. 예를 들면 타입 검사를 통과하는 sendNewYearEmail을 추상 메서드를 사용하지 않고도 다음과 같이 작성할 수 있다.

```
Void sendNewYearEmail({ Void sendEmail(String t, String c); }
                      destination) {
    destination.sendEmail(..., ...)
}
```

구조를 드러내는 타입을 사용함으로써 destination이 가진 메서드의 시그니처를 타입 검사기에 알려 준 것이다.

주요 언어 예시

자바

```java
abstract class EmailDst {
    abstract void sendEmail(String content);
}
class Person extends EmailDst {
    void sendEmail(String content) { ... }
}
void sendNewYearEmail(EmailDst dst) {
    dst.sendEmail(...);
}
Person pr = new Person();
sendNewYearEmail(pr);
```

추상 메서드를 정의할 때는 메서드 앞에 abstract 키워드를 붙여야 한다.

C++

```cpp
class EmailDst {
public:
    virtual void sendEmail(string content)=0;
};
class Person : public EmailDst {
public:
    virtual void sendEmail(string content) { ... }
```

```
};
void sendNewYearEmail(EmailDst *dst) {
    dst->sendEmail(...);
}
Person *pr = new Person();
sendNewYearEmail(pr);
```

추상 메서드를 정의할 때는 메서드 뒤에 =0을 붙여야 한다. 추상 메서드가 있는 클래스는 자동으로 추상 클래스가 된다.

C#

```
abstract class EmailDst {
    public abstract void sendEmail(string content);
}
class Person : EmailDst {
    public override void sendEmail(string content) { ... }
}
void sendNewYearEmail(EmailDst dst) {
    dst.sendEmail(...);
}
Person pr = new Person();
sendNewYearEmail(pr);
```

추상 메서드를 정의할 때는 메서드 앞에 abstract 키워드를 붙여야 하며, 추상 클래스를 상속하는 클래스에서 해당 메서드를 정의할 때는 메서드 앞에 override 키워드를 붙여야 한다.

타입스크립트

```
abstract class EmailDst {
    abstract sendEmail(content: string): void;
}
class Person {
    sendEmail(content: string): void { ... }
}
function sendNewYearEmail(dst: EmailDst): void {
    dst.sendEmail(...);
}
```

```
let pr: Person = new Person();
sendNewYearEmail(pr);
```

추상 메서드를 정의할 때는 메서드 앞에 abstract 키워드를 붙여야 한다. 구조에 의한 서브타입을 사용하므로 Person 클래스가 EmailDst 클래스를 상속하지 않아도 Person이 EmailDst의 서브타입이 된다.

```
function sendNewYearEmail(dst: { sendEmail: (content:
        string) => void }): void {
    dst.sendEmail(...);
}
sendNewYearEmail(pr);
```

추상 클래스를 정의하는 대신 구조를 드러내는 타입을 사용할 수도 있다.

고

```
type EmailDst interface {
    sendEmail(content string)
}
type Person struct {}
func (p Person) sendEmail(content string) { ... }
func sendNewYearEmail(dst EmailDst) {
    dst.sendEmail(...)
}
var pr Person = Person{}
sendNewYearEmail(pr)
```

구조를 드러내는 타입에 이름을 붙임으로써 인터페이스를 정의할 수 있다. 인터페이스가 추상 클래스 역할을 한다. 구조에 의한 서브타입을 사용하므로 Person이 EmailDst의 서브타입이다. 앞에서 본 것처럼 인터페이스를 정의하지 않고 구조를 드러내는 타입을 바로 사용해도 된다.

코틀린

```
abstract class EmailDst {
    abstract fun sendEmail(content: String): Unit
}
class Person : EmailDst() {
    override fun sendEmail(content: String): Unit { ... }
}
fun sendNewYearEmail(dst: EmailDst): Unit {
    dst.sendEmail(...)
}
val pr: Person = Person()
sendNewYearEmail(pr)
```

추상 메서드를 정의할 때는 메서드 앞에 abstract 키워드를 붙여야 하며, 추상 클래스를 상속하는 클래스에서 해당 메서드를 정의할 때는 메서드 앞에 override 키워드를 붙여야 한다.

스칼라

```
abstract class EmailDst:
  def sendEmail(content: String): Unit
class Person extends EmailDst:
  def sendEmail(content: String): Unit = ...
def sendNewYearEmail(dst: EmailDst): Unit =
  dst.sendEmail(...)
val pr: Person = Person()
sendNewYearEmail(pr)
```

Person은 EmailDst의 서브타입이다.

```
def sendNewYearEmail(dst: { def sendEmail(content: String):
                     Unit }): Unit =
  dst.sendEmail(...)
sendNewYearEmail(pr)
```

추상 클래스를 정의하는 대신 구조를 드러내는 타입을 사용할 수도 있다.

오캐멀

```
class person = object
  method send_email (content: string): unit = ...
end
let send_new_year_email (dst: < send_email: string -> unit;
    .. >): unit =
  dst#send_email ...
let pr: person = new person in
send_new_year_email pr
```

추상 클래스와 추상 메서드 대신 구조를 드러내는 타입을 사용하면 된다.

프로젝트 이름	구현 언어	프로그램 용도	스타 개수	깃허브 주소
일래스틱서치	자바	검색 엔진	63.4k	*https://github.com/elastic/elasticsearch*
기드라	자바	디컴파일러	38.9k	*https://github.com/NationalSecurityAgency/ghidra*
마이크로소프트 파워토이스	C#	시스템 유틸리티	89.7k	*https://github.com/microsoft/PowerToys*
파워셸	C#	셸	38k	*https://github.com/PowerShell/PowerShell*
비주얼 스튜디오 코드	타입스크립트	코드 편집기	145k	*https://github.com/microsoft/vscode*
앵귤러	타입스크립트	웹 프레임워크	87.5k	*https://github.com/angular/angular*
OkHttp	코틀린	HTTP 클라이언트	43.8k	*https://github.com/square/okhttp*
아파치 스파크	스칼라	데이터 처리 엔진	35.5k	*https://github.com/apache/spark*
리라	스칼라	온라인 체스 서버	13k	*https://github.com/lichess-org/lila*

표 2-3 추상 메서드를 사용하는 프로젝트

- 열리지 않는 상자 -

처르지: 큐리, 나 츄르가 먹고 싶어. 세상에서 제일 맛있는 츄르 좀 줄래?

큐리 박사: 세상에서 제일 맛있는 츄르? 그런 걸 내가 어떻게 만들어.

처르지: 나야 모르지. 너 똑똑하잖아. 만들어 줘.

큐리 박사: 음, 어떡한담. 아, 이렇게 하면 되겠군.

잠시 후

큐리 박사: 네가 원하던 걸 가져왔어. 자, 받아. 세상에서 제일 맛있는 츄르야.

처르지: 뭐야, 이게. 그냥 상자잖아.

큐리 박사: 그 안에 츄르가 있을 거야.

처르지: 그래? 어떻게 여는 건데? 어디에도 여는 손잡이가 없는 걸? 힘으로 뜯어야 하나? 으, 잘 안 되네. 이거 정말로 안에 뭐가 들어 있긴 한 거야?

큐리 박사: 물론이지. 그 안에는 세상에서 제일 맛있는 츄르가 있다고.

처르지: 거짓말하지 마. 그냥 빈 상자를 준 거잖아!

큐리 박사: 거짓말이라고? 그 상자가 비어 있다고 어떻게 확신해? 열어 본 적도 없잖아.

처르지: 에잇, 됐어. 이제 츄르는 안 먹어도 돼. 대신 세상에서 제일 맛있는 물고기나 줘.

큐리 박사: 그럴 줄 알고 미리 준비했지. 세상에서 제일 맛있는 물고기는 그 상자 안에 들어 있어. 열어서 꺼내 먹어.

처르지: 이거 완전 순 사기꾼이잖아. 좀 전에는 세상에서 제일 맛있는 츄르가 들어 있다더니, 뭐, 이제는 물고기도 들어 있다고? 내가 네 거짓말을 낱낱이 밝혀 주겠어. 이 상자를 열기만 한다면 온 세상 사람이 네가 거짓말쟁이라는 걸 알게 될 거라고.

큐리 박사: 글쎄, 과연 그런 일이 일어날까? 내가 준 상자는 **절대 열리지 않는 상자**인데. 그 상자에 츄르가 없다는 걸, 아니면 그 상자에 물고기가 없다는 걸, 네가 알아낼 수 있을까? 그냥 그 **상자에 츄르가 있다**는 내 말을, 아니면 그 **상자에 물고기가 있다**는 내 말을 믿는 게 편할 텐데.

처르지: 뭐? 그냥 믿으라고? 그래서야 내가 츄르도 물고기도 **먹지 못하는 걸**?

큐리 박사: 먹지는 못하겠지. 하지만 츄르와 물고기를 **받았다**는 사실은 변하지 않는다고.

2.2 집합론적 타입

지금부터 살펴볼 최대 타입(top type), 최소 타입(bottom type), 이거나 타입(union type), 이면서 타입(intersection type)은 서브타입에 의한 다형성을 바탕으로 만들어진 유용한 타입들이다(앞서 읽은 '열리지 않는 상자' 이야기는 최소 타입과 관련된 이야기다). 각 타입은 수학의 집합론에서 나오는 전체 집합, 공집합, 합집합, 교집합으로부터 유래되었다. 그래서 이 절의 제목이 집합론적 타입(set-theoretic type)이다. 하지만 각 타입을 이해하는 데 집합론에 관한 지식은 필요하지 않다. 앞으로의 설명에서 집합에 관한 이야기는 없을 것이며, 집합이라는 용어를 언급하지도 않을 것이다. 다만 집합론을 조금이라도 안다면 전체 집합, 공집합, 합집합, 교집합을 떠올림으로써 각 타입을 이해하는 데 도움을 받을 수는 있을 것이다. 이제 각 타입이 무엇이며 어떤 경우에 유용한지 알아보자.

최대 타입

지금까지는 '아무 값이나 가능하다'는 사실을 타입으로 표현할 방법이 없었다. 이는 여러 불편을 낳는다. 우선 1장에서 본 `true ? 1 : false`가 있다. 이 코드는 아무런 오류를 일으키지 않음에도 `1`의 타입과 `false`의 타입이 다르다는 이유로 타입 검사를 통과하지 못한다. '이 부품의 결과는 아무 값이나 될 수 있다'를 표현하는 타입이 있다면 `true ? 1 : false`가 타입 검사를 통과할 것이다. 또, 아무 값이나 인자로 받을 수 있는 함수도 있다. 대표적인 예가 `print` 함수다. 여러 언어에서 아무 값이나 출력할 수 있다. '아무 값이나 가능하다'를 표현하는 타입이 없다면 `print` 함수를 정의할 수조차 없는 것이다.

이런 문제를 해결하는 타입이 최대 타입이다. 이름에서도 느껴지듯이 최대 타입은 '가장 큰' 타입이다. 다시 말해 모든 값을 포함하는 타입이다. 어느 값이든 최대 타입에 속한다. 이 정의에 따라 모든 타입은 최대 타입의 서브타입이라는 사실을 알 수 있다. '문자열은 값이다'가 사실이므로 String은 최대 타입의 서브타입이고, '사람 객체는 값이다'가 사실이므로 Person도 최대 타입의 서브타입인 셈이다. 다르게 표현하면 최대 타입은 모든 타입의 슈퍼타입이다. 이 책에서는 최대 타입을 Any라고 부른다.

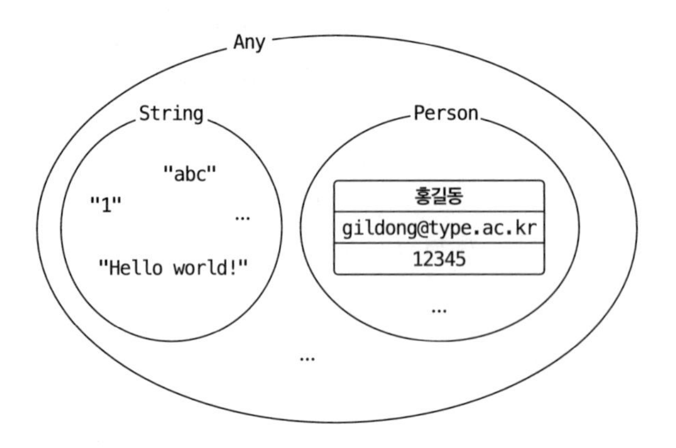

최대 타입을 통해 앞서 겪은 문제를 쉽게 해결할 수 있다. 아무것도 바꾸지 않아도 true ? 1 : false는 이제 타입 검사를 통과한다. 1과 false 모두 최대 타입의 부품이기 때문이다. 또, print 역시 매개변수 타입을 최대 타입으로 정의하면 아무 값이나 인자로 받을 수 있다.

```
Void print(Any value) { ... }
print(1);
print("Hello, world!");
```

주요 언어 예시

자바

```
Object res = ... ? 1 : false;
```

최대 타입의 이름이 Object다.

C++

```
any res = ... ? 1 : false;
```

최대 타입의 이름이 any다.

C#

```
object a = 1;
object b = false;
object res = ... ? a : b;
```

최대 타입의 이름이 object다.

타입스크립트

```
let res: unknown = ... ? 1 : false;
```

최대 타입의 이름이 unknown이다.

고

```
var res any
if ... {
    res = 1
} else {
    res = false
}
```

최대 타입의 이름이 any다.

코틀린

```
val res: Any? = if (...) 1 else false
```

최대 타입의 이름이 Any?다.

스칼라

```
val res: Any = if ... then 1 else false
```

최대 타입의 이름이 Any다.

프로젝트 이름	구현 언어	프로그램 용도	스타 개수	깃허브 주소
일래스틱서치	자바	검색 엔진	63.4k	*https://github.com/elastic/elasticsearch*
기드라	자바	디컴파일러	38.9k	*https://github.com/NationalSecurityAgency/ghidra*
마이크로소프트 파워토이스	C#	시스템 유틸리티	89.7k	*https://github.com/microsoft/PowerToys*
파워셸	C#	셸	38k	*https://github.com/PowerShell/PowerShell*
비주얼 스튜디오 코드	타입스크립트	코드 편집기	145k	*https://github.com/microsoft/vscode*
앵귤러	타입스크립트	웹 프레임워크	87.5k	*https://github.com/angular/angular*
OkHttp	코틀린	HTTP 클라이언트	43.8k	*https://github.com/square/okhttp*
아파치 스파크	스칼라	데이터 처리 엔진	35.5k	*https://github.com/apache/spark*
리라	스칼라	온라인 체스 서버	13k	*https://github.com/lichess-org/lila*

표 2-4 최대 타입을 사용하는 프로젝트

최소 타입

예외(exception)는 개발자가 throw(일부 언어에서는 raise)를 통해 의도적으로 발생시킬 수 있는 오류다. 일종의 사용자 정의 오류라고 볼 수 있다. 예외가 발생하는 즉시 프로그램 실행이 해당 오류로 인해 그대로 종료된다. 예외 처리기(exception handler)를 통해 예외를 처리함으로써 예외가 발생해도 실행을 이어 나가는 방법이 있지만, 이야기를 간단하게 만들기 위해 예외 처리기는 다루지 않겠다. 즉, 예외가 발생하면 실행이 즉시 끝나는 것으로 간주하겠다. 일반적으로 예외로 인한 종료는 타입 오류로 분류하지 않는다. 다시 말해 타입 검사를 통과한 프로그램이더라도 예외가 발생해 실행이 갑작스럽게 중단될 수 있다.

최소 타입은 예외를 다루는 데 유용한 타입이다. 우선 최소 타입이 없으면 어떤 불편함이 생기는지 알아보자.

```
??? error(String msg) {
    print(msg);
    throw Exception();
}
```

error는 문자열 하나를 인자로 받아 해당 문자열을 출력한 뒤 예외를 발생시키는 함수다. 무언가 잘못되었을 때 호출하려고 정의했다. error의 결과 타입이 무엇이어야 하는지 조금 뒤에 이야기할 예정이므로 지금은 결과 타입 자리에 ???라고 써 두었다. 이제 error를 사용해 다른 함수를 정의할 것이다.

```
??? assertNonzero(Int num) {
    return (num != 0) ? num : error(...);
}
```

assertNonzero는 정수를 인자로 받아 그 수가 0이 아닌 정수인지 확인하는 함수다. 주어진 수가 0이 아니면 그 수를 그대로 반환한다. 주어진 수가 0이면 적절한 문구를 출력한 뒤 예외를 발생시키도록 error를 호출한다.

이제 error와 assertNonzero의 결과 타입을 정할 시간이다. assertNonzero부터 보자. 이 함수를 호출했을 때 두 가지 일이 일어날 수 있다. 하나는 주어진 정수가 0이 아닌 경우로 주어진 정수가 그대로 반환된다. 다른 하나는 주어진 정수가 0인 경우로 error가 호출된다. error가 예외를 발생시키므로 그 즉시 실행이 끝난다. 이 경우에는 assertNonzero의 계산이 끝나기 전에 프로그램 실행이 먼저 끝난 것으로 볼 수 있다. 다른 말로 표현하면 assertNonzero의 계산이 끝날 기회를 얻지 못한 것이다. 이는 결과 타입이 Void인 함수를 호출한 것과는 다르다. 결과 타입이 Void인 함수는 값을 반환하지 않을 뿐, 계산은 정상적으로 끝낸다. 하지만 0을 받은 assertNonzero는 계산을 끝내지 못한다. 두 가지 경우를 종합해 보면, assertNonzero는 정수를 반환하거나 계산을 끝내지 못하는 함수다.

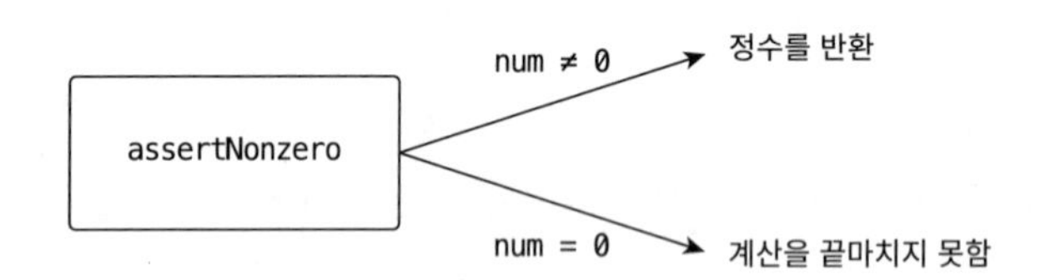

약간 말을 바꾸면 assertNonzero가 계산을 끝냈다면 반드시 정수를 반환한다고 말할 수 있다. 그러므로 assertNonzero의 결과 타입이 Int가 되는 것이 합당하다.

```
Int assertNonzero(Int num) {
    return (num != 0) ? num : error(...);
}
```

assertNonzero의 결과 타입을 정했으니 error의 결과 타입도 알 수 있다. 바로 Int다. assertNonzero의 정의가 타입 검사를 무사히 통과하려면 (num != 0) ? num : error(...)의 타입이 Int여야 하기 때문이다. num의 타입은 이미 Int이니 error의 결과 타입이 Int이면 충분하다.

```
Int error(String msg) {
    print(msg);
    throw Exception();
}
```

error의 결과 타입이 Int인 것은 처음 봤을 때는 조금 이상해도 따져 보면 충분히 말이 된다. error는 항상 예외를 발생시키므로 언제나 계산을 끝내지 못하는 함수다. 어차피 계산을 끝내는 경우가 없으니 "error가 계산을 끝낸다면 정수를 반환한다"라고 이야기해도 틀렸다고 보기는 어렵다. error가 계산을 끝냈는데 정수가 아닌 값을 반환하는 장면을 목격할 일은 없으니까.

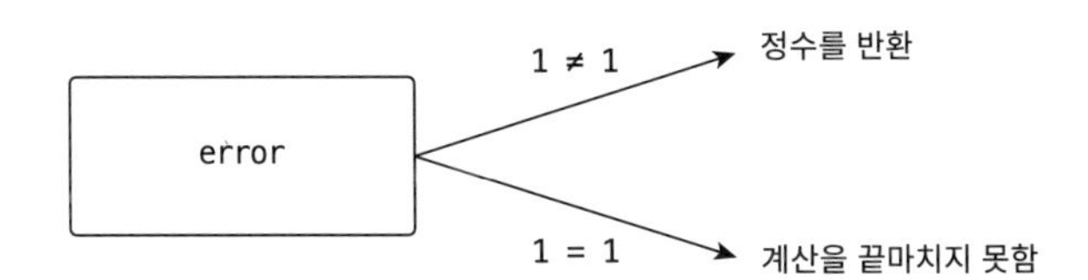

실제로 error가 1 == 1을 계산한다는 뜻은 아니다. 0개의 경우에 정수를 반환하고 모든 경우에 계산을 끝마치지 못한다는 뜻이다. assertNonzero와의 유사성을 드러내기 위해 이처럼 그렸다.

결과 타입을 정하는 데 고민이 약간 필요하기는 했어도 지금까지는 순항 중이다. 하지만 assertNonzero와 비슷한 함수를 하나 더 만들면 문제가 생긴다.

```
String assertShort(String str) {
    return (str.length <= 10) ? str : error(...);
}
```

assertShort는 문자열을 인자로 받아 그 문자열의 길이가 10 이하인지 확인하는 함수다. 주어진 문자열이 조건을 만족하면 그대로 그 문자열을 반환하고, 아니라면 예외를 발생시킨다. assertShort의 계산이 끝났다면 항상 문자열을 반환하니 결과 타입이 String이다.

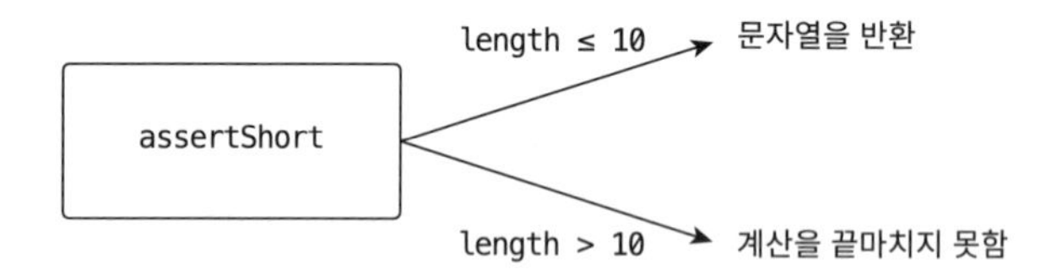

하지만 error의 결과 타입이 걸림돌이다. (str.length <= 10) ? str : error(...)의 타입이 String이 되려면 error(...)의 타입이 String이어야 한다. 하지만 error의 결과 타입이 Int이니 error(...)의 타입은 Int다. 따라서 assertShort는 타입 검사를 통과하지 못한다.

기존의 error와 다 똑같고 결과 타입만 String으로 다른 error2 함수를 새로 만들어 사용하면 문제가 해결되기는 한다.

```
String error2(String msg) {
    print(msg);
    throw Exception();
}
```

```
String assertShort(String str) {
    return (str.length <= 10) ? str : error2(...);
}
```

하지만 순전히 타입 검사 때문에 완전히 같은 일을 하는 함수를 새로 만드는 것은 별로 달갑지 않은 일이다.

지금까지 관찰한 내용으로부터 알 수 있는 사실은 error 함수를 어디서든 호출할 수 있어야 한다는 점이다. 처음의 assertNonzero는 Int 타입의 값이 필요한 곳에서 error를 호출하고, 새로 정의한 assertShort는 String 타입의 값이 필요한 곳에서 error를 호출한다. 같은 방식으로 error를 다른 곳에서도 사용할 수 있다. Boolean 타입이 필요한 곳이든, Person 타입이 필요한 곳이든 어디서나 error를 호출할 수 있다.

error를 어디서든 호출할 수 있는 이유는 error가 계산이 끝나지 않는 함수이기 때문이다. error를 호출하면 값을 반환하지 못한 채 예외가 발생해 실행이 종료된다. error가 반환한 값이 사용될 자리가 어디든 상관없는 것이다. Int 타입 값이 필요한 곳이든 String 타입 값이 필요한 곳이든 항상 괜찮다. 어차피 error가 반환한 값을 사용하는 일이 영원히 일어나지 않을 테니까. 마치 《어린 왕자》에 나오는 주인공이 양 대신 그려준 상자 같은 것을 내놓는 함수라 할 수 있다. 밖에서 무엇이 필요하든 error는 상자 하나를 던져 준다. "이건 상자야. 네가 갖고 싶어 하는 값은 그 안에 들어 있어"라고 말하면서. 어차피 그 상자는 절대 열리지 않는다. 그 상자 안에 무엇이 들어 있다고 생각하든 괜찮은 것이다.

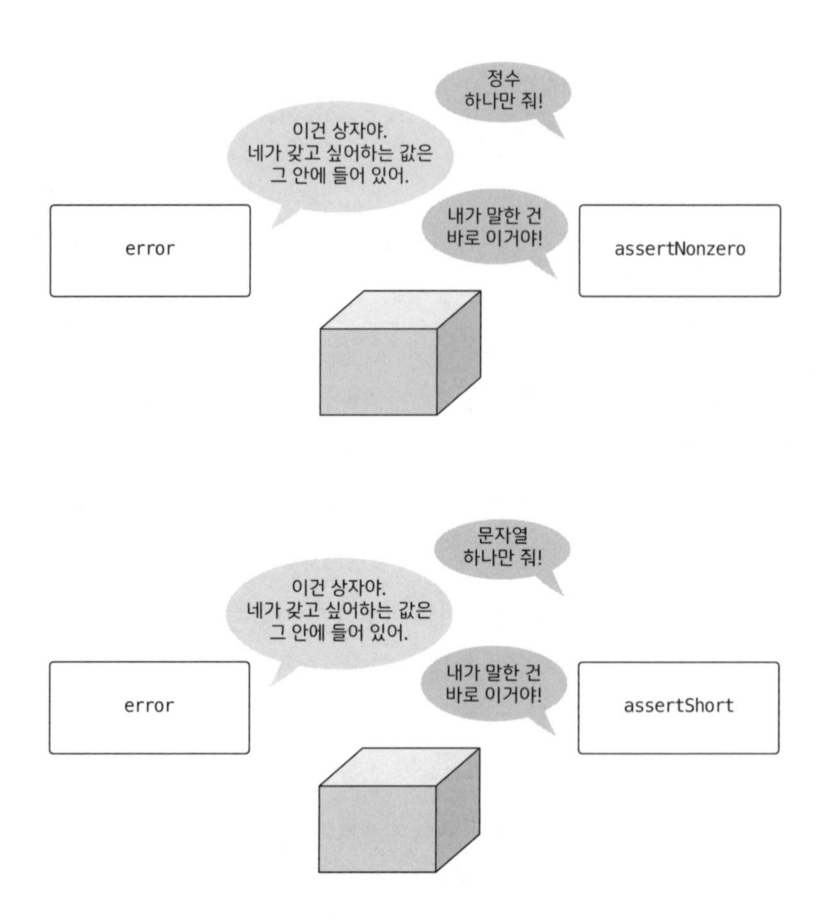

이제 우리에게 필요한 것은 하나다. '계산을 끝마치지 못한다'를 표현할 수 있는 타입만 있으면 된다. 그 타입이 바로 최소 타입이다. 최소 타입은 어떤 값도 속하지 않는 타입이다. 그렇기에 '가장 작은' 타입이라고 할 수 있다. 어떤 값도 속하지 않는다는 점에서 Void와 똑같다고 느낄 수도 있지만, Void와 최소 타입은 전혀 다르다. Void는 함수가 계산을 끝낼 때 아무 값도 반환하지 않는다는 사실을 나타내지만, 최소 타입은 함수가 계산을 끝마치지 못한다는 사실을 나타낸다.

최소 타입의 가장 중요한 특징은 모든 타입의 서브타입이라는 것이다. 다시 상자의 비유로 돌아가 보자. 최소 타입에 속하는 값은 곧 상자 안에 들어 있는 값이다. 계산이 끝난다면 그 상자가 열리고 값을 꺼내 볼 수 있다. 하지만 최소 타입은 '계산을 끝마치지 못한다'를 표현하니 계산이 끝날 일도 없고 상자가 열릴 일도 없다. 이는 최소 타입에 속하는 값이 존재하지 않는다는 사실과도 일맥상통한다. 상자가 사실은 비어 있는 상자인 것이다. 다만 아무도 열어 보지 못했기에 값이 들어 있는 상자라고 모두가 믿을 뿐이다. 어차피 상자를 열어서 확인할 수 없으니 "이 상자 안에 있는 값은 정수다"라고 해도 올바르고, "이 상자 안에 있는 것은 문자열이다"라고 해도 올바르다. 그래서 최소 타입이 모든 타입의 서브타입인 것이다.

이제 최소 타입을 사용해 우리가 겪은 문제를 해결할 수 있다. error 함수는 계산을 절대 끝마치지 못하니 결과 타입이 최소 타입이다. 이 책에서는 최소 타입을 Nothing이라 부른다.

```
Nothing error(String msg) {
    print(msg);
    throw Exception();
}
```

최소 타입은 모든 타입의 서브타입이니 error 함수를 Int 타입이 필요한 곳에서 호출해도 되고, String 타입이 필요한 곳에서 호출해도 된다. 따라서 assertNonzero와 assertShort 모두 타입 검사를 통과한다.

'계산을 끝마치지 못한다'는 개념을 더 잘 이해할 수 있도록 최소 타입을 사용하는 예를 하나 더 보자. 이번에는 예외를 발생시키지 않고도 결과 타입이 Nothing인 함수를 만들 것이다.

```
Nothing forever() {
    return forever();
}
```

forever 함수는 곧바로 자기 자신을 호출한다. 따라서 이 함수는 끝없이 실행된다. forever 역시 계산을 끝마치지 못하는 함수인 것이다. 계산을 끝마치지 못하는 이유가 error와는 좀 다르다. error는 예외를 발생시켜 프로그램의 실행을 아예 끝내 버리기 때문에 함수가 계산을 끝마치지 못한다. 반면 forever는 정말로 영원히 실행되기 때문에 계산을 끝마치지 못한다. 비록 예외를 발생시키는 게 최소 타입의 대표적인 활용처일지언정 '계산을 끝마치지 못한다'는 개념은 forever에서 더 직관적으로 드러난다.

언어가 제공하는 기능에 따라 계산을 끝마치지 못하는 이유가 더 있을 수 있다. 그 이유가 무엇이든 간에 '계산을 끝마치지 못한다'는 사실은 언제나 최소 타입으로 표현할 수 있다.

최대 타입과 최소 타입은 정반대 개념이면서도 비슷한 면이 있다. 최대 타입이 '아무 값이나 될 수 있다'를 의미한다면 최소 타입은 '아무 곳에나 사용될 수 있다'를 의미한다. 두 문장 모두 '아무 …… 될 수 있다' 꼴이다 보니 얼핏 보면 똑같아 보인다. 그래서 두 타입의 역할을 혼동할 수 있다.

하지만 이 두 문장은 전혀 다른 뜻이고 최대 타입과 최소 타입도 전혀 다른 역할을 한다. 최대 타입의 부품은 만들기 쉽다. 아무 부품이나 최대 타입의 부품으로 간주할 수 있기 때문이다. 그런 만큼 최대 타입의 부품은 아무 값이나 결과로 낼 수 있기에 결과로 나온 값이 어떤 능력을 가지는지 모른다. 그래서 최대 타입의 부품은 조심스럽게, print의 인자처럼 별다른 특별한 능력을 요구하지 않는 곳에만 사용해야 한다. 반대로 최소 타입의 부품은 계산을 끝마치지 못한다. 따라서 결과로 나온 값이 사용되는 순간이 영원히 오지 않는다. 그렇기에 최소 타입은 아무렇게나 어느 곳에든 사용할 수 있다. 대신 최소 타입의 부품은 만들기가 어렵다. 예외를 발생시키거나 무한히 재귀 호출을 하는 등의 특별한 방법으로만 최소 타입의 부품을 만들 수 있다.

주요 언어 예시

타입스크립트

```
function error(): never {
  throw new Error();
}
function assertNonzero(num: number): number {
  return (num != 0) ? num : error();
}
function assertShort(str: string): string {
  return (str.length <= 10) ? str : error();
}
```

최소 타입의 이름이 never다.

코틀린

```
fun error(): Nothing = throw Exception()
fun assertNonzero(num: Int): Int =
    if (num != 0) num else error()
fun assertShort(str: String): String =
    if (str.length <= 10) str else error()
```

최소 타입의 이름이 Nothing이다.

스칼라

```
def error(): Nothing = throw Exception()
def assertNonzero(num: Int): Int =
  if num != 0 then num else error()
def assertShort(str: String): String =
  if str.length <= 10 then str else error()
```

최소 타입의 이름이 Nothing이다.

프로젝트 이름	구현 언어	프로그램 용도	스타 개수	깃허브 주소
비주얼 스튜디오 코드	타입스크립트	코드 편집기	145k	*https://github.com/microsoft/vscode*
앵귤러	타입스크립트	웹 프레임워크	87.5k	*https://github.com/angular/angular*
아파치 슈퍼세트	타입스크립트	데이터 탐색·시각화 플랫폼	51.5k	*https://github.com/apache/superset*
바벨	타입스크립트	컴파일러	42.2k	*https://github.com/babel/babel*
OkHttp	코틀린	HTTP 클라이언트	43.8k	*https://github.com/square/okhttp*
섀도속스	코틀린	프록시 클라이언트	33.6k	*https://github.com/shadowsocks/shadowsocks-android*
릭카나리아	코틀린	메모리 누수 탐지기	28.4k	*https://github.com/square/leakcanary*
아파치 스파크	스칼라	데이터 처리 엔진	35.5k	*https://github.com/apache/spark*
아카	스칼라	분산 프로그래밍 프레임워크	12.7k	*https://github.com/akka/akka*
플레이 프레임워크	스칼라	웹 프레임워크	12.4k	*https://github.com/playframework/playframework*

표 2-5 최소 타입을 사용하는 프로젝트

이거나 타입

프로그래밍을 하다 보면 한 함수가 받는 인자의 타입이 여러 가지가 되어야 하는 경우가 생긴다. 이거나 타입은 이런 상황에서 유용한 개념이다.

스프레드시트를 편집하는 프로그램을 만든다고 하자. 스프레드시트의 각 셀은 일반, 숫자, 회계 등의 데이터 형식을 가진다. 따라서 셀에 데이터를 쓸 때는 데이터 타입에 맞게 셀의 형식을 설정해야 한다. 셀에 쓸 때마다 매번 데이터 형식을 올바르게 설정하기는 번거롭다. 셀에 데이터를 쓰는 함수를 만들고 그 함수가 데이터 형식도 알아서 맞추도록 한 뒤, 그 함수를 호출하는 쪽이 편하다. 가장 먼저 시도할 수 있는 방법은 타입별로 함수를 하나씩 만드는 것이다.

```
Void writeString(Cell cell, String str) {
    cell.setDataFormat(DATA_FORMAT_NORMAL);
    cell.setData(str);
}
Void writeNumber(Cell cell, Int num) {
    cell.setDataFormat(DATA_FORMAT_NUMBER);
    cell.setData(intToString(num));
}
```

cell.setDataFormat은 해당 셀의 데이터 형식을 설정한다. cell.setData는 문자열을 인자로 받아 해당 셀에 데이터를 채워 넣는다. 따라서 writeNumber는 데이터 형식은 숫자로 설정하되 setData에는 주어진 정수를 intToString을 통해 문자열로 바꾼 값을 넘긴다.

이 구현은 나쁜 방법은 아니지만 아쉬운 점이 있다. 함수를 호출할 때 타입에 맞는 이름을 사용해야 한다는 것이다. 셀에 문자열 데이터를 쓸 때는 writeString을, 정수 데이터를 쓸 때는 writeNumber를 호출해야 한다. 하지만 셀에 데이터를 쓴다는 사실이 중요하지, 그 데이터가 문자열인지 정수인지는 그렇게까지 중요하지 않다. 셀에 문자열을 쓰든, 정수를 쓰든 write이라는 이름의 함수로 모두 처리할 수 있다면 더 좋다. 즉, write 함수가 문자열 인자도 받고 정수 인자도 받게 만들고 싶은 것이다.

이 문제를 해결해 주는 개념이 이거나 타입이다. 이거나 타입은 두 개의 타입으로부터 만들어진다. 타입 A와 B로 만든 이거나 타입은 A | B라 쓰며 직관적으로 'A이거나 B'를 나타낸다. 즉, 어떤 값이 A에 속하면

A | B에 속하고, B에 속해도 A | B에 속한다. 다시 말해 A이거나 B이면 A | B인 것이다.

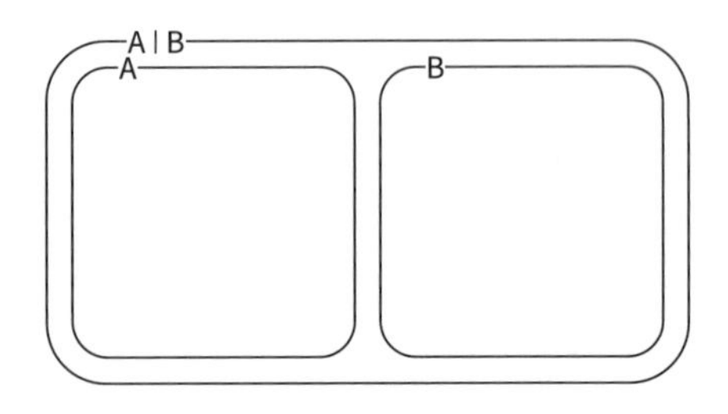

그래서 이런 타입을 이거나 타입이라 부른다. 좀 점잖게 부르자면 합집합 타입이라 부를 수 있지만, 이 책에서는 굳이 집합이라는 어려운 말보다는 직관적으로 와닿는 이거나 타입이라는 용어를 사용한다.

이거나 타입을 사용하면 write 함수를 다음과 같이 구현할 수 있다.

```
Void write(Cell cell, String | Int data) {
    if (data is String) {
        cell.setDataFormat(DATA_FORMAT_NORMAL);
        cell.setData(data);
    } else {
        cell.setDataFormat(DATA_FORMAT_NUMBER);
        cell.setData(intToString(data));
    }
}
```

data is String은 data에 들어 있는 값이 문자열인지 아닌지 실행 중에 판별한다.

이제 가지고 있는 데이터가 무엇이든 그냥 write를 호출하면 된다. write(c, "Hello world")나 write(c, 42)처럼 쓸 수 있는 것이다. 이게 가능한 이유는 String과 Int 모두 String | Int의 서브타입인 데 있다. 아무 타입 A와 B가 있을 때 언제나 A와 B 모두 A | B의 서브타입이다.

그 이유는 쉽게 알 수 있다. 'A는 A이거나 B다'와 'B는 A이거나 B다' 모두 올바른 설명이기 때문이다.

이거나 타입을 사용할 때는 한 가지 주의할 점이 있다. 그게 뭔지 알려면 우선 위치에 민감한 타입 검사(flow-sensitive type checking)라는 개념을 이해해야 한다.

사실 앞서 본 `write` 함수는 타입 검사를 통과하는 게 신기한 함수다. 주목할 부분은 `cell.setData(data)`와 `cell.setData(intToString(data))`다. 지금 `data`의 타입은 매개변수 타입 표시에 따라 `String | Int`다. 하지만 `cell.setData`는 `String` 타입의 인자만 받는다. 따라서 `cell.setData(data)`는 타입 검사를 통과하지 못한다. 또, `intToString`은 `Int` 타입의 인자만 받는다. 그러므로 `intToString(data)` 역시 타입 검사를 통과할 수 없다.

하지만 분명히 `write` 함수에는 잘못된 게 없다. `data is String`을 통해 `data`가 문자열인 경우와 정수인 경우를 나누어 처리하기 때문이다. 개발자 입장에서는 `write` 함수가 타입 검사를 통과해야 마땅하다. 이렇게 간단한 코드조차도 타입 검사를 통과할 수 없다면 이거나 타입을 사용하는 의미가 없다.

그래서 이거나 타입을 제공하는 언어는 위치에 민감한 타입 검사라는 정교한 방식의 타입 검사를 사용한다. 변수의 값을 읽는 부품의 타입을 검사할 때 해당 변수가 정의된 곳의 타입 표시만 보는 것이 아니라, 그 변수가 어디서 사용되는지도 고려하는 것이다.

이 경우에는 `cell.setData(data)`는 `data is String`이 참일 때만 실행되고, `intToString(data)`는 `data is String`이 거짓일 때만 사용된다. 따라서 `cell.setData(data)`를 검사할 때는 `data`의 원래 타입이 `String | Int`였다는 정보에 더해 지금 `data is String`이 참이라는 정보까

지 활용해 data의 타입이 String이라고 결론 내린다. 그러면 cell.setData(data)가 타입 검사를 통과한다. 마찬가지로 intToString(data)를 검사할 때는 원래 타입 정보와 현재 위치를 종합해 data의 타입이 Int라고 결론을 내린다. 그래서 intToString(data) 역시 타입 검사를 통과한다. 이는 위치에 민감한 타입 검사를 사용해야지만 가능한 일이다.

문제는 위치에 민감한 타입 검사에도 한계가 있다는 것이다. 프로그램이 복잡해지면 위치로부터 정보를 얻을 수 없게 된다. 예를 들어 write 함수를 다음과 같이 고쳐 보자.

```
Void write(Cell cell, String | Int data) {
    if (isString(data)) {
        cell.setDataFormat(DATA_FORMAT_NORMAL);
        cell.setData(data);
    } else {
        cell.setDataFormat(DATA_FORMAT_NUMBER);
        cell.setData(intToString(data));
    }
}
Boolean isString(Any data) {
    return data is String;
}
```

바뀐 부분은 딱 하나다. data is String이 isString(data)로 바뀌었다. isString이 결국 data is String을 계산하니 프로그램이 실행 중에 하는 일은 이전과 똑같다. 하지만 타입 검사기의 입장은 좀 다르다. data is String은 언어가 원래 제공하는 기능인 is를 사용한 것이므로 타입 검사기가 data is String을 특별하게 처리할 수 있다. cell.setData(data)에서는 data가 문자열이고 intToString(data)에서는 data가 문자열이 아니라는 정보를 얻을 수 있었던 것이다. 반면 isString(data)는 그냥 일반적인 함수 호출로, isString은 개발자가 정의한 임의의

함수다. 타입 검사기가 isString(data)를 특별하게 처리할 이유가 없다. 그래서 cell.setData(data)에서는 data가 문자열이고 intToString(data)에서는 data가 문자열이 아니라는 정보를 얻을 수 없다. 결국 위치에 민감한 타입 검사를 사용하지 않는 것마냥 data의 타입이 항상 String | Int인 것으로 처리되어 타입 검사를 통과하지 못한다.

이 예까지 봤으면 이제 이거나 타입을 사용할 때 주의할 점이 무엇인지 알 수 있다. 위치에 민감한 타입 검사가 잘 작동하도록 프로그램의 구조를 단순하게 만들어야 한다는 것이다. data is String과 같이 값의 타입을 실행 중에 확인하는 부품을 if 문의 조건으로 바로 사용해야 한다. data is String의 값을 변수에 저장한다든지, data is String을 다른 함수에서 계산한다든지 하면 내가 보기에는 문제가 없는데도 타입 검사를 통과하지 못할 수 있다.

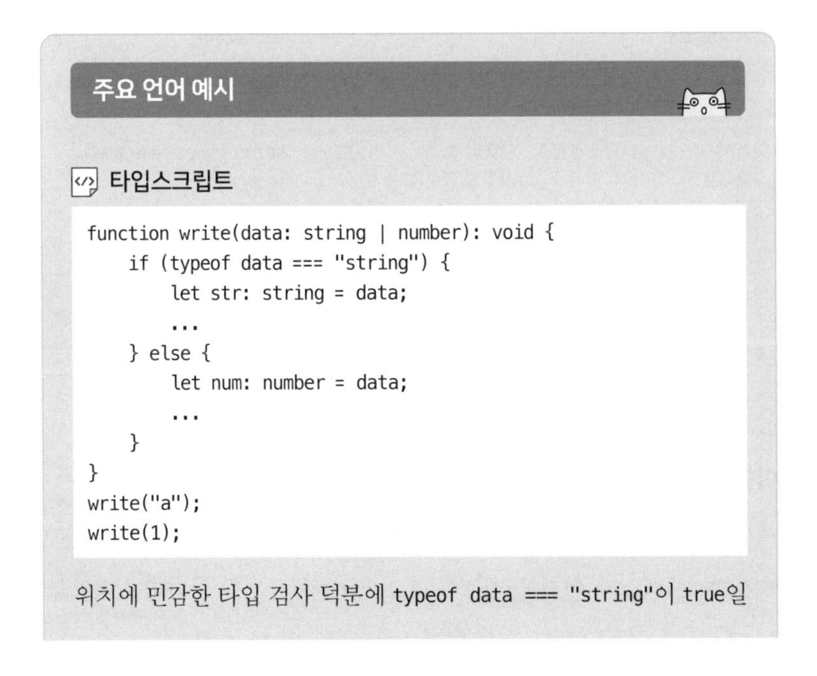

주요 언어 예시

타입스크립트

```
function write(data: string | number): void {
    if (typeof data === "string") {
        let str: string = data;
        ...
    } else {
        let num: number = data;
        ...
    }
}
write("a");
write(1);
```

위치에 민감한 타입 검사 덕분에 typeof data === "string"이 true일

때는 data의 타입이 string이 되고, false일 때는 data의 타입이 num ber가 된다.

스칼라

```
def write(data: String | Int): Unit =
  data match
    case str: String => ...
    case num: Int => ...
write("a")
write(1)
```

위치에 민감한 타입 검사가 없는 대신 패턴 대조(pattern matching)를 사용해서 data에 담긴 값의 타입에 따라 다르게 처리할 수 있다.

프로젝트 이름	구현 언어	프로그램 용도	스타 개수	깃허브 주소
비주얼 스튜디오 코드	타입스크립트	코드 편집기	145k	*https://github.com/microsoft/vscode*
앵귤러	타입스크립트	웹 프레임워크	87.5k	*https://github.com/angular/angular*
아파치 슈퍼세트	타입스크립트	데이터 탐색·시각화 플랫폼	51.5k	*https://github.com/apache/superset*
바벨	타입스크립트	컴파일러	42.2k	*https://github.com/babel/babel*
엑스캘러드로	타입스크립트	그림판	46.5k	*https://github.com/excalidraw/excalidraw*

표 2-6 이거나 타입을 사용하는 프로젝트

이면서 타입

이면서 타입은 다중 상속(multiple inheritance)을 다룰 때 유용하다. 다중 상속은 한 클래스가 여러 클래스를 직접 상속하는 것을 말한다. 예를 들어 Student 클래스와 Teacher 클래스가 있을 때, 학생 신분으로 강의를 돕는 조교를 나타내는 TA 클래스는 Student 클래스와 Teacher 클래스를 모두 상속하는 것이 자연스럽다.

```
class Student {
    Grades grades;
}
class Teacher {
    String course;
}
class TA extends Student, Teacher {
    Int pay;
}
```

Student 클래스의 grades 필드는 해당 학생이 지금까지 들은 과목에서 받은 성적을 모두 담고 있는 Grades 객체를 가지고 있고, Teacher 클래스의 course 필드는 이 교수가 강의하는 과목을 나타낸다. TA 클래스는 두 필드를 자동으로 가지며 거기에 더해 조교 급료를 나타내는 pay 필드도 가진다. 이제 조교 객체를 다루는 함수를 하나 만들자.

```
Float getGrade(TA ta) {
    return ta.grades.get(ta.course);
}
```

getGrade는 이 조교가 강의를 돕는 과목을 수강할 적에 받은 성적이 무엇인지 알려 준다.

그런데 Student와 Teacher를 동시에 상속하는 클래스가 하나 더 생기면 곤란해진다. 외부 교육 봉사에 참여해 강의를 하는 학생을 나타내는 Volunteer 클래스가 Student와 Teacher를 모두 상속한다고 하자.

```
class Volunteer extends Student, Teacher {
    String group;
}
```

그러면 Volunteer 클래스 역시 grades와 course를 모두 정의한다. 또한 소속된 봉사 단체를 나타내는 group 필드도 가진다. 문제는 grades와 course를 모두 가지고 있는 Volunteer 타입의 객체를 getGrade의 인자로 사용할 수 없다는 것이다. 이 문제는 이름에 의한 서브타입을 사용하든 구조에 의한 서브타입을 사용하든 똑같이 겪는다. 이름에 의한 서브타입을 사용하면 Volunteer가 TA를 상속하지 않기에 Volunteer가 TA의 서브타입이 아니고, 구조에 의한 서브타입을 사용하면 TA에는 있는 pay라는 필드가 Volunteer에는 없기에 Volunteer가 TA의 서브타입이 아니다.

이 문제를 해결하는 방법은 여러 가지다. 첫 번째 방법으로, 언어가 구조에 의한 서브타입을 사용한다면 getGrade의 매개변수 타입을 TA에서 { Grades grades; String course; }로 바꾸는 것만으로도 충분하다. 하지만 이 방법은 이름에 의한 서브타입을 사용하는 언어에서는 통하지 않는다는 한계가 있다. 또, getGrade는 다행히 필드 두 개의 값만 읽지만, 여러 필드를 읽는 함수였다면 그 또한 불편한 상황을 만든다. 매개변수 타입이 { String name; Int id; String email; String gender; Grades grades; String course; }와 같이 엄청나게 길어질 테니 말이다.

두 번째 방법은 Student와 Teacher를 동시에 상속하는 중간 단계 클래스인 StudentTeacher를 추가한 뒤 TA와 Volunteer가 StudentTeacher를 상속하도록 하는 것이다.

```
class StudentTeacher extends Student, Teacher {}
class TA extends StudentTeacher {
    Int pay;
}
class Volunteer extends StudentTeacher
```

```
    String group;
}
```

그러면 getGrade가 StudentTeacher 타입의 인자를 받도록 함으로써 문제를 해결할 수 있다.

```
Float getGrade(StudentTeacher st) {
    return st.grades.get(st.course);
}
```

하지만 이 방법은 기존에 있던 클래스를 고쳐야 한다는 새로운 문제를 낳는다. 수정할 코드가 꽤 될 것이다. 게다가 Student, Teacher, TA가 외부 라이브러리에 정의된 클래스라면 시도할 수조차 없다.

세 번째 방법은 이거나 타입을 사용하는 것이다.

```
Float getGrade(TA | Volunteer tv) {
    return tv.grades.get(tv.course);
}
```

이러면 getGrade가 TA 타입 객체도 받을 수 있고 Volunteer 타입 객체도 받을 수 있다. 다른 코드를 건드릴 필요 없이 getGrade만 고치면 된다는 점은 확실히 좋다. 하지만 Student와 Teacher를 동시에 상속하는 클래스가 추가될 가능성에 미리 대처할 수 없다는 점이 아쉽다. 그런 클래스가 추가될 때마다 getGrade에 와서 매개변수 타입을 A | B | C | ... 형태로 계속 늘려 나가야 한다.

이면서 타입은 이 방법들보다 더 간편한 해결책을 제공한다. 이면서 타입은 이거나 타입과 비슷하면서도 반대되는 역할을 한다. 이거나 타입처럼 이면서 타입도 두 개의 타입으로부터 만들어진다. 타입 A와 B

로 만든 이면서 타입은 A & B라 쓰며 직관적으로 'A이면서 B'를 나타낸다. 즉, 어떤 값이 A에도 속하고 B에도 속해야지만 A & B에 속한다. 다시 말해 A이면서 B이면 A & B인 것이다.

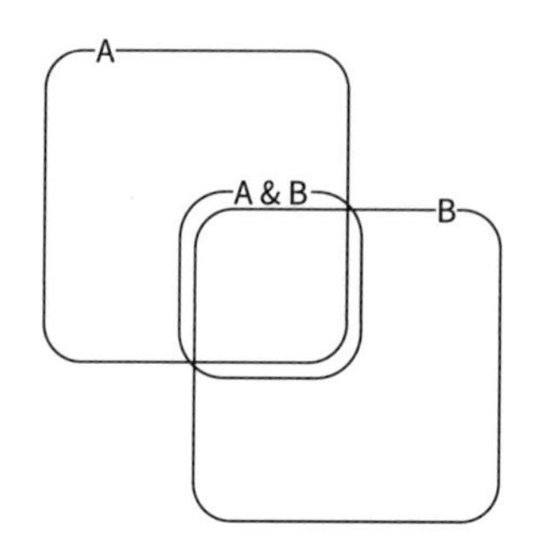

그래서 이면서 타입이다. 점잖게 말하면 교집합 타입이라 할 수 있지만, 더 직관적인 이면서 타입이라는 용어를 사용하겠다.

이제 이면서 타입을 사용해 getGrade를 고칠 시간이다.

```
Float getGrade(Student & Teacher st) {
    return st.grades.get(st.course);
}
```

이 함수에는 TA 타입 객체와 Volunteer 타입 객체 모두 문제없이 넘길 수 있다. TA와 Volunteer 모두 Student & Teacher의 서브타입이기 때문이다. 아무 타입 A와 B 그리고 A의 서브타입이면서 B의 서브타입인 타입 C가 있다고 하자. 그러면 "C는 A다"와 "C는 B다"라는 사실로부터 "C는 A이면서 B다" 역시 사실임을 알 수 있다. 그렇기에 C는 A & B의 서브타입이다. 따라서 TA는 Student의 서브타입이면서 Teacher의 서브타입이니 Student & Teacher의 서브타입이다. Volunteer 역시 같은 이유로 Student & Teacher의 서브타입이다.

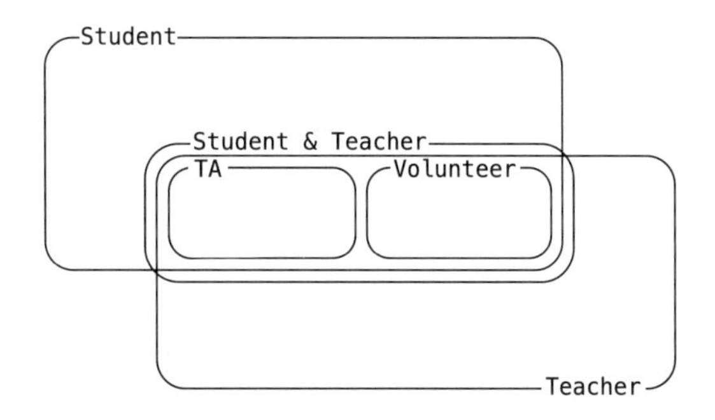

이면서 타입을 활용한 이 방법은 앞의 세 방법의 단점을 모두 해결한다. 이름에 의한 서브타입만 있어도 사용 가능하고, 함수에서 읽는 필드가 몇 개든 상관없이 매개변수 타입이 Student & Teacher로 고정된다. 또, 기존에 정의된 클래스를 수정할 필요도 없다. 앞으로 Student와 Teacher를 함께 상속하는 클래스가 더 생긴다 하더라도 getGrade를 고칠 필요가 없음은 물론이다. 이처럼 이면서 타입은 다중 상속이 있을 때 유용하다.

주요 언어 예시

타입스크립트

```
interface Student { grade: number; }
interface Teacher { course: string; }
class TA implements Student, Teacher {
    grade: number;
    course: string;
}
class Volunteer implements Student, Teacher {
    grade: number;
    course: string;
}
function getGrade(st: Student & Teacher): number {
```

```
    let grade: number = st.grade;
    let course: string = st.course;
    ...
}
getGrade(new TA());
getGrade(new Volunteer());
```

클래스는 다중 상속을 허용하지 않기 때문에 Student와 Teacher를 인터페이스로 정의했다.

스칼라

```
trait Student(val grade: Float)
trait Teacher(val course: String)
class TA(
    gpa: Float, course: String
) extends Student(gpa) with Teacher(course)
class Volunteer(
    gpa: Float, course: String
) extends Student(gpa) with Teacher(course)
def getGrade(st: Student & Teacher): Float =
  val grade: Float = st.grade
  val course: String = st.course
  ...
getGrade(TA(..., ...))
getGrade(Volunteer(..., ...))
```

클래스는 다중 상속을 허용하지 않기 때문에 Student와 Teacher를 트레이트로 정의했다.

프로젝트 이름	구현 언어	프로그램 용도	스타 개수	깃허브 주소
비주얼 스튜디오 코드	타입스크립트	코드 편집기	145k	*https://github.com/microsoft/vscode*
앵귤러	타입스크립트	웹 프레임워크	87.5k	*https://github.com/angular/angular*
아파치 슈퍼세트	타입스크립트	데이터 탐색·시각화 플랫폼	51.5k	*https://github.com/apache/superset*

바벨	타입스크립트	컴파일러	42.2k	*https://github.com/babel/babel*
엑스캘러드로	타입스크립트	그림판	46.5k	*https://github.com/excalidraw/excalidraw*

표 2-7 이거나 타입을 사용하는 프로젝트

- 사람을 위한 카레 기계 -

큐리 박사: 어이, 처르지, 내가 만든 기계 구경할래?

처르지: 와, 이 엄청난 건 뭐야?

큐리 박사: 하하, 이 몸의 위대한 발명품 '완전자동카레조리기계'지. 아무 사람이나 와서 자신의 정보를 입력하면, 그 사람에게 가장 잘 맞는 재료 배합을 선정해서 카레를 만들어 준다고. 저 앞 학교에서 급식 시간에 사용하겠다며 만들어 달라고 했어.

처르지: 이야, 대단한 걸?

큐리 박사: 그렇지? 이제 마무리 단계야. 며칠만 더 작업하면 기계를 완성해서 학교에 보낼 수 있어.

며칠 후

큐리 박사: 처르지, 큰일이야. 오늘 아침에 내 '완전자동카레조리기계'를 완성하고 나서 그 소식을 전하러 학교에 갔거든. 근데 학교에서 원한 건 각 사람에게 적합한 음식을 만들어 주는 기계였대. 하지만 내 '완전자동카레조리기계'는 각 사람에게 적합한 카레를 만들어 주는 기계잖아. 내가 처음에 잘못 알아들었나 봐. 어떡하지? 기계를 처음부터 다시 만들어야 할까?

처르지: 그건 아니지 않을까? **카레는 음식**이잖아. **각 사람에게 적합한 카레를 만들어 주는 기계라면, 그 기계가 각 사람에게 적합한 음식을 만들어 준다**고 말해도 틀린 건 아니지 않을까? 최소한 기계에서 음식이 아닌 게 나오지는 않잖아. 그냥 조용히 하고 학교에 네 기계를 갖다 줘.

큐리 박사: 오, 듣다 보니 맞는 말인 거 같아. 네 말대로 해야겠다. 고마워!

며칠 후

처르지: 큐리, 오늘 기분이 좋아 보이는데? 무슨 좋은 일 있어?

큐리 박사: 오늘 학교에서 연락이 왔는데 내 '완전자동카레조리기계'가 마음에 든대! 정말 다행이야. 카레만 만들어 주는 기계라는 걸 눈치챈 거 같긴 한데, 그래도 별 상관없다나 봐. 어차피 음식이 나오기만 하면 먹는 데 지장 없으니까.

처르지: 축하해. 정말 잘됐네.

큐리 박사: 그렇지? 그리고 학교에서 부탁을 한 가지 더 했어. 학교에서 최근에 개발한 영양제가 있는데, 사람들의 건강을 위해서 카레를 만들 때 영양제를 조금씩 섞어 달래. 그래서 이제 각 사람에 맞게 영양제도 골라서 넣는 '건강쑥쑥완전자동카레조리기계'를 만들어 볼 생각이야.

며칠 후

처르지: 큐리, 오늘은 얼굴에 근심이 가득하네. 어떻게 된 거야?

큐리 박사: 내가 오늘 아침에 '건강쑥쑥완전자동카레조리기계'를 완성했거든. 근데 내가 또 학교에서 원하는 걸 잘못 알아들었나 봐. 내 '건강쑥쑥완전자동카레조리기계'는 각 사람에게 적합한 카레를 만들어 주는 기계잖아. 근데 학교에서는 영양제를 학생들한테만 먹일 생각이었나 봐. 그래서 학생이 아닌 사람들한테는 원래 쓰던 '완전자동카레조리기계'를 그대로 쓸 거고, 새로 필요한 건 각 학생에게 적합한 카레를 만들어 주는 기계래. 이번에는 정말로 큰일 난 거 같아.

처르지: 잠깐 기다려 봐. 네 '건강쑥쑥완전자동카레조리기계'는 각 사람에게 적합한 카레를 만들어 주는 기계잖아. 근데 어차피 **학생은 사람**이야. 학생이 네 기계에 와서 자기 정보를 입력하면 카레가 만들어질 거라고. 학생이 네 기계를 사용하는 데 아무 문제도 없는 셈이지. 그러니 **각 사람에게 적합한 카레를 만들어 주는 기계가 각 학생에게 적합한 카레를 만들어 준다**고 말해도

틀린 게 아니야. 그러니까 이번에도 그냥 조용히 하고 기계를 학교에 갖다 줘.

큐리 박사: 네 말이 맞아. 정말 고마워! 또다시 네가 나를 구했어.

2.3 함수와 서브타입

여러 언어에서 함수를 값으로 사용할 수 있다. 함수를 값으로 사용한다는 말은 함수를 변수에 저장하거나 다른 함수에 인자로 전달하거나 다른 함수에서 반환한다는 뜻이다. 이렇게 값으로 사용되는 함수를 일급 함수(first-class function)라고 부른다.

정적 타입 언어에서 일급 함수를 사용하려면 우선 함수 타입을 어떻게 표현하는지 알아야 한다. 그래야 변수나 함수의 타입 표시를 작성할 수 있을 테다. 1장에서 함수의 타입은 매개변수 타입과 결과 타입으로 구성된다는 사실을 이미 확인했다. 따라서 함수 타입은 매개변수 타입과 결과 타입을 차례로 쓴 것이다. 예를 들면 정수를 받아 문자열을 내놓는 함수의 타입은 `Int => String`이다.

함수 타입은 그 자체만으로는 서브타입에 의한 다형성을 필요로 하지 않는다. 하지만 언어에 객체와 서브타입에 의한 다형성이 존재하면 함수 타입 사이의 서브타입 관계를 따질 필요가 생긴다. 지금부터는 함수 타입 사이의 서브타입 관계가 왜 필요하며, 타입 검사기가 어떤 식으로 그 관계를 판단하는지 살펴보겠다.

다시 이번 장을 시작할 때 보았던 학교 행정 처리 프로그램의 예로 돌아가자. `Student`는 `Person`의 서브타입이다. 이제 우리가 하고 싶은 일은 멘토링 프로그램을 시작하는 것이다. 이 일은 두 과정으로 이루어진다. 첫째, 각 학생의 멘토가 될 사람을 정한다. 멘토는 그 학교에 있는 사람이면 누구나 될 수 있다. 학생이든 교직원이든 상관없다. 둘째, 학생과 그 학생의 멘토에게 두 사람이 멘티-멘토 관계가 되었다는 사실을 알리는 메일을 보낸다. 이 두 과정을 모든 학생에 대해 반복하면 된다.

학생들의 리스트가 students 변수에 저장되어 있다면 다음과 같이 코드를 작성할 수 있다.

```
Void startMentoring(Student => Person select) {
    for (Int i = 0; i < students.length; i++) {
        Student st = students[i];
        Person mentor = select(st);
        sendEmail(st, ..., ...);
        sendEmail(mentor, ..., ...);
    }
}
```

startMentoring은 멘토링을 시작하는 함수다. 멘토링 프로그램마다 멘토 선정 기준이 달라질 수 있기 때문에 멘토를 정하는 함수를 인자로 받는다. select가 그 함수로, Student => Person 타입이다. 즉, 학생을 인자로 받아 그 학생에게 좋은 멘토가 될 것 같은 사람을 반환하는 함수다. 그 뒤로는 쉽다. 리스트를 순회하면서 각 학생을 select에 넘겨 멘토가 될 사람을 얻는다. 그리고 그 학생과 뽑힌 멘토에게 메일을 각각 보낸다.

실제로 멘토링을 시작하려면 적절한 멘토 선정 함수를 만들고 startMentoring을 호출하면 된다.

```
Person selectMentor(Student student) { ... }
startMentoring(selectMentor);
```

이제 다음 학기가 되어 또다시 멘토링 프로그램을 시작한다고 하자. 이전 학기의 멘토링 프로그램을 지켜보니 학생이 멘토를 맡는 게 교직원이 멘토를 맡는 것보다 더 유익했다. 그래서 이번에는 전과 달리 학생들만 멘토가 될 수 있다. 이에 맞게 새로운 멘토 선정 함수를 구현했다.

```
Student selectStudentMentor(Student student) { ... }
startMentoring(selectStudentMentor);
```

우리의 직관대로라면 위 코드가 타입 검사를 통과해야 한다. startMentoring이 인자로 주어진 함수에게 요구하는 것은 사람을 내놓는 것이고, selectStudentMentor는 학생을 내놓는데, 어차피 학생이 사람이니 문제 될 게 없다. 하지만 타입 검사기가 함수 타입 사이의 서브타입 관계를 고려하지 않는다면 위 코드는 타입 검사를 통과하지 못한다. selectStudentMentor의 타입은 Student => Student이고, startMentoring이 요구하는 타입은 Student => Person이기 때문이다. 지금까지 우리가 살펴본 서브타입 판단 규칙은 함수 타입을 특별하게 처리하지 않으니 Student => Student가 Student => Person의 서브타입이 될 수 없다.

다행히 대부분의 언어에서는 우리의 바람대로 위 코드가 타입 검사를 통과한다. 타입 검사기가 Student => Student를 Student => Person의 서브타입으로 간주하기 때문이다. 이 역시 'A는 B다'에 입각해 이해할 수 있다. 매개변수 타입은 동일하니 결과 타입에만 집중하자. Student => Student가 Student => Person의 서브타입인지 확인하려면 '학생을 내놓는 함수는 사람을 내놓는 함수다'가 사실인지 보면 된다. 학생이 사람이니 학생을 내놓은 것은 곧 사람을 내놓은 것이다. 그러니 Student => Student가 Student => Person의 서브타입이라는 결론이 나온다. 더 일반적으로는, A가 B의 서브타입일 때 C => A가 C => B의 서브타입이다. 즉, 함수 타입은 결과 타입의 서브타입 관계를 유지한다.

이제 학교 행정 처리 프로그램에 기능을 하나 더 추가해 보겠다. 학교 전산 시스템이 해킹당해서 일부 사람들의 계정 정보가 탈취된 상황이라고 하자. 그 사람들에게 비밀번호를 변경해 달라는 안내 메일을 보낼 것이다. 단, 학생과 교직원에게 보낼 설명이 다르기 때문에 우선 학생에게 메일을 보내는 것만 고려하자.

탈취된 계정에 해당하는 메일 주소 리스트가 hackedEmails 변수에 저장되어 있다고 하자. 그러면 다음과 같이 특정 사람의 계정이 해킹되었는지 확인하는 isHacked 함수를 구현할 수 있다.

```
Boolean isHacked(Person person) {
    return hackedEmails.contains(person.email);
}
```

지금은 학생들에게만 메일을 보내지만 추후에 교직원에게도 메일을 보내야 하니 isHacked의 매개변수 타입을 Student 대신 Person이라고 했다.

남은 일은 쉽다. 리스트를 순회하면서 각 학생이 해킹당했는지 확인하고 필요에 따라 메일을 보내면 된다.

```
for (Int i = 0; i < students.length; i++) {
    Student st = students[i];
    if (isHacked(st)) {
        sendEmail(st, ..., ...);
    }
}
```

여기까지 코드를 쓰고 보니 이번 장을 시작할 때 본 코드와 비슷하다. 앞에서는 학비를 내지 않은 학생들에게 메일을 돌렸고, 이번에는 계정을 해킹당한 학생들에게 메일을 돌렸다. 앞으로도 특정 조건을 만족하는 학생들에게 메일을 돌릴 일이 있을 것이다. 그러니 조건을 만족하는 학생들에게만 메일을 보내는 함수를 만들어 재사용하는 편이 좋다.

```
Void sendEmails(Student => Boolean needEmail, String title,
                String content) {
    for (Int i = 0; i < students.length; i++) {
        Student st = students[i];
        if (needEmail(st)) {
            sendEmail(st, title, content);
        }
    }
}
```

sendEmails 함수는 특정 학생한테 메일을 보내야 하는지 판별하는 함수를 인자로 받는다. 그 함수의 타입은 Student => Boolean으로, 인자로 주어진 학생에게 메일을 보내야 하면 true, 아니면 false를 반환함을 나타낸다. sendEmails는 여기에 더해 메일 제목과 내용 역시 인자로 받는다. 그 후로는 전과 비슷하다. 리스트를 순회하면서 각 학생에게 메일을 보내야 하는지 확인한 뒤 메일을 보낸다.

남은 일은 sendEmails 함수를 사용해 메일을 보내는 것뿐이다. 학비 미납 학생에게 메일을 보낼 때는 unpaid 함수를 정의한 뒤 사용한다.

```
Boolean unpaid(Student student) {
    return !student.paid;
}
sendEmails(unpaid, ..., ...)
```

해킹당한 학생에게 메일을 보낼 때는 이미 정의한 isHacked를 사용한다.

```
sendEmails(isHacked, ..., ...)
```

이번에도 우리의 직관으로는 위 코드가 타입 검사를 통과하지 못할 이유가 없다. sendEmails가 주어진 함수에 요구하는 것은 학생을 받아 true나 false라고 대답하는 것이고, isHacked는 아무 사람이나 받아 true나 false라고 대답하는데, 어차피 학생도 사람이기 때문에 문제가 없다. 하지만 실제로 타입 검사를 통과하기 위해서는 타입 검사기가 함수 타입 사이의 서브타입 관계를 잘 판단해야 한다. 여기서 isHacked의 타입은 Person => Boolean이고 sendEmails가 요구하는 타입은 Student => Boolean이다. 지금까지의 내용으로는 Person => Boolean이 Student => Boolean의 서브타입이 아니기 때문에 위 코드가 타입 검사를 통과하지 못한다.

물론 앞서와 마찬가지로 대부분 언어의 타입 검사기는 위 코드를 통과시킨다. Person => Boolean이 Student => Boolean의 서브타입이기 때문이다. 여기에도 'A는 B다' 원리가 적용된다. 결과 타입은 동일하니 매개변수 타입에만 집중하자. 매개변수 타입이 Person인 함수는 적어도 사람은 인자로 받을 수 있는 함수다. 들어온 값이 사람이기만 하면 타입 오류 없이 잘 실행된다는 사실이 보장된다. 어쩌면 사람이 아닌 값이 들어와도 운 좋게 타입 오류 없이 실행될 수도 있겠지만, 타입 오류가 일어날 가능성을 배제할 수 없다. 비슷하게, 매개변수 타입이 Student인 함수는 학생을 인자로 받을 수 있는 함수다. 그렇다면 Person => Boolean이 Student => Boolean의 서브타입인지 확인하기 위해서는 '적어도 사람은 인자로 받을 수 있는 함수는 학생을 인자로 받을 수 있는 함수다'가 사실인지 보면 된다. 이 설명은 올바르다. 사람을 인자로 받아도 괜찮다고 알려진 함수에 학생을 주면 아무 문제도 없을 게 확실하기 때문이다. 그래서 `Person => Boolean`은 `Student => Boolean`의 서브타입이다.

약간 말장난처럼 느껴진다면 반대 방향이 말이 되는지 따져 보면 확실해진다. 같은 논리로 `Student => Boolean`이 `Person => Boolean`의 서브타입이라는 결론을 얻을 수 있을까? 그러기 위해서는 '적어도 학생을 인자로 받을 수 있는 함수는 사람을 인자로 받을 수 있는 함수다'가 사실이어야 한다. 하지만 이는 올바르지 않다. 학생이 인자로 주어져도 괜찮다고 했지, 학생이 아닌 사람까지도 괜찮다고 한 적은 없다. 학생이 아닌 사람이 주어지면 무슨 일이 일어날지 모른다. 그러니 사람을 인자로 받을 수 있다고 말할 수 없는 것이다. 그러므로 `Student => Boolean`이 `Person => Boolean`의 서브타입이 될 수는 없다.

일반적으로 이야기하면 A가 B의 서브타입일 때 B => C가 A => C의 서브타입이다. 그 반대는 성립하지 않는다. A가 B의 서브타입일 때 A => C가 B => C의 서브타입라고 말할 수는 없는 것이다. 따라서 함수 타입은 매개변수 타입의 서브타입 관계를 뒤집는다. 결과 타입의 서브타입 관계가 유지된다는 사실은 나름 직관적인 것에 비해, 매개변수 타입의 서브타입 관계가 뒤집힌다는 사실은 처음 봤을 때 다소 이상하게 들릴 수 있다. 하지만 지금까지의 설명을 곱씹어 보면 서브타입 관계가 뒤집히는 게 논리적으로 타당함을 이해할 수 있을 것이다.

두 가지 예를 통해 알아본 것처럼, 함수 타입 사이의 서브타입 관계가 없으면 당연히 타입 검사를 통과해야 할 것 같은 코드가 그러지 못하는 불편함이 생긴다. 일급 함수를 사용하는 경우에는 함수 타입 사이의 서브타입 관계를 타입 검사기가 잘 판단하는 게 필수다. 함수 타입 사이의 서브타입 관계는 "함수 타입은 매개변수 타입의 서브타입 관계를 뒤집고 결과 타입의 서브타입 관계를 유지한다"라고 정리할 수 있다.

주요 언어 예시

자바

```
class Person {}
class Student extends Person {}
void startMentoring(Function<Student, Person> select) {
    Student st = ...;
    Person mentor = select.apply(st);
    ...
}
class A {
    static Student selectStudentMentor(Student st) { ... }
}
startMentoring(A::selectStudentMentor);
void sendEmails(Function<Student, Boolean> needEmail) {
    Student st = ...;
    if (needEmail.apply(st)) {
        ...
    }
}
class B {
    static boolean isHacked(Person pr) { ... }
}
sendEmails(B::isHacked);
```

A 타입의 값을 받아 B 타입의 값을 내놓는 함수의 타입은 `Function<A, B>`다. 단, 이때 int, boolean 등의 타입이 < > 사이에 오면 이름이 조금 달라진다. int는 Integer, boolean은 Boolean이 되는 식이다. 그래서 sendEmails의 매개변수 타입이 `Function<Student, boolean>`이 아니라

Function<Student, Boolean>이다.

C++

```
class Person {};
class Student : public Person {};
void startMentoring(function<Person *(Student *)> select) {
    Student *st = ...;
    Person *mentor = select(st);
    ...
}
Student *selectStudentMentor(Student *st) { ... }
startMentoring(selectStudentMentor);
void sendEmails(function<bool(Student *)> needEmail) {
    Student *st = ...;
    if (needEmail(st)) {
        ...
    }
}
bool isHacked(Person *pr) { ... }
sendEmails(isHacked);
```

A 타입의 값을 받아 B 타입의 값을 내놓는 함수의 타입은 function <B(A)>다.

C#

```
class Person {}
class Student : Person {}
void startMentoring(Func<Student, Person> select) {
    Student st = ...;
    Person mentor = select(st);
    ...
}
Student selectStudentMentor(Student st) { ... }
startMentoring(selectStudentMentor);
void sendEmails(Func<Student, bool> needEmail) {
    Student st = ...;
    if (needEmail(st)) {
        ...
    }
```

```
}
bool isHacked(Person pr) { ... }
sendEmails(isHacked);
```

A 타입의 값을 받아서 B 타입의 값을 내놓는 함수의 타입은 Func<A, B>다.

타입스크립트

```
class Person { email: string; }
class Student { email: string; grade: number; }
function startMentoring(select: (s: Student) => Person): void {
    let st: Student = ...;
    let mentor: Person = select(st);
    ...
}
function selectStudentMentor(st: Student): Student { ... }
startMentoring(selectStudentMentor);
function sendEmails(needEmail: (s: Student) => Boolean): void {
    let st: Student = ...;
    if (needEmail(st)) {
        ...;
    }
}
function isHacked(pr: Person): Boolean { ... }
sendEmails(isHacked);
```

A 타입의 값을 받아 B 타입의 값을 내놓는 함수의 타입은 (x: A) => B다. 이때 x 자리에는 아무 이름이나 올 수 있다. 가령 (s: Student) => Person과 (st: Student) => Person은 같은 타입이다.

코틀린

```
open class Person
class Student : Person()
fun startMentoring(select: (Student) -> Person): Unit {
    val st: Student = ...
    val mentor: Person = select(st)
    ...
}
```

```
fun selectStudentMentor(st: Student): Student = ...
startMentoring(::selectStudentMentor)
fun sendEmails(needEmail: (Student) -> Boolean): Unit {
    val st: Student = ...
    if (needEmail(st)) {
        ...
    }
}
fun isHacked(pr: Person): Boolean = ...
sendEmails(::isHacked)
```

A 타입의 값을 받아 B 타입의 값을 내놓는 함수의 타입은 (A) -> B다.

스칼라

```
class Person
class Student extends Person
def startMentoring(select: Student => Person): Unit =
  val st: Student = ...
  val mentor: Person = select(st)
  ...
def selectStudentMentor(st: Student): Student = ...
startMentoring(selectStudentMentor)
def sendEmails(needEmail: Student => Boolean): Unit =
  val st: Student = ...
  if needEmail(st) then
    ...
def isHacked(pr: Person): Boolean = ...
sendEmails(isHacked)
```

A 타입의 값을 받아 B 타입의 값을 내놓는 함수의 타입은 A => B다.

프로젝트 이름	구현 언어	프로그램 용도	스타 개수	깃허브 주소
일래스틱서치	자바	검색 엔진	63.4k	*https://github.com/elastic/elasticsearch*
기드라	자바	디컴파일러	38.9k	*https://github.com/NationalSecurityAgency/ghidra*
셀레늄	자바	브라우저 자동화 도구	26.3k	*https://github.com/SeleniumHQ/selenium*

아파치 스파크	스칼라	데이터 처리 엔진	35.5k	*https://github.com/apache/spark*
아카	스칼라	분산 프로그래밍 프레임워크	12.7k	*https://github.com/akka/akka*

표 2-8 함수의 서브타입을 사용하는 프로젝트

타입 검사기의 서브타입 관계 판단 규칙

- 객체 타입
  - 이름에 의한 서브타입을 사용하는 경우: 클래스 A가 B를 상속하면 A는 B의 서브타입이다.
  - 구조에 의한 서브타입을 사용하는 경우: A가 B에 있는 필드와 메서드를 모두 가지고 있으면 A는 B의 서브타입이다.
- 최대 타입

  모든 타입은 최대 타입의 서브타입이다.
- 최소 타입

  최소 타입은 모든 타입의 서브타입이다.
- 이거나 타입

  A와 B는 A | B의 서브타입이다.
- 이면서 타입

  C가 A의 서브타입이면서 B의 서브타입이면 C는 A & B의 서브타입이다.
- 함수 타입

  A가 B의 서브타입이고 C가 D의 서브타입이면 B => C는 A => D의 서브타입이다.

3장

매개변수에 의한 다형성

3.1 제네릭 함수
3.2 제네릭 타입
3.3 무엇이든 타입
3.4 무엇인가 타입

- 과일 고르기 -

처르지: 어이, 큐리, 오늘 좀 바빠 보이네?

큐리 박사: 아, 응, 과일 가게를 새로 차리게 됐거든. 지난번에 카레 가게는 실패했지만, 이번에는 꼭 성공할 거라고!

처르지: 와, 그렇구나. 잘되면 좋겠다.

큐리 박사: 내가 그동안 최고의 카레를 만들기 위해 카레에 들어갈 과일도 아주 유심히 봐 왔다고. 내 과일 보는 눈이라면 손님들한테 언제나 최고의 과일을 제공할 수 있을 거야. 그러니 실패할 리 없어.

며칠 후

처르지: 과일 가게는 잘돼 가?

큐리 박사: 그럭저럭 나쁘지 않아. 그보다 이걸 봐. 내가 만든 '사과자동선택기계'야. **사과 두 개를 넣으면 각각의 무게를 재서 더 무거운 사과만 사과 매대에** 내려놓는다고. 더는 무거운 사과를 고르느

라 내가 사과를 하나하나 저울에 달 필요가 없어. 이 기계 덕분에 내가 할 일이 확 줄었다니깐.

처르지: 이야, 좋은 생각이네. 역시 똑똑해.

큐리 박사: 그렇지?

처르지: 근데 꼭 사과여야 하는 거야? 다른 과일도 똑같이 하면 더 편한 거 아니야?

큐리 박사: 음, 듣고 보니 그러네. 어차피 이 세상에 있는 **모든 물체는 무게를 잴 수 있으니까**, 사과 말고 다른 과일도 비슷한 기계로 처리할 수 있겠어. 얼른 저울을 더 가져와야겠는걸. 잠시만 기다려!

잠시 후

큐리 박사: 됐다. 완성이야! 이건 '복숭아자동선택기계'야. **복숭아 두 개를 넣으면 각각의 무게를 재서 더 무거운 복숭아만 복숭아 매대에** 내려놓을 거야. 그리고 '바나나자동선택기계'도 만들었어. 여기에 **바나나 두 개를 넣으면 각각의 무게를 재서 더 무거운 바나나만 바나나 매대에** 내려놓지.

처르지: 재빠른걸? 근데 이게 최선인 거 맞아? 과일 종류가 한둘이 아닌데 과일마다 기계를 하나씩 만들 생각이야?

큐리 박사: 그러게. 이러다가는 '키위자동선택기계'도 만들어야 하고, '코코넛자동선택기계'도 만들어야 하고, 정말 끝이 없겠어. 더 좋은 방법이 없을까?

처르지: 그냥 기계를 하나만 만드는 게 어때? **아무거나 두 개를 넣으면 둘 중에 무거운 걸 돌려주는** 거지. 네 말마따나 뭐든 간에 무게는 잴 수 있으니까.

큐리 박사: 좋은 생각이야. 이미 만든 기계를 조금만 고치면 되겠어.

잠시 후

큐리 박사: 끝! 이제는 그냥 '자동선택기계'라 부르면 되겠어. 아무거나 넣어도 되니깐. 한번 써 볼까나? 우선 사과 두 개를 넣어 보자.

처르지: 오, 잘 작동하는 거 같은데?

큐리 박사: 내가 보기에도 그런 거 같아. 이번에는 복숭아 두 개를 넣어 볼게.

처르지: 와, 이번에도 훌륭해.

큐리 박사: 잠깐, 아니야. 이건 틀렸어. 모든 과일이 섞여 버리잖아. 사과는

사과 매대로 가고, 복숭아는 복숭아 매대로 가야 하는데, 이 기계를 사용하면 **사과고 복숭아고 모두 한 매대에 모여** 버려. 이래서는 손님들이 원하는 과일을 찾기 어렵다고.

처르지: 그러네. 이런, 내가 잘못된 조언을 해 준 거 같네. 미안.

큐리 박사: 음, 이대로 포기하기에는 아쉬운데. 좋은 해결 방법이 있지 않을까? 아, 이렇게 하면 되겠다. 좀만 기다려!

잠시 후

큐리 박사: 짠, '완전똑똑자동선택기계'야. 과일이 몇 종류든 이거 하나면 충분해. 그리고 이제는 과일이 섞일 걱정도 없다고.

처르지: 어떻게 작동하는 거야?

큐리 박사: 일단 **뭘 넣을 건지 기계한테 먼저 알려 줘야** 해. 자, 이렇게 '사과'라고 종이에 써서 종이를 기계에 넣으면 **출력용 파이프가 사과 매대 위로** 움직인다고. 그러고 나서 사과 두 개를 넣으면 사과 매대로 사과가 오지. 그리고 또 이렇게 '복숭아'라고 쓴 종이를 기계에 넣으면 **출력용 파이프가 복숭아 매대 위로** 움직여.

이제 복숭아 두 개를 넣으면 돼. 그러면 복숭아가 복숭아 매대에 들어가지.

처르지: 이야, 정말 훌륭해!

3.1 제네릭 함수

매개변수에 의한 다형성(parametric polymorphism)은 타입 매개변수를 통해 다형성을 만드는 기능으로, 제네릭스(generics)라고도 부른다. 전통적으로는 함수형 언어의 기능이었지만, 많은 상황에서 유용하다 보니 요즘은 대부분의 언어가 제공한다. 대표적으로, 객체 지향 언어(object-oriented language)인 자바는 1995년 처음 만들어졌을 때만 해도 매개변수에 의한 다형성을 제공하지 않았다. 하지만 그로 인한 불편이 크다 보니 2004년에 J2SE 5.0 버전을 발표하면서 매개변수에 의한 다형성을 추가했다. 더 최근 예로는 고가 있다. 2020년에 진행된 고 개발자 대상 설문조사에서 88%가 매개변수에 의한 다형성을 고에 반드시 추가해야 할 기능으로 뽑았다. 그래서 2022년에 발표한 1.18 버전부터 매개변수에 의한 다형성을 지원하게 되었다.

매개변수에 의한 다형성을 언어에 추가하는 것은 언어에 큰 변화를 가져오기에 상당히 어려운 일이다. 그럼에도 매개변수에 의한 다형성을 어떻게든 추가하려고 노력하는 것이다. 이것만 봐도 매개변수에 의한 다형성이 정적 타입 언어에 얼마나 필요한지 짐작할 수 있다. 이제 매개변수에 의한 다형성이 무엇이며 왜 필요한지 예와 함께 알아보자.

많은 프로그램은 실행되는 중에 사용자의 입력을 받는다. 예를 들면 두 선택지 중 무엇이 마음에 드는지 사용자에게 물어볼 수 있다. 그런 상황이 한두 번이라면 어떻게 구현해도 괜찮지만, 여러 번 있다면 함수를 하나 만드는 게 좋다.

```
String choose(String v1, String v2) {
    print(v1); print(v2); print(...);
    Int input = readInt();
    return (input == 0) ? v1 : v2;
}
```

choose 함수는 문자열 두 개를 사용자에게 보여 준 뒤, 0 또는 1을 눌러 둘 중 하나를 선택하라는 안내 문구를 출력한다. readInt가 사용자의 입력을 정수 형태로 받는 함수라 하자. 그러면 사용자의 입력이 input이라는 변수에 저장된다. choose는 input이 0이면 첫 번째 문자열을, 아니면 두 번째 문자열을 반환한다. 이 함수는 다양한 경우에 사용될 수 있다. 가령 사용자가 내국인인지 확인할 때 choose("Korean", "Foreigner")라고 쓰는 것이다.

하지만 문자열이 아닌 값을 보여 주고 선택하도록 하는 상황이 오면 문제가 생긴다. 예를 들면 이번 학기가 1학기인지, 2학기인지 확인하기 위해 choose(1, 2)라는 코드를 작성하고 싶을 수 있다. 하지만 choose(1, 2)는 타입 검사를 통과할 수 없다. choose는 문자열을 요구하는데 1과 2는 정수이기 때문이다.

우선 두 가지 해결책을 떠올릴 수 있다. 하나는 정수를 위한 새로운 choose 함수인 chooseInt를 만드는 것이다.

```
Int chooseInt(Int v1, Int v2) {
    print(v1); print(v2); print(...);
    Int input = readInt();
    return (input == 0) ? v1 : v2;
}
```

그러면 chooseInt(1, 2)라고 작성할 수 있다. 물론 기분이 썩 좋지는 않다. 3장에서 error만으로는 부족해 error2를 만들어야 했을 때와 똑같다. 같은 일을 하는 함수를 타입만 다르게 해서 하나 더 만드는 것은 언제나 피하고 싶은 일이다.

다른 하나는 서브타입에 의한 다형성을 이용하는 것이다. 서브타입에 의한 다형성과 최대 타입을 모두 제공하는 언어라면 choose 함수가 아무 값이나 받도록 고칠 수 있다.

```
Any choose(Any v1, Any v2) {
    print(v1); print(v2); print(...);
    Int input = readInt();
    return (input == 0) ? v1 : v2;
}
```

문자열이든 정수든 모두 최대 타입에 속하니 choose("Korean", "Foreigner")와 choose(1, 2) 모두 타입 검사를 통과한다. 그렇다면 이제 모든 문제를 해결한 것일까? 아쉽게도 아니다. 결과 타입도 Any로 바뀌었기 때문에 choose 함수는 인자로 들어온 값이 무슨 타입인지 기억하지 못한다. 예전에는 choose("Korean", "Foreigner").contains("K") 같은 코드를 작성할 수 있었다. 문자열이 contains 메서드를 제공한다면 말이다. 하지만 이제는 이 코드가 타입 검사를 통과하지 못한다. choose("Korean", "Foreigner")의 타입이 Any가 되었기 때문이다. 타입 검사기 입장에서는 최대 타입의 값이 contains 메서드를 가지고 있다고 확신할 수 없으니 코드를 거부할 수밖에 없다. 비슷하게 chooseInt를 사용할 때는 chooseInt(1, 2) * 6 같은 코드를 작성할 수 있었지만, 지금의 choose를 사용하면 choose(1, 2) * 6이 타입 검사를 통과하지 못한다. 곱셈에는 Int 타입의 부품이 필요한데 choose(1, 2)

의 타입은 Any이기 때문이다.

정녕 좋은 해결 방법은 없는 걸까? 매개변수에 의한 다형성이 없다면 아쉽게도 그렇다. 마땅히 좋은 길이 보이지 않는다. 하지만 매개변수에 의한 다형성이 있다면 이야기가 다르다.

매개변수에 의한 다형성을 사용해 문제를 해결하기에 앞서 이해에 도움이 될 쉬운 상황부터 보자. 지금은 choose 함수 안에 문자열이 박혀 있으니 출력하는 안내 문구가 항상 똑같다. choose 함수가 출력하는 안내 문구를 매번 다르게 하고 싶다면 어떻게 해야 할까? 모두들 쉽게 답을 떠올릴 것이다. choose가 안내 문구에 해당하는 문자열을 인자로 받도록 매개변수를 추가하면 된다.

```
String choose(String v1, String v2, String msg) {
    print(v1); print(v2); print(msg);
    Int input = readInt();
    return (input == 0) ? v1 : v2;
}
```

"Press 0 or 1."을 출력하고 싶다면 choose(..., ..., "Press 0 or 1.")이라고 쓰면 되고, 아무 말도 하지 않을 거라면 choose(..., ..., "")라고 쓰면 된다.

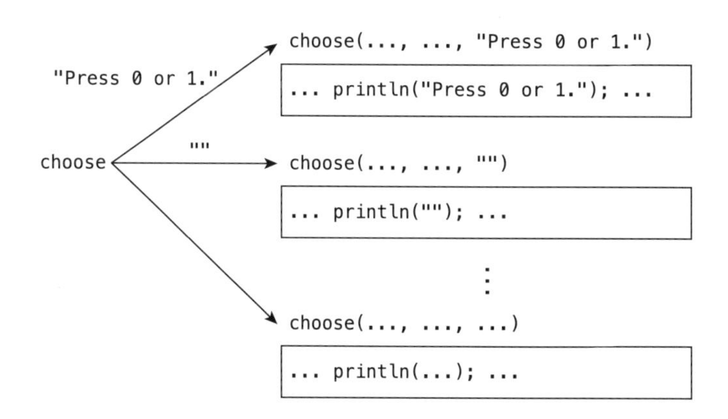

매개변수에 의한 다형성은 동일한 방법을 통해 우리가 겪는 문제를 해결한다. 우리가 원하는 것은 choose가 매번 다른 타입의 인자를 받도록 만드는 것이다. 어떨 때는 choose가 String 값 두 개를 받아 String 값을 반환하고, 또 어떨 때는 choose가 Int 값 두 개를 받아 Int 값을 반환해야 한다. 따라서 choose의 매개변수 및 결과 타입이 될 타입을 choose가 직접 인자로 받도록 하면 된다. 조금 전에 안내 문구를 매번 다르게 만들기 위해 문자열을 인자로 받은 것과 같은 이치다. 딱 한 가지 차이점은 전에는 문자열이라는 값을 인자로 받았지만, 이제는 값이 아닌 타입을 인자로 받아야 한다는 것이다. 지금까지는 타입을 인자로 받는다는 개념이 아예 존재하지 않았다. 이 불가능했던 일을 가능하게 만드는 기능이 바로 매개변수에 의한 다형성이다.

매개변수에 의한 다형성을 사용해 choose를 다시 작성하면 다음과 같은 코드가 탄생한다.

```
T choose<T>(T v1, T v2) {
    print(v1); print(v2); print(...);
    Int input = readInt();
    return (input == 0) ? v1 : v2;
}
```

이제 choose는 타입 매개변수 T를 가진다. 타입 매개변수는 지금까지 보던 그냥 매개변수와 비슷한 방식으로 사용된다. 매개변수 목록에 String v1이 있으면 v1이 아무 문자열 값이나 될 수 있듯이 타입 매개변수 T는 아무 타입이나 될 수 있다. 또, 함수 몸통에서 v1의 값을 사용하기 위해서는 v1이라고 쓰면 되듯이 T가 나타내는 타입을 사용하려면 T라고 쓰면 된다. 다만 매개변수는 몸통에서만 사용되지만 타입 매개변수는 더 많은 곳에서 사용된다. 몸통뿐 아니라 매개변수 타입 표시와 결과 타입 표시에도 사용될 수 있다.

매개변수 v1, v2 선언

```
String choose(String v1, String v2){
    print(v1); print(v2); print(...);
    Int input = readInt();
    return (input == 0) ? v1 : v2;
}
```

매개변수 v1, v2 사용 가능

타입 매개변수 T 선언

```
T choose<T>(T v1, T v2){
    print(v1); print(v2); print(...);
    Int input = readInt();
    return (input == 0) ? v1 : v2;
}
```

타입 매개변수 T 사용 가능

위 코드에서는 T를 매개변수 타입 표시와 결과 타입 표시에 사용했다. 즉, choose는 타입 하나를 타입 인자(type argument)로 받은 뒤, 그 타입을 두 매개변수의 타입 및 결과 타입으로 사용하는 함수다. 이렇게 choose처럼 한 개 이상의 타입 매개변수를 가지는 함수를 제네릭 함수(generic function)라고 부른다.

choose를 타입 매개변수를 가진 제네릭 함수로 다시 정의했으니 choose를 호출할 일만 남았다. 타입 매개변수를 가진 함수를 호출하는 것은 그냥 매개변수를 가진 함수를 호출하는 것과 별반 다르지 않다. 매개변수 개수만큼 함수에 인자를 넘기면 되는 것처럼, 타입 매개변수 개수만큼 타입 인자를 넘기면 된다.

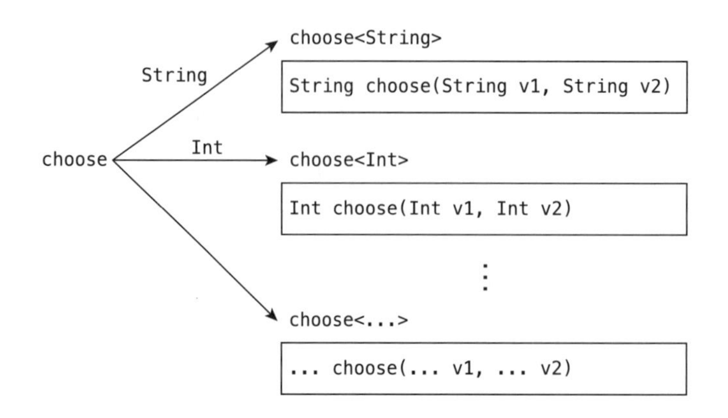

예를 들면 choose<String>("Korean", "Foreigner")라고 쓰는 것이다. 이 경우, choose는 먼저 String이라는 타입을 타입 인자로 받는다. choose에서 T가 나타내는 타입이 String이 된 것이다. 따라서 choose<String>은 String 값 두 개를 인자로 받고 String 값을 반환하는 함수다. "Korean"과 "Foreigner"를 인자로 받는 데 아무 문제도 없으며 choose<String>("Korean", "Foreigner")의 타입은 String이 된다. 그러니 choose<String>("Korean", "Foreigner").contains("K")가 타입 검사를 통과한다. 비슷하게 choose<Int>(1, 2)라고도 작성할 수 있다. choose<Int>는 Int 값 두 개를 인자로 받고 Int 값을 반환하는 함수다. 따라서 1과 2를 인자로 충분히 받을 수 있고 choose<Int>(1, 2)의 타입이 Int가 되어 choose<Int>(1, 2) * 6 역시 타입 검사를 통과한다. 우리가 겪은 문제가 완전히 해결된 것이다. 비록 함수 정의에는 타입 매개변수를, 함수 호출에는 타입 인자를 추가해야 했지만 같은 함수를 두 번 정의할 필요도 없고 멀쩡한 코드가 타입 검사를 통과하지 못할 일도 없다.

제네릭 함수를 정의할 때는 타입 검사기가 제네릭 함수 정의를 검사하는 방식을 이해하는 게 좋다. 그래야 타입 검사를 통과하는 제네릭 함수를 작성하기 쉽다. 대부분의 언어에서는 제네릭 함수 정의를 검사할 때 타입 매개변수가 아무 타입이나 나타낼 수 있다고 가정한다. 이렇게만 들으면 감이 잘 오지 않으니 예를 함께 보자.

```
T mult<T>(T v1, T v2, T v3) {
    return v1 * v2 * v3;
}
```

mult는 인자로 주어진 세 값의 곱을 구해서 반환하는 함수로, 타입 검사를 통과하지 못한다. 그 이유는 T가 아무 타입이나 될 수 있기 때문이다. mult<Int>(1, 2, 3) 같은 코드는 별 문제가 없다. 하지만 타입 인자로 무슨 타입이든 사용할 수 있으니 mult<Person>(..., ..., ...) 같은 코드도 작성할 수 있다. 이 코드는 말이 되지 않는다. Person 타입의 값을 곱셈에 사용할 수 없기 때문이다. mult<Person>은 사람 객체 셋을 인자로 받는데, 그렇게 되면 몸통에서 곱셈을 계산하다 오류가 발생한다. 이런 문제를 방지하기 위해 타입 검사기는 애초부터 mult를 정의하는 것을 허락하지 않는다. T가 타입 매개변수일 때 함수 안에서 T 타입의 부품은 아무 특별한 능력도 요구되지 않는 곳에만 사용될 수 있다. 따라서 타입 검사기는 T 타입의 부품을 곱셈에 사용한 위의 mult 함수를 거부한다. 다행히 앞서 정의한 choose 함수에는 이런 문제가 없다. v1과 v2가 T 타입이기는 하나 print의 인자로 사용된 뒤 둘 중 하나가 반환될 뿐이다. 이런 능력은 어느 타입의 값이든 가지고 있다. 그래서 choose 함수는 무사히 타입 검사를 통과한다.

이런 타입 검사 방식은 충분히 합리적이다. 인자로 받은 값이 함수 안에서 특정 능력이 필요한 자리에 사용된다면 그 함수가 제네릭 함수가 될 필요가 없다. 그냥 그 능력을 가지고 있는 게 보장된 타입을 매개변수 타입으로 사용하면 될 일이다. mult 함수의 경우, 정수만이 곱셈 능력을 가지고 있으니 Int를 매개변수 타입으로 하면 되는 것이다.

주요 언어 예시

자바

```
class A {
    static <T> T choose(T v1, T v2) { return ... ? v1 : v2; }
}
String str = A.<String>choose("Korean", "Foreigner");
int num = A.<Integer>choose(1, 2);
```

int, boolean 등의 타입이 타입 인자로 사용되면 이름이 조금 달라진다. int는 Integer, boolean은 Boolean이 되는 식이다. 그래서 마지막 줄에서 A.<int>choose 대신 A.<Integer>choose라고 했다.

C++

```
template <typename T> T choose(T v1, T v2) {
  return ... ? v1 : v2;
}
string str = choose<string>("Korean", "Foreigner");
int num = choose<int>(1, 2);
```

제네릭 함수를 정의하려면 template이라는 키워드를 붙여야 하며, 각 타입 매개변수 앞에는 typename이라는 키워드가 붙는다.

```
template <typename T> T mult(T v1, T v2, T v3) {
  return v1 * v2 * v3;
}
mult<int>(1, 2, 3);
```

제네릭 함수를 검사하는 방식이 책의 설명과 다르다. 제네릭 함수 정의를 검사할 때 각 타입 매개변수가 아무 타입이나 될 수 있다고 가

정하는 대신, 제네릭 함수 호출을 검사할 때 주어진 타입 인자가 말이 되는지 검사한다. 따라서 앞의 코드는 타입 검사를 통과하지만 `mult<string>("1", "2", "3")`은 문자열의 곱셈이 불가능하기에 타입 검사를 통과하지 못한다.

C#

```
T choose<T>(T v1, T v2) { return ... ? v1 : v2; }
string str = choose<string>("Korean", "Foreigner");
int num = choose<int>(1, 2);
```

타입스크립트

```
function choose<T>(v1: T, v2: T): T { return ... ? v1 : v2; }
let str: string = choose<string>("Korean", "Foreigner");
let num: number = choose<number>(1, 2);
```

고

```
func choose[T any](v1 T, v2 T) T {
    if ... {
        return v1
    } else {
        return v2
    }
}
var str string = choose[string]("Korean", "Foreigner")
var num int = choose[int](1, 2)
```

각 타입 매개변수 뒤에 any를 붙여야 하며, 타입 매개변수와 타입 인자를 < > 대신 [ ] 사이에 넣는다.

코틀린

```
fun <T> choose(v1: T, v2: T): T = if (...) v1 else v2
val str: String = choose<String>("Korean", "Foreigner")
val num: Int = choose<Int>(1, 2)
```

러스트

```
fn choose<T>(v1: T, v2: T) -> T { if ... { v1 } else { v2 } }
let str: String = choose::<String>("Korean".to_string(),
                                   "Foreigner".to_string());
let num: i32 = choose::<i32>(1, 2);
```

함수 이름과 타입 인자를 넣을 < > 사이에 ::이 필요하다.

스칼라

```
def choose[T](v1: T, v2: T): T = if ... then v1 else v2
val str: String = choose[String]("Korean", "Foreigner")
val num: Int = choose[Int](1, 2)
```

타입 매개변수와 타입 인자를 < > 대신 [ ] 사이에 넣는다.

프로젝트 이름	구현 언어	프로그램 용도	스타 개수	깃허브 주소
일래스틱서치	자바	검색 엔진	63.4k	*https://github.com/elastic/elasticsearch*
기드라	자바	디컴파일러	38.9k	*https://github.com/NationalSecurityAgency/ghidra*
마이크로소프트 파워토이스	C#	시스템 유틸리티	89.7k	*https://github.com/microsoft/PowerToys*
파워셸	C#	셸	38.1k	*https://github.com/PowerShell/PowerShell*
비주얼 스튜디오 코드	타입 스크립트	코드 편집기	145k	*https://github.com/microsoft/vscode*
앵귤러	타입 스크립트	웹 프레임워크	87.5k	*https://github.com/angular/angular*
OkHttp	코틀린	HTTP 클라이언트	43.8k	*https://github.com/square/okhttp*
아파치 스파크	스칼라	데이터 처리 엔진	35.5k	*https://github.com/apache/spark*
리라	스칼라	온라인 체스 서버	13k	*https://github.com/lichess-org/lila*

표 3-1 제네릭 함수를 사용하는 프로젝트

제네릭 메서드

제네릭 함수를 정의하고 사용한 것과 비슷하게 제네릭 메서드(generic method)를 정의하고 사용할 수 있다. 제네릭 메서드는 클래스 안에 정의된다는 점만 제외하면 제네릭 함수와 똑같다.

예를 들어 다음과 같이 choose를 제네릭 메서드로 정의하되 사용자에게 출력할 안내 문구를 객체의 필드에 저장하도록 할 수 있다.

```
class Chooser {
    String msg;
    T choose<T>(T v1, T v2) {
        print(v1); print(v2); print(this.msg);
        Int input = readInt();
        return (input == 0) ? v1 : v2;
    }
}
```

제네릭 함수를 호출할 때 타입 인자를 넣어야 하는 것처럼, 제네릭 메서드 역시 호출하려면 타입 인자가 필요하다.

```
Chooser c = Chooser(...);
c.choose<Int>(1, 2);
```

주요 언어 예시

자바

```
class Chooser {
    <T> T choose(T v1, T v2) { return ... ? v1 : v2; }
}
Chooser c = new Chooser();
c.<Integer>choose(1, 2);
```

C++

```cpp
class Chooser {
public:
    template <typename T> T choose(T v1, T v2) {
        return ... ? v1 : v2;
    }
}
Chooser *c = new Chooser();
c->choose<int>(1, 2);
```

C#

```csharp
class Chooser {
    public T choose<T>(T v1, T v2) { return ... ? v1 : v2; }
}
Chooser c = new Chooser();
c.choose<int>(1, 2);
```

타입스크립트

```typescript
class Chooser {
    choose<T>(v1: T, v2: T): T { return ... ? v1 : v2; }
}
let c: Chooser = new Chooser();
c.choose<number>(1, 2);
```

코틀린

```kotlin
class Chooser {
    fun <T> choose(v1: T, v2: T): T = if (...) v1 else v2
}
val c: Chooser = Chooser()
c.choose<Int>(1, 2)
```

러스트

```rust
struct Chooser;
impl Chooser {
    fn choose<T>(&self, v1: T, v2: T) -> T {
```

```
        if ... { v1 } else { v2 }
    }
}
let c = Chooser;
c.choose::<i32>(1, 2);
```

클래스 대신 구조체가 있으므로 Chooser를 구조체로 정의했다.

스칼라

```
class Chooser:
  def choose[T](v1: T, v2: T): T = if ... then v1 else v2
val c: Chooser = Chooser()
c.choose[Int](1, 2)
```

프로젝트 이름	구현 언어	프로그램 용도	스타 개수	깃허브 주소
일래스틱서치	자바	검색 엔진	63.4k	*https://github.com/elastic/elasticsearch*
기드라	자바	디컴파일러	38.9k	*https://github.com/NationalSecurityAgency/ghidra*
마이크로소프트 파워토이스	C#	시스템 유틸리티	89.7k	*https://github.com/microsoft/PowerToys*
파워셸	C#	셸	38.1k	*https://github.com/PowerShell/PowerShell*
비주얼 스튜디오 코드	타입 스크립트	코드 편집기	145k	*https://github.com/microsoft/vscode*
앵귤러	타입 스크립트	웹 프레임워크	87.5k	*https://github.com/angular/angular*
OkHttp	코틀린	HTTP 클라이언트	43.8k	*https://github.com/square/okhttp*
아파치 스파크	스칼라	데이터 처리 엔진	35.5k	*https://github.com/apache/spark*
리라	스칼라	온라인 체스 서버	13k	*https://github.com/lichess-org/lila*

표 3-2 제네릭 메서드를 사용하는 프로젝트

타입 인자 추론

매개변수에 의한 다형성은 코드 중복을 크게 줄여 주는 대신 불편한 점이 있다. 꼬박꼬박 타입 인자를 써 줘야 한다는 점이다. 앞에서 그런 예를 이미 보았다.

```
choose<Int>(1, 2);
choose<String>("Korean", "Foreigner");
```

중요한 점은 1과 2 중 하나를 고르는 것이지, 1과 2의 타입이 Int라는 사실이 아니다. 함수를 정의할 때는 choose를 한 번만 정의하면 된다는 점이 좋았지만, 호출할 때는 이래서야 chooseInt와 chooseString을 각각 정의하고 호출하는 것과 별반 다르지 않다.

이런 불편함을 해소하기 위해 매개변수에 의한 다형성을 제공하는 대부분의 언어는 타입 인자 추론을 함께 제공한다. 타입 인자 추론은 타입 추론의 일종으로, 제네릭 함수나 제네릭 메서드를 호출할 때 개발자가 타입 인자를 생략할 수 있도록 하는 기능이다. 타입 인자 추론이 지원되면 위 코드를 다음과 같이 작성할 수 있다.

```
choose(1, 2);
choose("Korean", "Foreigner");
```

더 간결하면서도 코드를 이해하기는 여전히 쉽다. 제네릭 함수를 사용하는 곳이 얼마 없다면 타입 인자 추론 유무가 별로 중요하지 않지만, 많이 사용한다면 있는 게 훨씬 편하다. 다음 예만 봐도 그렇다.

```
choose<Int>(choose<Int>(choose<Int>(1, 2), 3), 4);
```

```
choose(choose(choose(1, 2), 3), 4);
```

누가 봐도 두 번째 코드가 첫 번째 코드보다 작성하기도 편하고 읽기도 좋다.

타입 인자 추론은 많은 경우 타입 검사기에 쉬운 일이다. `choose`를 예로 생각해 보자. `choose(1, 2)`에서 1과 2의 타입은 `Int`다. 그러므로 생략된 타입 인자는 `Int`다. 또, `choose("Korean", "Foreigner")`에서는 "Korean"과 "Foreigner"의 타입이 `String`이므로 생략된 타입 인자가 `String`이다. 이처럼 보통은 인자의 타입을 확인하는 것만으로 타입 인자를 알아낼 수 있기에 타입 인자 추론이 성공한다.

하지만 코드가 복잡해지다 보면 타입 검사기가 타입 인자 추론에 실패할 수 있다. 또는 타입 인자 추론에는 성공했지만 내가 예상했던 것과 다른 타입이 타입 인자로 사용되어 프로그램의 다른 부분에서 타입 검사를 실패하게 만들 수 있다. 그러니 타입 인자 추론이 언제나 내가 원하는 대로 되지는 않는다는 사실을 항상 기억해야 한다. 타입 검사기가 내 프로그램을 거부한 이유를 잘 모르겠을 때는 생략한 타입 인자를 하나씩 다시 넣어 보는 것이 도움이 될 수 있다.

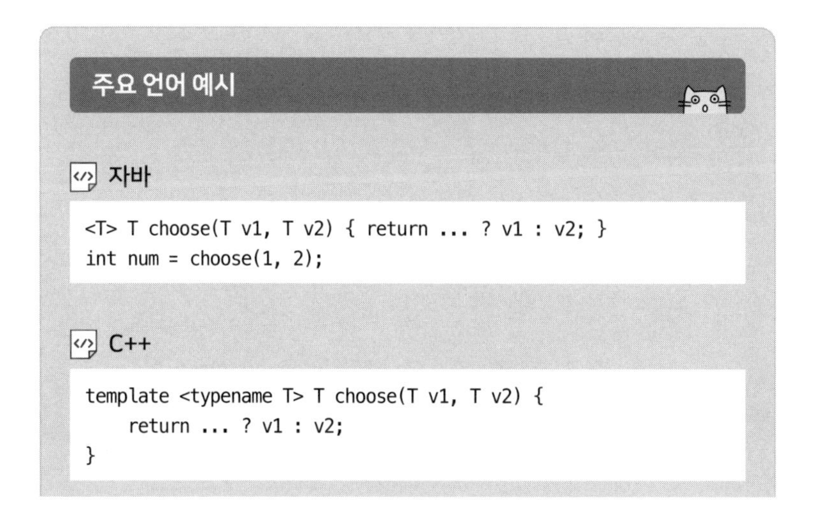

주요 언어 예시

자바

```
<T> T choose(T v1, T v2) { return ... ? v1 : v2; }
int num = choose(1, 2);
```

C++

```
template <typename T> T choose(T v1, T v2) {
    return ... ? v1 : v2;
}
```

```
int num = choose(1, 2);
```

C#

```
T choose<T>(T v1, T v2) { return ... ? v1 : v2; }
int num = choose(1, 2);
```

타입스크립트

```
function choose<T>(v1: T, v2: T): T { return ... ? v1 : v2; }
let num: number = choose(1, 2);
```

고

```
func choose[T any](v1 T, v2 T) T {
    if ... {
        return v1
    } else {
        return v2
    }
}
var num int = choose(1, 2)
```

코틀린

```
fun <T> choose(v1: T, v2: T): T = if (...) v1 else v2
val num: Int = choose(1, 2)
```

러스트

```
fn choose<T>(v1: T, v2: T) -> T { if ... { v1 } else { v2 } }
let num: i32 = choose(1, 2);
```

스칼라

```
def choose[T](v1: T, v2: T): T = if ... then v1 else v2
val num: Int = choose(1, 2)
```

프로젝트 이름	구현 언어	프로그램 용도	스타 개수	깃허브 주소
일래스틱서치	자바	검색 엔진	63.4k	*https://github.com/elastic/elasticsearch*
기드라	자바	디컴파일러	38.9k	*https://github.com/NationalSecurityAgency/ghidra*
마이크로소프트 파워토이스	C#	시스템 유틸리티	89.7k	*https://github.com/microsoft/PowerToys*
파워셸	C#	셸	38.1k	*https://github.com/PowerShell/PowerShell*
비주얼 스튜디오 코드	타입 스크립트	코드 편집기	145k	*https://github.com/microsoft/vscode*
앵귤러	타입 스크립트	웹 프레임워크	87.5k	*https://github.com/angular/angular*
OkHttp	코틀린	HTTP 클라이언트	43.8k	*https://github.com/square/okhttp*
아파치 스파크	스칼라	데이터 처리 엔진	35.5k	*https://github.com/apache/spark*
리라	스칼라	온라인 체스 서버	13k	*https://github.com/lichess-org/lila*

표 3-3 타입 인자 추론을 사용하는 프로젝트

힌들리-밀너 타입 추론

대부분의 언어에서는 앞서 본 것처럼 제네릭 함수를 사용할 때 타입 추론을 해서 타입 인자를 찾는다. 하지만 일부 언어에서는 여기서 더 나아가 제네릭 함수를 정의할 때조차 타입 추론을 한다. 이런 방식의 타입 추론을 힌들리-밀너 타입 추론(Hindley-Milner type inference)이라 부른다.[1]

1 정확히 말하면, 제네릭 함수를 정의할 때도 타입 추론을 하는 방식 중 하나가 힌들리-밀너 타입 추론이다. 다른 방식은 힌들리-밀너 타입 추론이 다루지 못하는 더 어려운 타입도 다룰 수 있다. 그럼에도 이 책에서는 제네릭 함수를 정의할 때 타입 추론을 하는 것을 그냥 힌들리-밀너 타입 추론이라 부른다. 그 이유는 현실 세계 언어에 적용되어 널리 사용되는 것은 실질적으로 힌들리-밀너 타입 추론뿐이며, 어차피 나머지 방식도 대개 힌들리-밀너 타입 추론의 확장이라 볼 수 있기 때문이다.

타입 추론 알고리즘을 전산학자 힌들리(Roger Hindley)와 밀너(Robin Milner)가 독립적으로 발명했기에 이런 이름이 붙었다. 어떤 사람들은 힌들리-밀너 타입 추론 대신 렛 다형성(let polymorphism)이라는 용어를 사용하는데, 이는 힌들리-밀너 타입 추론을 사용하는 대표적인 언어인 오캐멀(더 일반적으로는 ML 및 후손 언어들)에서 함수를 정의할 때 사용하는 키워드가 let인 데서 온 것이다.

제네릭 함수를 정의할 때 타입 추론을 한다는 것이 무슨 뜻일까? 이는 타입 매개변수를 쓰지 않아도 함수가 자동으로 제네릭 함수가 될 수 있다는 말이다. 힌들리-밀너 타입 추론은 매개변수 타입과 결과 타입까지도 추론하기에 다음과 같이 함수를 정의할 수 있다.

```
function choose(v1, v2)  {
    print(v1); print(v2); print(...);
    Int input = readInt();
    return (input == 0) ? v1 : v2;
}
```

그러면 타입 검사기가 알아서 위 코드를 다음처럼 바꾼다.

```
T choose<T>(T v1, T v2) { ... }
```

즉, choose를 그냥 일반적인 함수처럼 정의해도 저절로 제네릭 함수가 되는 것이다.

힌들리-밀너 타입 추론은 굉장히 똑똑해서 제네릭 함수로 만들어야 할 때와 그렇지 않을 때를 정확히 구분한다. 예를 들어 mult 함수도 매개변수 타입과 인자 타입을 모두 생략하고 적었다고 하자.

```
function mult(v1, v2, v3) {
    return v1 * v2 * v3;
}
```

타입 검사기는 mult를 제네릭 함수로 만들지 않는다.

```
Int mult(Int v1, Int v2, Int v3) { ... }
```

타입 매개변수는 하나도 추가하지 않은 채 매개변수들의 타입과 결과 타입을 모두 Int로 만든다.

개발자는 이런 영리한 타입 추론이 어떻게 가능한지 자세히 몰라도 된다. 그저 타입 추론이 주는 혜택을 누리면 그만이다. 다만 힌들리-밀너 타입 추론의 기본적인 원리를 이해하는 것은 매개변수에 의한 다형성을 이해하는 데도 도움이 된다.

앞서 제네릭 함수에 대해 이야기할 때, "T가 타입 매개변수일 때 함수 안에서 T 타입의 부품은 아무 특별한 능력도 요구되지 않는 곳에만 사용될 수 있다"라고 했다. 타입 검사기는 이 사실을 이용한다. 어떤 매개변수가 함수 안에서 특별한 능력이 요구되지 않는 곳에서만 사용된다면 그 매개변수의 타입은 타입 매개변수를 사용해 표현할 수 있다. 따라서 그런 매개변수가 하나라도 발견된다면 그 함수는 제네릭 함수가 된다. choose는 여기에 해당된다. v1과 v2 모두 특별한 능력이 요구되지 않는 곳에 사용되었기에 choose가 제네릭 함수가 된 것이다. 반면 mult는 다르다. v1, v2, v3 모두 곱셈이라는 능력이 요구되는 곳에 사용되었다. 따라서 v1, v2, v3의 타입은 모두 Int이며 mult는 제네릭 함수가 될 수 없다.

힌들리-밀너 타입 추론의 강력함은 타입 추론이 대개 그렇듯이 개발자에게 양날의 검이다. 함수를 정의할 때도 타입 추론을 해서 자동으로 제네릭 함수를 만들어 주는 능력은 꽤나 편리하다. 함수를 정의할 때 이 함수를 제네릭 함수로 만들어야 하는지 고민할 필요가 없기 때문이다. 그냥 그 함수의 기능에 집중한 채 몸통만 열심히 작성하면 된다. 그 함수가 제네릭 함수가 될 수 있다면 타입 검사기가 알아서 그렇게 만들어 준다. 나중에 문제가 생겼을 때 그 함수로 돌아와서 제네릭 함수가 되게끔 고칠 일이 없는 것이다.

하지만 어떤 함수가 자동으로 제네릭 함수가 되었다는 사실을 개발자가 눈치채지 못한다면 문제가 생긴다. 특히 타입 검사기가 내뱉는 오류 메시지를 이해하기 매우 어려워진다. 예를 들어 choose가 정수 인자 두 개를 받는 함수라고 생각한 채 정의했다고 하자. 타입 검사기가 choose를 자동으로 제네릭 함수로 바꾸었지만 이를 눈치채지 못한 상태다. 이때 choose에 실수로 문자열 하나와 정수 하나를 인자로 넘긴다면 어떻게 될까?

```
choose(v1, v2);
```

v1의 타입은 String이고 v2의 타입은 Int다. 그러면 타입 검사기가 코드를 거부하면서 "String이 필요한데 Int인 v2가 발견됨"이라고 말할 수 있다. v1의 타입을 먼저 보고 생략된 타입 인자가 String일 것이라 추측한 뒤 v2의 타입이 String인지 확인했기 때문이다. 개발자는 이 오류 메시지가 전혀 예상치 못한 내용을 담고 있기에 이해하기 어렵다. "choose는 분명히 Int 타입의 값을 받는 함수인데, 타입 검사기는 choose가 String 타입의 값을 받는다고 하다니 이게 무슨 일인가"라고

생각할 수밖에 없는 것이다.

따라서 힌들리-밀너 타입 추론을 제공하는 언어를 사용할 때는 우선 매개변수 타입 표시 없이 코드를 작성하다가 이해하기 어려운 오류 메시지가 나오면 함수에 매개변수 타입 표시를 추가해 보는 게 좋다. 그렇게 하면 나도 모르는 사이에 자동으로 제네릭 함수가 만들어지는 사태를 막고 더 이해하기 쉬운 오류 메시지를 얻을 수 있기 때문이다.

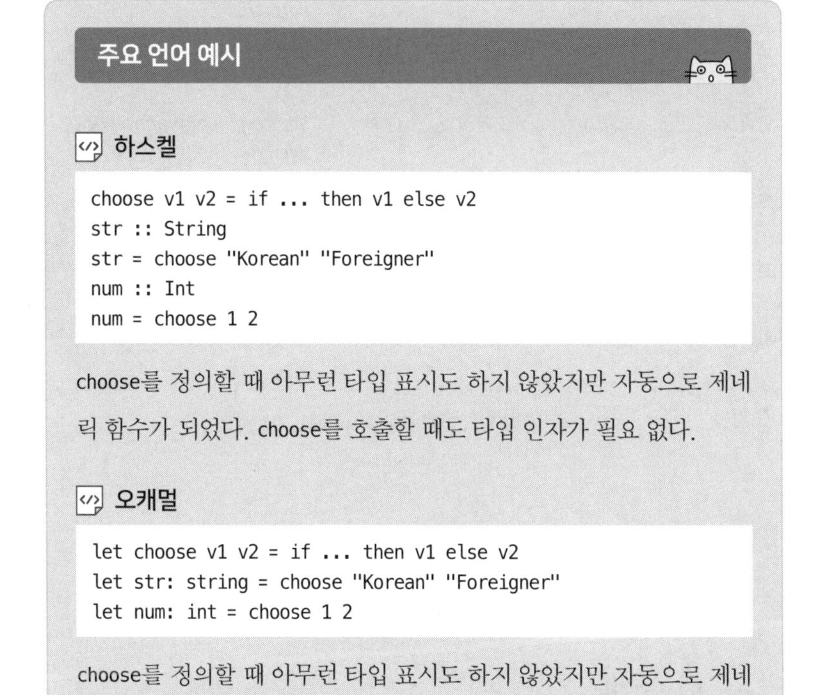

주요 언어 예시

하스켈

```
choose v1 v2 = if ... then v1 else v2
str :: String
str = choose "Korean" "Foreigner"
num :: Int
num = choose 1 2
```

choose를 정의할 때 아무런 타입 표시도 하지 않았지만 자동으로 제네릭 함수가 되었다. choose를 호출할 때도 타입 인자가 필요 없다.

오캐멀

```
let choose v1 v2 = if ... then v1 else v2
let str: string = choose "Korean" "Foreigner"
let num: int = choose 1 2
```

choose를 정의할 때 아무런 타입 표시도 하지 않았지만 자동으로 제네릭 함수가 되었다. choose를 호출할 때도 타입 인자가 필요 없다.

프로젝트 이름	구현 언어	프로그램 용도	스타 개수	깃허브 주소
셸체크	하스켈	셸 스크립트 분석기	31.9k	*https://github.com/koalaman/shellcheck*
팬독	하스켈	문서 형식 변환기	28.6k	*https://github.com/jgm/pandoc*
PostgREST	하스켈	데이터베이스 REST API	20.4k	*https://github.com/PostgREST/postgrest*
시맨틱	하스켈	코드 분석기	8.6k	*https://github.com/github/semantic*
퓨어스크립트	하스켈	컴파일러	8.1k	*https://github.com/purescript/purescript*
플로	오캐멀	자바스크립트 타입 검사기	22k	*https://github.com/facebook/flow*
인퍼	오캐멀	코드 분석기	13.9k	*https://github.com/facebook/infer*
리즌	오캐멀	컴파일러	9.8k	*https://github.com/reasonml/reason*
셈그렙	오캐멀	코드 분석기	8k	*https://github.com/returntocorp/semgrep*
파이어	오캐멀	파이썬 타입 검사기	6.3k	*https://github.com/facebook/pyre-check*

표 3-4 힌들리-밀너 타입 추론을 사용하는 프로젝트

큐리 박사: 영차!

처르지: 큐리, 뭐하고 있어?

큐리 박사: 휴, 안 팔리고 남은 과일을 나중에 내가 꺼내 먹을 수 있게 상자에 넣어 놓는 중이었어.

처르지: 오, 알뜰한데?

큐리 박사: 어쩔 수 없어. 과일 가게 장사가 생각만큼 안돼서 조금이라도 아껴야 한다고.

처르지: 그렇구나.

큐리 박사: 그나저나 고민이야. 내가 **과일별로 나눠서 상자에** 넣는단 말이야. 사과만 들어 있는 상자가 있고, 또 복숭아만 들어 있는 상자도 있고, 그런 식이지. 근데 과일을 먹을 때 불편하더라고. 나는 그때그때 **딱 먹고 싶은 과일이 있는데,** 상자를 봐도 그 **상자에 무슨 과일이 들어 있는지 모르니,** 무슨 상자를 열어야 할지 알 수가 없는 거야.

처르지: 고작 그런 걸로 고민 중인 거야? 너 완전 헛똑똑이구나. **상자마다 무슨 과일이 들었는지 표시**해 두면 될 거 아니야. 사과가 들어 있으면 **사과 상자,** 복숭아가 들어 있으면 **복숭아 상자,** 이런 식으로 써 두라고.

큐리 박사: 정말 좋은 생각이야! 지금 당장 표시해야겠어.

3.2 제네릭 타입

타입 매개변수를 추가할 수 있는 곳은 함수뿐이 아니다. 타입에 타입 매개변수를 추가하면 제네릭 타입(generic type)이 된다. 프로그래밍을 하는 데 꼭 필요한 기본적인 타입조차도 제네릭 타입으로 표현될 정도로 제네릭 타입은 유용하다. 지금부터 제네릭 타입의 필요성과 사용 방법을 알아보자.

리스트는 여러 개의 값을 나열해 하나의 값으로 만든 것으로, 널리 사용되는 중요한 자료 구조다. 리스트 없이 프로그래밍을 하는 것은 상상하기 어렵다. 웬만한 프로그램에는 다 리스트가 사용되니 말이다.

동적 타입 언어에서야 리스트를 그냥 사용하면 그만이지만 정적 타입 언어에서는 리스트의 타입을 알아야 한다. 리스트의 타입은 무엇일까? 쉽게 생각하면 단순하게 List라고 할 수 있다. 정수의 타입은 Int, 문자열의 타입은 String이라고 한 것처럼 모든 리스트를 List 타입의 값으로 취급하는 것이다. 그럼 이제 다음과 같은 코드를 작성할 수 있다.

```
List integers = List(1, 2, 3, 4, 5);
List countries = List("Korea", "Japan", "China");
```

지금까지는 순탄하다. 하지만 좀 더 흥미로운 코드를 작성하려고 하면 바로 문제가 생긴다. 정수의 리스트를 받아서 그 리스트에 있는 정수들의 합을 구하는 함수를 작성해 보자.

```
Int sum(List lst) {
    Int res = 0;
    for (Int i = 0; i < lst.length; i++) {
```

```
        res = res + lst[i];
    }
    return res;
}
```

정수의 리스트를 인자로 받을 예정이니 매개변수 타입이 List다. 분명히 별 문제없어 보이는 코드지만 이 코드는 타입 검사를 통과하지 못한다. 타입 검사기가 지적하는 부분은 한 군데뿐이다. 바로 res + lst[i]다. 타입 검사기가 보기에 lst는 아무 리스트나 될 수 있다. 정수의 리스트일 수도 있지만, 문자열의 리스트일 수도 있는 것이다. List가 모든 리스트를 포함하는 타입이기 때문이다. 이 판단은 실제로 합리적이다. sum(countries) 같은 코드를 작성했을 때 countries의 타입 역시 List이니 타입 검사기가 이 호출을 거부할 근거가 없다. 하지만 countries는 문자열의 리스트다. 따라서 lst[i]의 타입이 Int가 되어서는 안 된다. 올바른 타입 검사기라면 lst[i]의 타입을 최대 타입인 Any라고 간주할 수밖에 없다. 정수와 정수는 더할 수 있지만 정수와 정수가 아닌 값은 더할 수 없다. 그러니 타입 검사기가 res + lst[i]를 거부한다.

이런 문제가 발생한 원인은 어디에 있을까? res + lst[i]가 잘못되었다고 하기는 어렵다. 우리는 lst가 정수의 리스트이길 바라기 때문이다. lst가 정수의 리스트라면 lst[i]는 반드시 정수이므로 덧셈을 하는 데 아무 문제도 없다. 근본적인 원인은 lst의 타입이 모든 리스트를 나타내는 List 타입인 데 있다. 대부분의 경우에 우리는 정수의 리스트, 문자열의 리스트 등 각 리스트가 어떤 타입의 값을 가지고 있는지 고려하여 코드를 작성한다. 아무 값이나 가지고 있는 리스트를 프로그램이 사용하는 경우는 드물다. 그렇다면 모든 리스트를 뭉뚱그려 List

타입이라고 취급하는 것이 문제라 할 수 있다. 정수의 리스트, 문자열의 리스트를 각각 별개의 타입으로 표현할 방법이 필요하다.

원인을 찾았으니 이제 해결하기만 하면 된다. 우리는 어떤 타입 A가 있을 때 'A의 리스트'를 타입으로 표현하고 싶다. 이때 필요한 것이 바로 매개변수에 의한 다형성이다. 리스트 타입이 타입 하나를 타입 인자로 받음으로써 '무엇'의 리스트를 나타내는지 결정하도록 하는 것이다. 즉, 더 이상 그냥 List는 어떤 값을 직접적으로 나타내는 타입이 아니다. 대신 타입 인자를 하나 받아 타입을 만드는 제네릭 타입이다. 이는 List<A> 형태의 타입이 생김을 뜻한다. List<Int>는 정수의 리스트에 해당하는 타입이고, List<String>은 문자열의 리스트에 해당하는 타입이다. 이때 List<Int>에서는 Int가 타입 인자이고, List<String>에서는 String이 타입 인자이다.

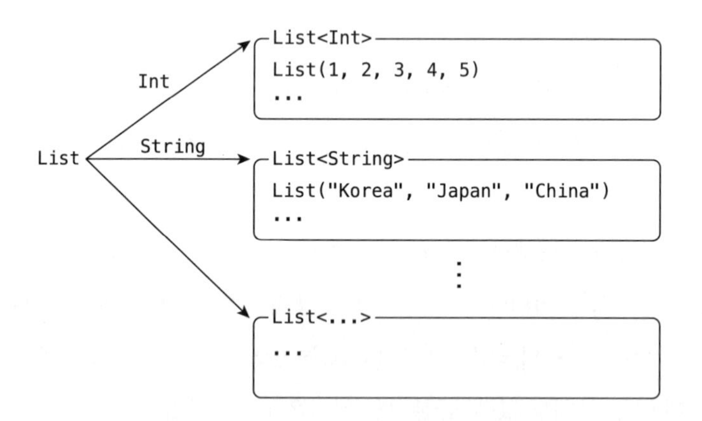

리스트가 제네릭 타입이 되었기에 sum 함수를 문제없이 작성할 수 있다.

```
Int sum(List<Int> lst) {
    Int res = 0;
```

```
    for (Int i = 0; i < lst.length; i++) {
        res = res + lst[i];
    }
    return res;
}
```

이 코드는 sum 함수가 정수의 리스트를 인자로 받는다는 사실을 타입 검사기에 정확히 알려 준다. 타입 검사기는 lst가 정수의 리스트라는 사실로부터 lst[i]의 타입이 Int임을 알아낸다. 따라서 res + lst[i]가 아무런 문제가 없는 코드로 간주되어 sum이 타입 검사를 통과한다. 일반적으로는 lst의 타입이 List<A>이고 num의 타입이 Int일 때 타입 검사기가 lst[num]의 타입을 A라고 판단한다. 이는 이전에 lst가 그냥 List 타입일 때 lst의 내용물에 상관없이 lst[num]의 타입을 그냥 Any라고 판단했던 것보다 훨씬 정확한 것이다.

이제 sum에 정수의 리스트를 인자로 넘기는 코드만이 타입 검사를 통과하고, 문자열의 리스트 같은 다른 종류의 리스트를 넘기면 타입 검사기가 올바르게 코드를 거부한다.

```
List<Int> integers = List<Int>(1, 2, 3, 4, 5);
sum(integers);
List<String> countries = List<String>("Korea", "Japan", "China");
sum(countries);
```

즉, 앞서 나온 코드에서 sum(integers)는 타입 검사를 통과하지만 sum(countries)는 타입 검사를 통과하지 못한다. countries의 타입인 List<String>이 sum의 매개변수 타입인 List<Int>와 다르기 때문이다. 코드에 List<Int>(1, 2, 3, 4, 5)라고 쓴 것에서 알 수 있듯이, 제네릭 타입의 값을 만들 때도 제네릭 함수를 호출할 때처럼 타입 인자가 필요하다. 단, 대부분의 언어는 타입 인자 추론을 제공하므로 List(1, 2, 3, 4, 5)라고만 써도 대개 타입 검사를 잘 통과한다.

제네릭 함수는 제네릭 타입을 다룰 때 특히 더 유용하다. 앞서 본 sum 처럼 정수의 리스트에만 사용 가능한 함수도 있지만, 리스트를 다루는 많은 함수는 아무 리스트나 인자로 받기 때문이다. 가령 다음과 같이 concat 함수를 정의할 수 있다.

```
Void concat<T>(List<T> lst1, List<T> lst2) {
    for (Int i = 0; i < lst2.length; i++) {
        lst1.add(lst2[i]);
    }
}
```

concat은 리스트 두 개를 인자로 받은 뒤 두 번째 리스트에 있는 원소들을 첫 번째 리스트에 추가함으로써 두 리스트를 이어 붙이는 함수다. 두 리스트를 이을 때는 두 리스트의 원소가 특별한 타입을 가져야 할 필요가 없다. 정수의 리스트끼리 이을 수도 있고, 문자열의 리스트끼리 이을 수도 있다. 그저 두 리스트가 같은 타입의 원소를 가지면 그만이다. 따라서 concat을 제네릭 함수로 정의하는 것이 바람직하다. 제네릭 함수가 없었더라면 정수의 리스트를 이어 붙이는 함수와 문자열의 리스트를 이어 붙이는 함수를 각각 정의해야 했을 테다.

리스트 말고 흔히 볼 수 있는 제네릭 타입으로는 맵(map)이 있다. 맵은 사전(dictionary)이라고도 하는 자료 구조로, 열쇠 값들과 각 열쇠에 대응되는 값들로 이루어진다. 예를 들면 1부터 3까지의 수를 영어로 적는 방법을 다음과 같이 맵을 사용해 표현할 수 있다.

```
Map(1 -> "one", 2 -> "two", 3 -> "three")
```

이 맵에서 열쇠는 1, 2, 3이고 각각에 대응되는 값은 "one", "two", "three"다. 맵의 가장 중요한 기능은 주어진 열쇠에 대응되는 값을 알려 주는 것이다. 앞의 맵이 m이라는 변수에 저장되어 있다면 m[1]을 계산했을 때는 "one"이 나오고 m[2]를 계산했을 때는 "two"가 나온다.

리스트의 경우와 마찬가지로 모든 맵의 타입을 뭉뚱그려 Map이라고 하는 것은 좋은 선택이 아니다. 그랬다가는 각 맵에 저장된 열쇠와 연결된 값들의 타입이 무엇인지 타입 검사기가 알 수 없게 된다. m이 분명히 정수 열쇠와 문자열 값으로 이루어진 맵인데도 타입 검사기가 m[1]의 타입이 String이라는 사실을 모르게 되는 것이다.

그렇기에 맵 역시 제네릭 타입으로 표현된다. 각 맵의 타입은 Map<A, B> 형태로, 이 타입은 열쇠의 타입이 A이고 연결된 값의 타입이 B인 맵을 뜻한다. 즉, 앞서 만든 맵 m의 타입은 Map<Int, String>인 것이다. 타입 검사기는 맵을 사용하는 코드를 검사할 때 이 정보를 활용한다. m[1]을 검사한다면 m의 타입이 Map<Int, String>이므로 우선 1의 타입이 Int인지 확인한다. 1의 타입이 Int가 맞기에 m[1]은 검사를 통과하며 그 타입은 String이 된다.

이 밖에도 여러 타입이 제네릭 타입으로 표현된다. 리스트와 맵의 예에서 알 수 있듯이 자료 구조의 타입이 대개 제네릭 타입이다. 물론 바로 이어서 살펴보겠지만 자료 구조가 아니더라도 제네릭 타입이 사용될 수 있다.

주요 언어 예시

자바

```
List<Integer> l = List.of(1, 2);
Map<Integer, String> m = Map.of(1, "one", 2, "two");
```

C++

```
vector<int> l = { 1, 2 };
map<int, string> m = { { 1, "one" }, { 2, "two" } };
```

C#

```
List<int> l = new List<int> { 1, 2 };
Dictionary<int, string> m = new Dictionary<int, string> {
    { 1, "one" },
    { 2, "two" }
};
```

타입스크립트

```
let l: Array<number> = [1, 2];
let m: Map<number, string> = new Map([[1, "one"], [2, "two"]]);
```

코틀린

```
val l: List<Int> = listOf(1, 2)
val m: Map<Int, String> = mapOf(1 to "one", 2 to "two")
```

러스트

```
let l: Vec<i32> = vec![1, 2];
let m: HashMap<i32, String> = HashMap::from([
    (1, "one".to_string()),
    (2, "two".to_string())
]);
```

스칼라

```
val l: List[Int] = List(1, 2)
val m: Map[Int, String] = Map(1 -> "one", 2 -> "two")
```

하스켈

```
l :: [Int]
l = [1, 2]
m :: Map Int String
m = Map.fromList [(1, "one"), (2, "two")]
```

A 타입의 값들로 이루어진 리스트의 타입은 [A]다. 다른 제네릭 타입의 경우, 타입 인자를 < > 사이에 넣을 필요가 없기에 `T<A, ..., Z>` 대신 `T A ... Z`라 쓴다. 즉, 열쇠 타입이 A이고 열쇠에 연결된 값의 타입이 B인 맵의 타입은 `Map A B`다.

오캐멀

```
let l: int list = [1; 2]
```

타입 인자를 제네릭 타입의 이름 앞에 쓴다. 타입 인자가 하나인 경우 < >가 필요 없기에 a 타입의 값들로 이루어진 리스트의 타입은 `a list`다. 타입 인자가 여럿이면 ( ) 사이에 쉼표로 구분하여 타입 인자들을 넣어 `(a, ..., z) t` 형태로 쓴다. 한편 맵은 단순한 제네릭 타입으로 정의되어 있지 않기 때문에 예시에서 제외했다.

프로젝트 이름	구현 언어	프로그램 용도	스타 개수	깃허브 주소
일래스틱서치	자바	검색 엔진	63.4k	*https://github.com/elastic/elasticsearch*
기드라	자바	디컴파일러	38.9k	*https://github.com/NationalSecurityAgency/ghidra*
마이크로소프트 파워토이스	C#	시스템 유틸리티	89.7k	*https://github.com/microsoft/PowerToys*

파워셸	C#	셸	38.1k	*https://github.com/PowerShell/PowerShell*
비주얼 스튜디오 코드	타입 스크립트	코드 편집기	145k	*https://github.com/microsoft/vscode*
앵귤러	타입 스크립트	웹 프레임워크	87.5k	*https://github.com/angular/angular*
OkHttp	코틀린	HTTP 클라이언트	43.8k	*https://github.com/square/okhttp*
아파치 스파크	스칼라	데이터 처리 엔진	35.5k	*https://github.com/apache/spark*
리라	스칼라	온라인 체스 서버	13k	*https://github.com/lichess-org/lila*

표 3-5 제네릭 타입을 사용하는 프로젝트

제네릭 클래스

개발자가 자신만의 제네릭 타입을 직접 정의하고 싶은 경우도 있다. 이런 이유로 대부분의 언어는 새로운 제네릭 타입을 정의할 수 있는 기능도 제공한다. 대표적인 기능이 제네릭 클래스(generic class)다.

제네릭 클래스는 타입 매개변수를 가진 클래스다. 정의할 때는 제네릭 함수와 비슷하게 타입 매개변수를 명시해야 하고, 사용할 때는 제네릭 타입으로서 리스트나 맵과 비슷한 방식으로 사용된다. 이미 살펴본 개념들과 비슷하기에 별로 어려울 게 없다.

앞서 정의했던 choose 함수를 제네릭 클래스의 메서드로 만들어 보자. 목표는 사용자에게 같은 질문을 여러 번 물어볼 때 코드 중복을 최소화하는 것이다. choose<Int>(1, 2)는 사용자가 1과 2 중 하나를 선택하도록 한다. 1과 2 중에 골라야 하는 상황이 여러 번 있다면 매번 choose<Int>(1, 2)라고 작성해야 한다. 객체를 사용함으로써 1, 2를 코드에 한 번만 쓰도록 할 수 있다. 1과 2를 가지고 있는 Chooser(1, 2)라는 객체를 만들어 c라는 변수에 넣어 놓고, 1과 2 중 골라야 할 때마다 c.choose()를 사용하는 것이다.

Chooser 클래스를 다음과 같이 제네릭 클래스로 정의할 수 있다. choose는 제네릭 메서드가 아님에 유의하자.

```
class Chooser<T> {
    T v1;
    T v2;
    T choose() {
        print(this.v1); print(this.v2); print(...);
        Int input = readInt();
        return (input == 0) ? this.v1 : this.v2;
    }
}
```

Chooser는 타입 매개변수 T를 가진다. 타입 매개변수 T는 클래스를 정의하는 동안 사용할 수 있다. 변수와 메서드의 타입 등에 T를 사용할 수 있는 것이다. 위 코드에서는 각 Chooser 객체가 가지고 있는 값에 해당하는 필드인 v1과 v2의 타입이 T다. 또한 v1과 v2의 값 중 하나를 반환하는 메서드 choose의 결과 타입 역시 T다.

Chooser가 제네릭 클래스이므로 그냥 Chooser 타입의 값이란 것은 없다. Chooser<Int>나 Chooser<String> 타입의 값이 있을 뿐이다. Chooser<Int> 객체의 필드 v1과 v2의 타입은 Int이며, choose 메서드의 결과 타입은 Int다. 따라서 다음과 같이 코드를 작성할 수 있다.

```
Chooser<Int> c = Chooser<Int>(1, 2);
Int v = c.choose();
```

같은 방식으로 Chooser<String> 객체의 필드 v1과 v2의 타입 및 choose의 결과 타입은 String이 된다.

```
Chooser<String> c = Chooser<String>("Korean", "Foreigner");
String v = c.choose();
```

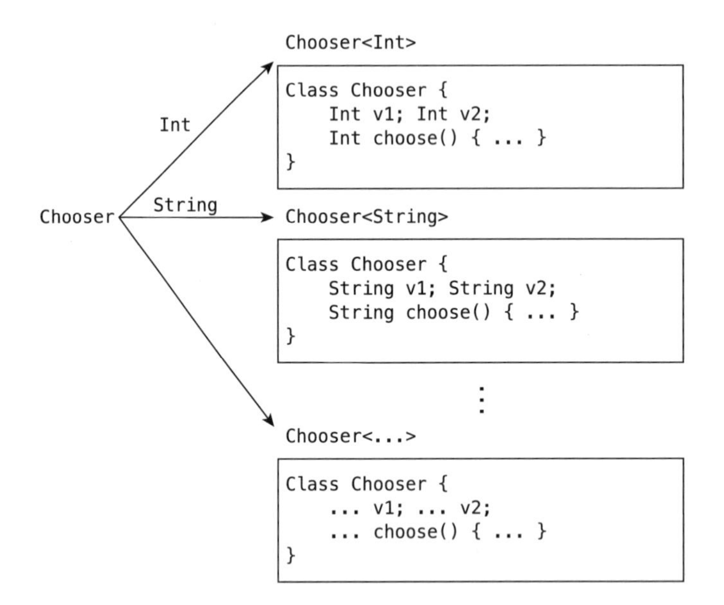

타입 인자 추론이 지원된다면 같은 코드를 약간 더 간결하게 적을 수 있다.

```
Chooser<Int> c = Chooser(1, 2);
Int v = c.choose();
Chooser<String> c = Chooser("Korean", "Foreigner");
String v = c.choose();
```

주요 언어 예시

자바

```
class Chooser<T> {
    T v1;
    T v2;
    T choose() { return ... ? this.v1 : this.v2; }
}
Chooser<Integer> c = new Chooser<Integer>();
int n = c.choose();
```

C++

```
template <typename T> class Chooser {
public:
    T v1;
    T v2;
    T choose() { return ... ? v1 : v2; }
};
Chooser<int> *c = new Chooser<int>();
int n = c->choose();
```

C#

```
class Chooser<T> {
    T v1;
    T v2;
    public T choose() { return ... ? this.v1 : this.v2; }
}
Chooser<int> c = new Chooser<int>();
int n = c.choose();
```

타입스크립트

```
class Chooser<T> {
    v1: T;
    v2: T;
```

```
    choose(): T { return ... ? this.v1 : this.v2; }
}
let c: Chooser<number> = new Chooser<number>();
let n: number = c.choose();
```

고

```
type Chooser[T any] struct {
    v1 T
    v2 T
}
func (c Chooser[T]) choose() T {
    if ... {
        return c.v1
    } else {
        return c.v2
    }
}
var c Chooser[int] = Chooser[int]{1, 2}
var n int = c.choose()
```

클래스 대신 구조체가 있으므로 Chooser를 제네릭 구조체로 정의했다.

코틀린

```
class Chooser<T>(val v1: T, val v2: T) {
    fun choose(): T = if (...) this.v1 else this.v2
}
val c: Chooser<Int> = Chooser<Int>(1, 2)
val n: Int = c.choose()
```

러스트

```
struct Chooser<T> { v1: T, v2: T }
impl<T> Chooser<T> {
    fn choose(self) -> T {
        if ... { self.v1 } else { self.v2 }
    }
}
```

```
let c: Chooser<i32> = Chooser::<i32> { v1: 1, v2: 2 };
let n: i32 = c.choose();
```

클래스 대신 구조체가 있으므로 Chooser를 제네릭 구조체로 정의했다.

스칼라

```
class Chooser[T](v1: T, v2: T):
  def choose(): T = if ... then v1 else v2
val c: Chooser[Int] = Chooser[Int](1, 2)
val n: Int = c.choose()
```

하스켈

```
data Chooser a = Chooser a a
choose (Chooser v1 v2) = if ... then v1 else v2
c :: Chooser Int
c = Chooser 1 2
n :: Int
n = choose c
```

클래스 대신 대수적 타입(algebraic data type)이 있으므로 Chooser를 제네릭 타입으로 정의한 뒤 choose를 제네릭 함수로 정의했다. 첫 줄에서 = 앞의 Chooser a의 a는 타입 매개변수 a를 선언한 것이고, = 뒤의 Chooser a a는 타입 매개변수 a를 사용하여 Chooser a 타입의 값이 두 개의 a 타입 값으로 구성됨을 표현한 것이다.

오캐멀

```
type 'a chooser = Chooser of 'a * 'a
let choose (Chooser (v1, v2)) = if ... then v1 else v2
let c: int chooser = Chooser (1, 2)
let n: int = choose c
```

클래스 대신 대수적 타입이 있으므로 chooser를 제네릭 타입으로 정의한 뒤 choose를 제네릭 함수로 정의했다. 타입 매개변수의 이름은 '로 시작해야 한다. 첫 줄에서 = 앞의 'a chooser의 'a는 타입 매개변수 'a를 선언한 것이고, = 뒤의 Chooser of 'a * 'a는 타입 매개변수 'a를 사용하여 'a chooser 타입의 값이 두 개의 'a 타입 값으로 구성됨을 표현한 것이다.

프로젝트 이름	구현 언어	프로그램 용도	스타 개수	깃허브 주소
일래스틱서치	자바	검색 엔진	63.4k	*https://github.com/elastic/elasticsearch*
기드라	자바	디컴파일러	38.9k	*https://github.com/NationalSecurityAgency/ghidra*
셀레늄	자바	브라우저 자동화 도구	26.3k	*https://github.com/SeleniumHQ/selenium*
마이크로소프트 파워토이스	C#	시스템 유틸리티	89.7k	*https://github.com/microsoft/PowerToys*
파워셸	C#	셸	38.1k	*https://github.com/PowerShell/PowerShell*
파일스	C#	파일 관리자	27.2k	*https://github.com/files-community/Files*
OkHttp	코틀린	HTTP 클라이언트	43.8k	*https://github.com/square/okhttp*
아파치 스파크	스칼라	데이터 처리 엔진	35.5k	*https://github.com/apache/spark*
리라	스칼라	온라인 체스 서버	13k	*https://github.com/lichess-org/lila*

표 3-6 제네릭 클래스를 사용하는 프로젝트

- 기계 수집 위원회 -

처르지: 큐리, 뭘 보는 거야?

큐리 박사: '세계기계수집위원회'에서 낸 공고를 보고 있어.

처르지: 정말 별 위원회가 다 있구나. 그래서 무슨 공고인데?

큐리 박사: 음, **같은 종류의 아무 두 물체나 받아서 둘 중 하나를 고르는 기계**를 수집한대. 고르는 기준은 뭐든 괜찮나 봐.

처르지: 그런 걸 모은다니 정말 특이한 곳이네! 너도 뭔가를 보내려는 거야?

큐리 박사: 응, 그럴까 생각 중이야. 내가 그동안 만든 기계 중에 조건에 맞는 게 있지 않을까?

처르지: 음, 좀 생각해 볼까? 맞다! 네가 지난번에 만든 '완전똑똑자동선택기계' 있잖아. 그걸 보내면 되지 않을까? **아무거나 두 개를 받아서 무게를 비교한 다음에 더 무거운 걸 고르잖아**. 조건에 딱 들어맞는 거 같은데?

큐리 박사: 네 말이 맞아. 그걸 하나 더 만들어서 보내야겠어.

처르지: 기계를 보내면 뭔가 보상을 해 준대?

큐리 박사: 음, 그건 아닌 거 같아. 그냥 기부하는 셈 치는 거지.

처르지: 그렇구나. 아쉽네. 다른 사람들도 많이 참여하려나?

큐리 박사: 나도 생각을 좀 해 봤는데, 그렇진 않을 거 같아.

처르지: 왜?

큐리 박사: 조건에 맞는 기계를 만들기가 **어렵지** 않을까? 아무거나 두 개를 받아서 비교한다는 게 쉬운 일이 아니잖아. 다행히 어느 물체나 무게를 잴 수 있으니까 내 '완전똑똑자동선택기계'는 무게를 비교하지만, 다른 할 수 있는 일이 얼마나 있겠어.

처르지: 맞네. 무조건 첫 번째 거를 고른다거나, 무조건 두 번째 거를 고른다거나, 아니면 더 가벼운 걸 고른다거나, 이 정도나 가능하겠지. 정말 선택지가 몇 개 없구나.

큐리 박사: **사과 두 개를 받아서 빨간색이 더 진한 사과를 고르는 기계**를 누군가가 만들었다고 해 봐. 그 기계는 **조건을 만족하지 않겠지**?

처르지: 그럴 거 같아. '세계기계수집위원회'에서 원하는 기계는 아무 물체나 받을 수 있어야 하는데, 그 기계는 사과밖에 못 받잖아.

큐리 박사: 아, 역시 조건을 만족하는 걸 만들기가 어렵겠네. 보내는 사람이 별로 없겠어.

3.3 무엇이든 타입

지금부터 다룰 무엇이든 타입(universally quantified type)과 무엇인가 타입(existentially quantified type)은 매개변수에 의한 다형성의 심화 과정이라 부를 만한 개념이다. 앞에서 다룬 내용보다는 좀 더 어렵다. 프로그램을 작성하는 데 필요한 경우가 흔치 않기에 제공하는 언어도 얼마 없다. 대부분의 독자에게는 굳이 읽지 않아도 되는 내용일 것이다. 이 내용을 몰라도 정적 타입 언어를 사용하는 데 별 문제가 없을 테다. 그러니 이 책을 통해 매개변수에 의한 다형성을 처음 접한 독자라면 바로 4장으로 넘어갈 것을 권한다. 정적 타입 언어를 많이 사용해 본 뒤 무엇이든 타입과 무엇인가 타입에 호기심이 생겼다면 그때 돌아와서 읽기 바란다.

대부분의 경우에는 몰라도 된다고는 했지만 무엇이든 타입과 무엇인가 타입 모두 특정 상황에서는 굉장히 유용한 기능이다. 알아 둬서 나쁠 것은 없는 셈이다. 정적 타입 언어에 이미 숙달된 독자라면 지금부터 나오는 내용이 충분히 흥미로울 것이다. 자신이 여기에 해당된다면 4장으로 가지 말고 매개변수에 의한 다형성의 세계에 한 걸음 더 들어가 보자.

어떤 사람들은 무엇이든 타입을 '보편 양화 타입'이라 번역한다. 하지만 보편 양화 타입이라는 말은 자주 쓰이지도 않고 오히려 어렵기만 하다. 그래서 이 책에서는 조금이라도 쉽게 느껴지라고 무엇이든 타입이라는 용어를 사용한다.

무엇이든 타입이 어떤 경우에 유용한지 예와 함께 알아보자. 지금부터 생태계 시뮬레이션 프로그램을 만들 것이다. 시뮬레이션 중에 무작위로 값을 하나 골라야 하는 경우가 많기 때문에 우선 무작위 선택 함수를 정의하겠다.

```
T randUniform<T>(List<T> lst) { ... }
```

randUniform은 아무 리스트를 하나 인자로 받아 거기서 무작위로 값을 하나 선택해 반환한다. 각 원소가 선택될 확률은 모두 똑같다. 예를 들어 원소가 3개인 리스트가 주어진 경우 각 원소가 1/3 확률로 선택된다. 이제 randUniform 함수를 사용해 실제로 시뮬레이션을 진행하는 함수를 만들자.

```
Void simulate() {
    ...
    Int number = randUniform(List<Int>(30, 35, 40, 45));
    ...
    String species = randUniform(List<String>("Gazelle", "Lion",
                                 "Zebra"));
    ...
}
```

randUniform은 생성할 동물의 마릿수를 결정할 때도 사용되고, 생성할 동물의 종을 결정할 때도 사용된다. 생략한 부분에서 그 이외의 용도로 사용되는 경우도 있을 것이다. 어떨 때는 정수의 리스트가 인자로 주어지고 어떨 때는 문자열의 리스트가 인자로 주어지니 randUniform을 제네릭 함수로 정의한 것이 합당한 선택이다.

여기서 프로그램을 조금만 고쳐 보려고 한다. 목적은 완전한 무작위 선택 대신 가중치를 둔 선택을 했을 때 시뮬레이션 결과가 어떻게 바뀌는지 보는 것이다. 일단 새로운 무작위[2] 선택 함수를 정의하자.

```
T randGeometric<T>(List<T> lst) { ... }
```

2 사전적으로는 '무작위'가 '각 원소가 뽑힐 확률이 모두 같도록 한다'는 뜻이기에 가중치를 둔 무작위 선택은 논리적으로 이상하지만, 이 책에서는 그냥 '어떠한 확률로 뽑는다'는 뜻으로 '무작위'라는 단어를 사용한다.

이 함수는 리스트의 앞에 오는 원소를 더 자주 선택한다. 첫 원소가 선택될 확률이 가장 높고 뒤로 갈수록 기하급수적으로 확률이 낮아진다. 예를 들어 리스트에 원소가 세 개 있다면 첫 원소는 4/7, 둘째 원소는 2/7, 마지막 원소는 1/7 확률로 선택된다.

남은 일은 간단하다. 사용 가능한 무작위 선택 함수가 여러 개가 되었으니 simulate가 함수를 인자로 받도록 해야 한다.

```
Void simulate(??? rand) {
    ...
    Int number = rand(List<Int>(30, 35, 40, 45));
    ...
    String species = rand(List<String>("Gazelle", "Lion",
                          "Zebra"));
    ...
}
simulate(randUniform);
simulate(randGeometric);
```

simulate의 매개변수 rand는 시뮬레이션 도중에 사용될 무작위 선택 함수를 나타낸다. 확률에 차이를 두지 않는 선택을 위해서는 randUniform을 simulate의 인자로 사용하면 되고, 가중치를 둔 선택을 하려면 randGeometric을 사용하면 된다.

여기서 문제는 딱 하나다. simulate의 매개변수 rand가 무슨 타입을 가져야 할까? List<Int> => Int는 불가능하다. rand(List<Int>(30, 35, 40, 45))는 타입 검사를 통과하겠지만 rand(List<String>("Gazelle", "Lion", "Zebra"))가 통과하지 못하기 때문이다. 마찬가지로 List<String> => String도 올바른 선택지가 아니다. 또한 List<Any> => Any를 사용해도 문제가 생긴다. rand가 아무 값이나 가지는 리스트를 인자로 받을 수 있게 된다는 점에서 나아지기는 하지만, 결과 타입이 Any라는 새로운 문제가 생긴다. rand(List<Any>(30, 35, 40, 45))와 rand(List<Any>("Gazelle", "Lion", "Zebra"))는 타입 검사를 통과할지언정 Int number = rand(List<Any>(30, 35, 40, 45))와 String species = rand(List<Any>("Gazelle", "Lion", "Zebra"))는 타입 검사를 통과하지 못하는 것이다.

평범한 방법으로 rand의 타입을 찾기는 어려워 보인다. 그렇다면 simulate를 제네릭 함수로 만들면 해결될까?

```
Void simulate<T>(List<T> => T rand) {
    ...
    Int number = rand(List<Int>(30, 35, 40, 45));
    ...
    String species = rand(List<String>("Gazelle", "Lion",
                          "Zebra"));
    ...
}
```

안타깝게도 아니다. 이 함수는 List<Int> => Int 타입의 함수도 인자로 받을 수 있고 List<String> => String 타입의 인자도 받을 수 있는 함수다. 다음과 같이 쓸 수 있다는 말이다.

```
Int randInt(List<Int> lst) { ... }
simulate<Int>(randInt);
String randString(List<String> lst) { ... }
simulate<String>(randString);
```

하지만 이건 우리가 원하는 게 아니다. 우리가 원하는 것은 List<Int> => Int 타입으로도 사용될 수 있고 List<String> => String 타입으로도 사용될 수 있는 함수를 인자로 받는 것이다. 이는 분명히 위의 코드와는 다르다. simulate의 인자로 사용된 randInt는 List<Int> => Int

타입으로만 사용될 수 있고 List<String> => String 타입으로는 사용될 수 없다. 실제로도 simulate를 제네릭 함수로 바꿔서는 타입 검사를 통과하지 못한다. List<T> => T 타입의 함수인 rand에 List<Int>나 List<String> 타입의 값을 인자로 넣을 수 없기 때문이다.

이 난관을 해결해 줄 기능이 무엇이든 타입이다. 무엇이든 타입을 사용하면 다음과 같이 코드를 작성할 수 있다.

```
Void simulate(forall T.(List<T> => T) rand) {
    ...
    Int number = rand<Int>(List<Int>(30, 35, 40, 45));
    ...
    String species = rand<String>(List<String>("Gazelle", "Lion",
                                               "Zebra"));
    ...
}
simulate(randUniform);
simulate(randGeometric);
```

이제 rand의 타입은 forall T.(List<T> => T)다. 처음 보는 형태의 타입이다. 이렇게 forall T.A 형태(T는 타입 매개변수, A는 타입)로 생긴 타입을 무엇이든 타입이라고 부른다. 이 타입의 의미는 rand의 타입이 List<T> => T 형태인데 T가 '무엇이든' 될 수 있다는 것이다. 즉, rand의 타입이 List<Int> => Int도 될 수 있고, List<String> => String도 될 수 있음을 뜻하는 타입인 것이다. 그래서 이 타입의 이름이 무엇이든 타입이다.

무엇이든 타입의 값을 사용하는 것은 어렵지 않다. 제네릭 함수를 사용하듯이 하면 된다. 위의 코드에서도 잘 드러난다. rand의 타입이 forall T.(List<T> => T)이므로 마치 다음과 같은 제네릭 함수가 있는 것처럼 코드를 작성하면 된다.

```
T rand<T>(List<T> lst) { ... }
```

rand<Int>는 List<Int> => Int 타입의 함수가 되고, rand<String>은 List<String> => String 타입의 함수가 되는 것이다. 그러므로 simulate 함수가 타입 검사를 통과한다. 언어가 타입 인자 추론을 제공한다면 rand<Int>(List<Int>(30, 35, 40, 45)) 대신 rand(List(30, 35, 40, 45))라고 적을 수도 있을 것이다.

한편 무엇이든 타입의 값을 만드는 방법 역시 간단하다. 제네릭 함수를 정의하면 된다. randUniform과 randGeometric은 제네릭 함수로서 T ...<T>(List<T> ...) 형태의 시그니처를 가지고 있으니 forall T.(List<T> => T) 타입의 값으로 취급받는다. 따라서 simulate의 인자로 사용되는 데 아무런 문제도 없다. 반면 randInt나 randString은 제네릭 함수가 아니고 각각 List<Int> => Int 타입과 List<String> => String 타입의 함수다. 그러므로 forall T.(List<T> => T) 타입의 값으로 사용될 수도 없고 simulate의 인자로 사용될 수도 없다.

한마디로 정리하자면 무엇이든 타입을 제네릭 함수의 타입이라고 이해할 수 있다. 제네릭 함수를 값으로 사용하면 그 타입이 무엇이든 타입이 되고, 무엇이든 타입의 값을 사용할 때는 제네릭 함수를 사용하듯이 하면 된다.

사실 무엇이든 타입이 없는 언어라도 제네릭 메서드가 있다면 비슷한 코드를 작성할 수 있다. 우선 randUniform과 randGeometric을 제네릭 함수 대신 제네릭 메서드로 정의해야 한다.

```
class RandUniform {
    T rand<T>(List<T> lst) { ... }
}
```

```
class RandGeometric {
    T rand<T>(List<T> lst) { ... }
}
```

이제 randUniform은 RandUniform 클래스의 rand 메서드가 되었고, randGeometric은 RandGeometric 클래스의 rand 메서드가 되었다. 따라서 완전한 무작위 선택을 원하면 RandUniform 객체를 만든 뒤 rand 메서드를 호출해야 하고, 가중치를 둔 무작위 선택을 원하면 RandGeometric 객체를 만든 뒤 rand 메서드를 호출해야 한다. 예를 들면 다음과 같이 하여 각각이 뽑힐 확률이 1/3이 되도록 1, 2, 3 중 하나를 선택할 수 있다.

```
RandUniform r = RandUniform();
r.rand<Int>(List<Int>(1, 2, 3));
```

남은 일은 simulate 함수가 제네릭 함수 대신 객체를 인자로 받도록 고치는 것이다.

```
Void simulate({ T rand<T>(List<T> lst); } r) {
    ...
    Int number = r.rand<Int>(List<Int>(30, 35, 40, 45));
    ...
    String species = r.rand<String>(List<String>("Gazelle",
                                   "Lion", "Zebra"));
    ...
}
```

simulate의 매개변수 타입은 이제 `{ T rand<T>(List<T> lst); }`다. 이 타입은 시그니처가 `T rand<T>(List<T> lst)`인 메서드를 가지는 객체를 나타낸다. 이 객체의 이름이 r이니 무작위 선택을 해야 할 때는

r.rand 메서드를 호출하면 된다. rand가 제네릭 메서드이기에 r.rand를 호출할 때는 타입 인자가 필요하다.

RandUniform과 RandGeometric 클래스에는 시그니처가 정확히 일치하는 메서드가 정의되어 있으니 RandUniform 객체와 RandGeometric 객체 모두 simulate의 인자로 사용될 수 있다.

```
simulate(RandUniform());
simulate(RandGeometric());
```

이 코드가 하는 일은 이전에 무엇이든 타입과 제네릭 함수를 사용해 작성한 코드와 완전히 같다. 여기서는 구조를 드러내는 타입을 사용했지만, 이름을 드러내는 타입과 추상 클래스를 사용해도 비슷한 코드를 작성할 수 있다.

제네릭 메서드를 대신 사용할 수 있다고 해서 무엇이든 타입의 가치가 사라지는 것은 아니다. 일급 함수를 떠올려 보자. 일급 함수가 있으면 함수를 다른 함수의 인자로 전달할 수 있어서 편리하다. 하지만 일급 함수가 없는 언어라 하더라도 원하는 함수를 메서드로 정의한 뒤 객체를 인자로 전달함으로써 같은 목표를 달성할 수 있다. 실제로 자바의 경우 자바 SE 7까지는 함수를 인자로 사용하고 싶을 때 객체를 대신 사용했다. 그렇다고 해서 일급 함수의 가치가 없다고 할 수 있을까? 물론 아니다. 일급 함수를 사용하면 객체를 사용할 때보다 같은 코드를 더 간결하게 작성할 수 있다. 그래서 오늘날 대부분의 언어는 일급 함수를 제공한다. 자바조차도 자바 SE 8에서 일급 함수를 추가했다. 무엇이든 타입도 마찬가지다. 제네릭 메서드를 가진 객체를 인자로 넘기기보다는 제네릭 함수를 바로 인자로 넘기는 편이 더 간결하다. 이를 가능케 하는 무엇이든 타입이 요긴한 이유다.

주요 언어 예시

스칼라

```
def simulate(rand: [T] => List[T] => T): Unit =
  val number: Int = rand[Int](List[Int](1, 2))
  val species: String = rand[String](List[String]("a", "b"))
  ...
def randUniform[T](lst: List[T]): T = ...
def randGeometric[T](lst: List[T]): T = ...
simulate([T] => (lst: List[T]) => randUniform(lst))
simulate([T] => (lst: List[T]) => randGeometric(lst))
```

무엇이든 타입을 `forall T.A` 대신 `[T] => A`라고 쓴다. 즉, `forall T.(List<T> => T)` 대신 `[T] => List[T] => T`라고 쓴다. 아쉽게도 제네릭 함수가 그 자체로는 무엇이든 타입의 값으로 취급되지 않기 때문에 `simulate(randUniform)`, `simulate(randGeometric)`이라고 바로 쓸 수는 없다. 간단한 작업을 통해 제네릭 함수를 무엇이든 타입의 값으로 바꿔 줘야 한다. `def f[T](x: A): B = ...` 형태의 제네릭 함수가 있다면, `[T] => (x: A) => f(x)`는 `[T] => A => B` 타입의 값으로 취급된다. 이 방법을 사용해서 `simulate`에 넘길 인자를 만들었다.

하스켈

```
simulate :: (forall a.[a] -> a) -> ()
simulate rand =
  let number = rand [1, 2] in
  let species = rand ["a", "b"] in
  ...
randUniform lst = ...
randGeometric lst = ...
simulate randUniform
simulate randGeometric
```

프로젝트 이름	구현 언어	프로그램 용도	스타 개수	깃허브 주소
팬독	하스켈	문서 형식 변환기	28.6k	*https://github.com/jgm/pandoc*
시맨틱	하스켈	코드 분석기	8.6k	*https://github.com/github/semantic*
퓨어스크립트	하스켈	컴파일러	8.1k	*https://github.com/purescript/purescript*

표 3-7 무엇이든 타입을 사용하는 프로젝트

- 사과즙 카레 -

처르지: 큐리, 표정이 안 좋네. 무슨 일이야?

큐리 박사: 에휴, 친척 한 명이 맛있는 카레를 먹고 싶다고 하더라고. 그래서 카레 만드는 기계를 보내 줬지.

처르지: 우와, 좋은 일 했네. 근데 뭐가 문제야?

큐리 박사: 들어 봐. 친척이니까 신경을 좀 더 썼단 말이야. 그래서 그냥 평범한 카레 기계도 아니고 무려 내가 특별 제작한 '사과즙듬뿍카레자동조리기계'를 보내 줬어. 내가 찾은 가장 좋은 비율로 사과즙과 다른 재료를 섞어서 훌륭한 풍미의 카레를 만드는 기계지. 근데 맛있는 카레를 만들려면 아무 사과나 써서는 안 돼. 내가 뒷동산에서 직접 재배한 '향도최고맛도최고사과'를 써야지만 좋은 맛이 나. 그래서 기계와 함께 내 사과도 같이 보내 줬지.

처르지: 엄청난 정성이구나!

큐리 박사: 그렇지. 근데 그래서 문제가 생긴 거야. 이 친척이란 녀석이 내 말을 제대로 안 들었나 봐. 내가 보낸 '향도최고맛도최고사과'는 그냥 다 깎아서 먹어 치워 버린 거야. 그러더니 자기가 시장에 가서 산 아무 사과나 기계에 넣었다지. 그래 놓고는 나한테 와서 카레 맛이 별로라고 화를 낸 거야. 나는 이렇게 최선을 다 했는데 어처구니없이 욕을 먹으니 내가 기분이 좋을 리 있겠냐고.

처르지: 워워, 진정해. 우리 같이 방법을 찾아보자. 친척한테 정말 최고의 카레 맛을 보여 주는 게 어때? 그러면 네 실력도 인정하고 와서 사과도 하지 않을까?

큐리 박사: 아, 그러려나? 하지만 어떻게 해야 하지? 사과를 다시 보내 줘 봤자 또 내 이야기는 귓등으로 들은 다음 이상한 사과를 넣어서 카레를 만들지도 몰라.

처르지: 일리가 있는 말이네.

큐리 박사: 어렵다, 어려워.

처르지: 음, 이렇게 하면 어떨까? 기계를 다시 보내 주는 대신, 이번에는 그 기계에 사과를 넣어야 한다는 사실을 안 알려 주는 거지.

큐리 박사: 그러면 아무것도 안 넣고 카레를 만들게 하라는 거야? 그래서는 최고의 맛을 낼 수가 없다고.

처르지: 그건 아니야. 그 **기계에 넣어야 하는 무엇인가가 존재한다는 사실만** 알려 주는 거지.

큐리 박사: 아하, 이제 이해했어. 정말 좋은 생각이야. 일단 기계의 이름을 '무엇인가듬뿍카레자동조리기계'로 바꿔서 보내야겠어. 그러고는 내 '향도최고맛도최고사과'를 종이에 싸서 같이 보내는 거지. 대신 그게 사과라고는 안 알려 주고. 그냥 그게 바로 **기계에 넣어야 하는 무엇인가라고**만 말할 거야. 그러면 그게 뭔지 모르니까 **함부로 먹어 치울 수도 없을 거고**, 또 기계에 넣어야 하는 게 사과라는 사실도 모르니 **아무 사과나 가져와서 넣을 수도 없겠지.** 내 '향도최고맛도최고사과'를 기계에 넣는 거 말고

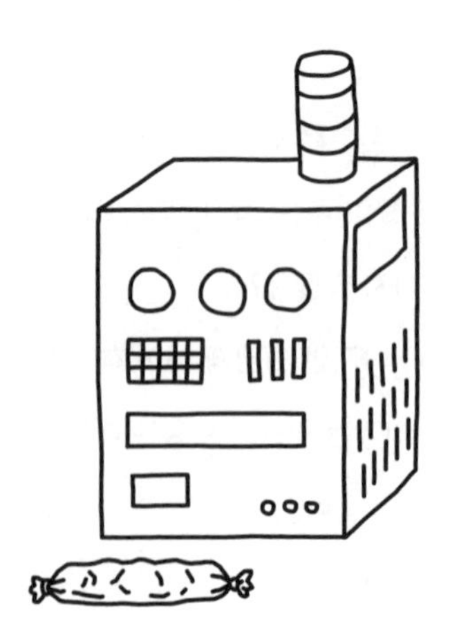

는 할 수 있는 일이 없을 거야. 무조건 맛있는 카레가 만들어지는 거지.

처르지: 바로 그거야.

큐리 박사: 하하, 고마워. 당장 그렇게 해야겠어.

3.4 무엇인가 타입

무엇인가 타입은 '존재 양화 타입'이라고 번역할 수도 있다. 앞에서 무엇이든 타입이라는 용어를 사용한 것과 비슷하게 이 책에서는 좀 더 쉬운 무엇인가 타입이라는 용어를 사용한다.

예를 통해 무엇인가 타입이 왜 필요한지 알아보자. 사실 무엇인가 타입의 진가는 프로그램이 상당히 복잡할 때 제대로 드러난다. 하지만 이 책에서 너무 복잡한 예를 다루기는 힘드니 현실성을 다소 희생하더라도 최대한 간단하게 만들겠다. 그래서 지금부터 볼 예시 프로그램이 조금은 쓸데없게 느껴질 수도 있을 것이다. 하지만 이 프로그램이 겪는 문제와 그 문제를 무엇인가 타입을 통해 해결하는 방법은 충분히 현실적이고 중요하다. 그러니 예시 프로그램 자체의 용도보다는 무엇인가 타입의 필요성에 초점을 두기를 바란다.

가장 먼저 다음과 같이 `Timestamper` 클래스를 정의했다.

```
class Timestamper {
    Int init() { return 0; }
    Int next(Int t) { return t + 1; }
    Bool cmp(Int t1, Int t2) { return t1 < t2; }
}
```

이 클래스의 용도는 타임스탬프를 발급하는 것이다. 단, 여기서 타임스탬프는 현실의 시각과는 상관없이 선후 관계를 표현하는 아무 값을 말한다. init 메서드는 최초의 타임스탬프를 발급한다. 그 값은 0이다. 그다음 타임스탬프를 얻으려면 next 메서드를 호출해야 한다. 0을 next에 넘기면 그다음 타임스탬프인 1이 나오고, 1을 next에 넘기면 그다음 타임스탬프인 2가 나온다. 마지막으로 cmp 메서드는 두 타임스탬프를 비교해 어느 것이 먼저인지 알려 준다. 예를 들어 cmp에 0과 1을 넘기면 true를 반환해 0이 먼저라고 알려 주고, 2와 1을 넘기면 false를 반환해 1이 먼저라고 알려 준다.

이제 Timestamper 클래스를 사용해 타임스탬프를 만들고 비교할 수 있다.

```
Timestamper t = Timestamper();
List<Int> ts = ...;
ts[a] = t.init();
...
ts[b] = t.next(ts[c]);
...
if (t.cmp(ts[d], ts[e])) { ... }
```

ts가 타임스탬프를 저장하는 리스트라고 하자. 제일 처음에는 init 메서드를 통해 첫 타임스탬프를 만든다. 그 후에는 next 메서드를 사용해 기존 타임스탬프로부터 새로운 타임스탬프를 만들기도 하고, cmp 메서드를 사용해 가지고 있는 타임스탬프를 비교하기도 한다.

여기서 한 가지 가정을 추가하겠다. 우리는 Timestamper를 라이브러리로 제공하려고 한다. 그렇다면 라이브러리에는 Timestamper 클래스의 정의와 Timestamper 객체를 만드는 create 함수가 정의된다.

```
class Timestamper { ... }
Timestamper create() { return Timestamper(); }
```

라이브러리 사용자는 Timestamper 객체를 직접 만들지는 못하고 create 함수를 호출할 수만 있다. 따라서 라이브러리를 사용하는 쪽의 코드는 다음과 같이 바뀐다.

```
Timestamper t = create();
...
```

지금까지의 구현만으로도 실행은 잘되지만 아쉬운 점이 있다. 타임스탬프의 타입인 Int가 라이브러리를 사용하는 쪽에 공개되어 있다는 점이다. 이로 인해 라이브러리 사용자가 타임스탬프의 타입이 Int라는 사실을 이용하는 코드를 작성할 수 있다.

```
...
if (ts[d] < ts[e]) { ... }
```

이 코드에서는 라이브러리 사용자가 cmp 메서드의 존재를 망각하고 <를 직접 사용하여 타임스탬프를 비교해 버렸다. 물론 이것만으로는 아무 문제도 일어나지 않는다. 어차피 cmp 메서드가 <를 사용하니 cmp를 호출하든 <로 비교하든 실행 결과는 똑같다.

하지만 라이브러리를 만든 우리의 관점에서는 문제가 있다. 라이브러리를 이후에 수정하는 데 제약이 생긴다는 것이다. 다음과 같이 Timestamper 클래스를 고쳤다고 하자.

```
class Timestamper {
    Int init() { return 0; }
```

```
    Int next(Int t) { return t - 1; }
    Bool cmp(Int t1, Int t2) { return t1 > t2; }
}
```

일단 next의 정의가 바뀌었다. 이제 어떤 타임스탬프의 다음 타임스탬프를 만들 때는 1을 더하는 대신 1을 뺀다. 즉, 0의 다음은 -1이고 그다음은 -2다. 이에 맞춰 cmp 역시 달라져야 한다. 이제 t1 < t2 대신 t1 > t2를 계산한다.

라이브러리 사용자가 타임스탬프를 다룰 때 언제나 next와 cmp를 사용한다면 라이브러리를 이렇게 고쳐도 괜찮다. 개별 타임스탬프의 값은 바뀔 수 있어도 선후 관계를 파악하는 데는 지장이 없기 때문이다. 처음부터 만든 타임스탬프를 차례대로 t1, t2, t3라 부른다면 cmp(t1, t2), cmp(t1, t3), cmp(t2, t3)는 모두 true이고 cmp(t2, t1), cmp(t3, t1), cmp(t3, t2)는 모두 false라는 사실은 예나 지금이나 같다. t1, t2, t3의 값은 0, 1, 2에서 0, -1, -2로 바뀌었지만 그에 따라 cmp도 바뀌었으니 cmp의 결과는 유지되는 것이다.

문제는 아까처럼 라이브러리 사용자가 타임스탬프가 정수라는 사실을 코드에 이용한 경우다. 사용자 코드의 마지막 줄이 t.cmp(ts[d], ts[e])였다면 라이브러리를 고치기 전이든 후든 결과가 같았을 것이다. 하지만 ts[d] < ts[e]라고 타임스탬프 값을 직접 비교했기에 라이브러리가 수정된 뒤에는 true는 false로, false는 true로 바뀐다. 선후 관계를 잘못 파악하게 되어 프로그램 동작이 아주 달라지는 것이다. 또, 우리가 타임스탬프의 타입을 Int가 아닌 다른 타입으로 바꾸려 할 때도 문제가 생긴다. 가령 다음과 같이 정수 대신 문자열을 타임스탬프로 사용할 수 있다.

```
class Timestamper {
    String init() { return "a"; }
    String next(String t) { return t + "a"; }
    Bool cmp(String t1, String t2) { return t1.length < t2.length; }
}
```

첫 타임스탬프는 "a"이고, 어떤 타임스탬프의 다음 타임스탬프를 만들 때는 문자열 뒤에 a를 붙인다. 즉, 두 번째 타임스탬프는 "aa", 세 번째 타임스탬프는 "aaa"다. 두 타임스탬프를 비교할 때는 문자열의 길이를 비교한다. 앞서 +를 -로, <를 >로 바꾸었을 때와 마찬가지로 지금 수정한 것도 next와 cmp만 사용해서 타임스탬프를 다루는 코드에는 영향을 주지 않는다. 첫 세 개의 타임스탬프가 이제는 "a", "aa", "aaa"가 된다는 차이점은 있지만 cmp의 결과는 그대로다. 하지만 라이브러리 사용자가 타임스탬프를 정수로서 사용한 경우에는 문제가 있다. 더 이상 타임스탬프가 정수가 아니기 때문에 라이브러리 사용자의 코드가 타입 검사를 통과하지 못하게 된다.

이처럼 Int라는 타임스탬프의 타입이 라이브러리 사용자에게 노출되는 것은 라이브러리를 만드는 입장에서 바람직하지 않다. 라이브러리 사용자의 코드가 타임스탬프를 Int로 사용했는데 라이브러리 코드를 고치면, 프로그램의 동작이 달라지거나 아예 타입 검사를 통과하지 못하게 될 수 있는 것이다. 따라서 라이브러리 구현을 수정하고 싶어도 함부로 그럴 수 없게 된다.

이를 해결하려면 타임스탬프의 타입을 라이브러리 사용자에게 숨겨야 한다. 타임스탬프의 타입이 Int임을 알려 주는 대신 타임스탬프의 타입이 되는 '무엇인가'가 존재한다고만 알려 주는 것이다. 그 '무엇인가'는 Int일 수도 있고, String일 수도 있다. 라이브러리를 만든 우리가 언제든지 바꿀 수 있는 타입이다. 그러므로 라이브러리 사용자는 타임스탬프의 타입이 되는 '무엇인가'가 있다는 사실은 알지만, 그 타입이 특정한 타입이라는 기대를 가지고 코드를 짤 수는 없다. 즉, t.cmp(ts[d], ts[e])는 가능해도 ts[d]와 ts[e]가 정수라고 가정한 채 ts[d] < ts[e]라고는 할 수 없게 되는 것이다. 이런 일을 가능하게 만들어 주는 개념이 무엇인가 타입이다.

무엇인가 타입을 사용하여 우리 라이브러리를 다음과 같이 다시 작성할 수 있다.

```
class Timestamper {
    Int init() { return 0; }
    Int next(Int t) { return t + 1; }
    Bool cmp(Int t1, Int t2) { return t1 < t2; }
}
exists T.{ T init(); T next(T t); Bool cmp(T t1, T t2); } create() {
    return Timestamper();
}
```

이제 create의 결과 타입이 exists T.{ T init(); T next(T t); Bool cmp(T t1, T t2); }다. 이렇게 exists T.A 형태(T는 타입 매개변수, A는 타입)로 생긴 타입이 무엇인가 타입이다. 이 타입은 create가 반환하는 값의 타입이 { T init(); T next(T t); Bool cmp(T t1, T t2); } 형태라는 사실을 나타낸다. 여기서 T가 무엇인지는 알 수 없다. 그저 'create가 반환한 값의 타입이 { T init(); T next(T t); Bool cmp(T t1, T t2); }다'가 사실이 되도록 만드는 T가 '무엇인가' 존재한다는 사실만 알려 줄 뿐이다. 그래서 이 타입을 무엇인가 타입이라 부른다.

과연 우리의 코드는 타입 검사를 통과할까? 물론이다. create가 반환하는 값은 Timestamper 객체다. 이 객체의 타입은 { Int init(); Int next(Int t); Bool cmp(Int t1, Int t2); }다. 그렇다면 T가 Int일 때 이 객체의 타입이 { T init(); T next(T t); Bool cmp(T t1, T t2); }라고 해도 올바르다. 앞서 설명한 조건을 만족하는 T가 '무엇인가' 존재하는 셈이니 객체의 타입이 exists T.{ T init(); T next(T t); Bool cmp(T t1, T t2); }라고 할 수 있다. 반환하는 값의 타입과 표시된 결과 타입이 일치하니 create는 타입 검사를 무사히 통과한다.

문자열을 타임스탬프로 사용하도록 Timestamper 클래스를 수정해도 여전히 우리의 코드는 타입 검사를 통과한다.

```
class Timestamper {
    String init() { return "a"; }
    String next(String t) { return t + "a"; }
    Bool cmp(String t1, String t2) { return t1.length < t2.length; }
}
```

이제 create가 반환하는 값의 타입은 { String init(); String next(String t); Bool cmp(String t1, String t2); }다. 그렇다면 T가 String일 때 이 객체의 타입을 { T init(); T next(T t); Bool cmp(T t1, T t2); }라고 할 수 있다. 따라서 타임스탬프의 타입을 바꿔도 타입 검사를 통과하는 데 아무 문제도 없다.

그렇다면 라이브러리 사용자는 어떨까? 우리가 걱정하는 코드를 이전처럼 작성할 수 있을까?

```
exists T.{ T init(); T next(T t); Bool cmp(T t1, T t2); } t =
    create();
List<t.T> ts = ...;
...
if (ts[d] < ts[e]) { ... }
```

그렇지 않다. 이 코드는 타입 검사를 통과하지 못한다. ts[d]와 ts[e]의 타입은 타임스탬프의 타입으로, 이 타입에 해당하는 '무엇인가'가 존재한다는 사실만 알 수 있다. 이 타입이 Int인지 아닌지는 모른다. 그러므로 ts[d] < ts[e]가 타입 검사를 통과하지 못한다. 라이브러리 사용자가 다음처럼 cmp를 사용하도록 강제되는 것이다.

```
exists T.{ T init(); T next(T t); Bool cmp(T t1, T t2); } t =
    create();
List<t.T> ts = ...;
...
if (t.cmp(ts[d], ts[e])) { ... }
```

따라서 우리는 마음 놓고 라이브러리 코드를 수정할 수 있다.

여기서 한 가지 추가로 주목해야 할 부분은 라이브러리 사용자가 타임스탬프의 타입을 표현한 방법이다. ts의 타입이 List<t.T>인 데서 알 수 있듯이 타임스탬프의 타입은 t.T다. 변수 t가 숨기고 있는 어떤 타입 T라는 뜻이다.

지금까지의 내용에서 알 수 있는 무엇인가 타입의 특이한 점은 정적 타입 언어가 제공하는 다른 대부분의 기능과는 목적이 다르다는 것이다. 일반적으로 정적 타입 언어가 제공하는 기능들은 더 많은 프로그램이 문제없이 타입 검사를 통과할 수 있도록 돕는다. 반면 무엇인가 타입의 역할은 정반대다. 오히려 타입 검사를 통과할 수 있는 프로그램이 타입 검사를 통과하지 못하도록 방해한다. 이는 보통 필요 없는 능력이다.

하지만 어떤 경우에는 이 능력이 중요하다. 예에서 본 것처럼 라이브러리를 만드는 상황이 여기에 속한다. 라이브러리를 만드는 입장에서는 라이브러리 사용자의 행동을 제약할 필요가 있다. 사용자의 코드가 특정 조건을 만족한다고 가정해야 코드를 작성하기 쉽거나 앞으로 코드를 고치는 데 유리하기 때문이다. 예에서는 사용자가 next와 cmp를 통해 타임스탬프를 다룬다는 것이 우리가 원하는 조건이었다. 무엇인가 타입은 이런 조건을 타입으로 표현할 수 있게 한다. 그럼으로써 타입 검사기의 힘을 빌려 우리의 요구를 사용자가 따르도록 강제할 수 있는 것이다.

마지막으로 무엇인가 타입과 앞서 본 무엇이든 타입을 비교해 보자. 두 개념은 어떤 면에서는 비슷해 보이지만 사실 정반대 개념이다. 2장에서 본 최대 타입과 최소 타입이 비슷한 면이 있음에도 사실은 완벽히 반대였던 것과 마찬가지다.

무엇인가 타입은 최대 타입과 비슷하다. 아무 값이나 최대 타입의 값이 될 수 있듯이 무엇인가 타입의 값을 만드는 것 역시 쉽다. `exists T.(T => T)`를 예로 생각해 보자. 이 타입의 값은 꽤나 쉽게 만들 수 있다. `Int => Int` 타입의 함수를 만들어도 되고 `String => String` 타입의 함수를 만들어도 된다. 어느 한 타입 `T`에 대해서라도 `T => T` 타입인 값을 만들면 되는 것이다. 또, 최대 타입의 값을 사용할 수 있는 곳이 거의 없는 것처럼, 무엇인가 타입의 값을 사용하는 방법 또한 제한적이다. `exists T.(T => T)` 타입의 함수가 있어 봤자 이 함수를 호출할 방법이 없다. `T`가 무슨 타입인지 모르기 때문이다. 그나마 `exists T.{ T init(); T next(T t); }`의 경우에는 `init`이 반환한 값을 `next`에 넣을 수 있다. 또, 그렇게 `next`를 호출해서 얻은 결과를 다시 `next`에 넣을 수도 있다. 하지만 그 이외의 값은 `next`에 넣을 수 없다.

한편 무엇이든 타입은 최소 타입과 비슷하다. 아무 값도 최소 타입에 속하지 않듯이 무엇이든 타입의 값을 만드는 것은 어려운 편이다. `forall T.(T => T)`를 생각해 보자. 이 타입의 값을 만들려면 제네릭 함수를 정의해야 한다. 그 함수는 아무 타입의 값을 인자로 받아 그 타입의 값을 반환한다. 인자가 무슨 타입인지 모르기 때문에 인자를 가지고 할 수 있는 일이 제한적이다. 인자를 그대로 반환하거나 인자를 출력하는 일 정도가 고작이다. 덧셈과 같이 더 흥미로운 일은 할 수 없다. 이처럼 무엇이든 타입에 속하는 값은 얼마 없다. 그 대신 무엇이든 타입을 사용하기는 매우 쉽다. 최소 타입의 부품을 아무 데나 넣을 수 있는 것과 비슷하다. `forall T.(T => T)` 타입의 함수가 주어진다면 이 함수를 `Int => Int` 타입의 함수로 사용할 수도 있고, `String => String` 타입의 함수로 사용할 수도 있다. 정수를 가지고 있든 문자열을 가지고 있든 이 함수를 사용할 수 있는 셈이다.

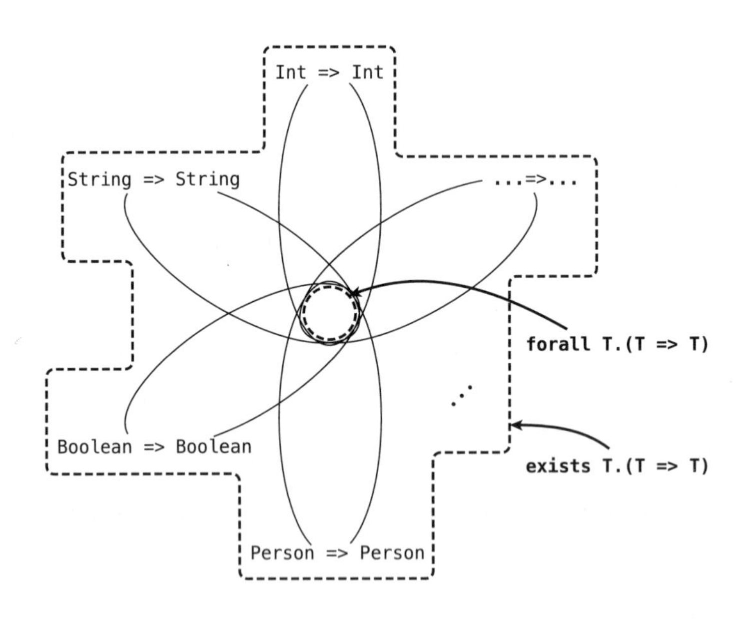

이 두 종류 타입의 상반되는 특징은 용어에서도 잘 드러난다. '무엇인가' 할 수 있는 사람은 찾기 쉽다. 누구나 각자 자신이 잘하는 일이 있다. 대신 '무엇인가' 할 수 있는 사람에게는 그 사람이 잘할 수 있는 일을 찾아 줘야 한다. 아무거나 시켜서는 그 사람의 능력을 다 발휘하기 어렵다.

한편 '무엇이든' 할 수 있는 사람은 찾기 어렵다. 그토록 다재다능한 사람은 매우 드문 법이다. 하지만 일단 '무엇이든' 할 수 있는 사람을 찾았다면 그보다 더 좋을 수가 없다. 무슨 일을 맡기든 척척 잘 해낼 것이다.

무엇인가 타입과 무엇이든 타입도 똑같다. 무엇인가 타입의 값은 만들기 쉽지만 사용하기 어렵고, 무엇이든 타입의 값은 만들기는 어려워도 사용하기는 쉽다.

주요 언어 예시

무엇인가 타입은 언어마다 지원하는 방식이 제각각이다. 이 책은 각 언어를 자세히 설명하는 책이 아니니 앞서 본 프로그램을 각 언어로 어떻게 작성할 수 있는지 간략하게만 소개한다. 각 언어의 코드를 정확하게 이해하고 싶다면 해당 언어에 관한 자료를 직접 찾아보기를 권한다.

스칼라

```
/* 라이브러리 */
trait Timestamper:
  type T
  def init: T
  def next(t: T): T
  def cmp(t1: T, t2: T): Boolean
class IntTimestamper extends Timestamper:
  type T = Int
  def init: T = 0
  def next(t: T): T = t + 1
  def cmp(t1: T, t2: T): Boolean = t1 < t2
class StringTimestamper extends Timestamper:
  type T = String
  def init: T = "a"
  def next(t: T): T = t + "a"
  def cmp(t1: T, t2: T): Boolean = t1.length < t2.length
def create(): Timestamper =
  if ... then IntTimestamper() else StringTimestamper()
```

`exists T.{ a; b; ... }` 형태의 무엇인가 타입을 사용하고 싶으면 `trait X { type T; a; b; ... }`라고 트레이트를 정의해야 한다. 그러면 X라는 타입이 `exists T.{ a; b; ... }`의 역할을 하게 된다. 즉, 위 코드에서는 `Timestamper` 타입이 우리가 원하는 무엇인가 타입의 역할을 한다. X 타입의 객체를 만들 때는 책의 설명처럼 클래스를 정의하되, 타입 X를 상속해야 하며 `type T = A` 형태로 T에 해당하는 '무

엇인가'를 코드에 명시해야 한다. 앞의 코드에서는 IntTimestamper와 StringTimestamper가 모두 Timestamper를 상속하며, T에 해당하는 '무엇인가'가 각각 Int와 String이라고 선언했다. 그러고 나면 IntTimestamper 객체와 StringTimestamper 객체를 Timestamper 타입의 값으로 사용할 수 있다.

```
/* 사용자 */
val t: Timestamper = create()
val ts0: t.T = t.init
val ts1: t.T = t.next(ts0)
t.cmp(ts0, ts1)
```

하스켈

```
/* 라이브러리 */
data Timestamper = forall t. Timestamper {
  ini :: t,
  next :: t -> t,
  cmp :: t -> t -> Bool
}
intIni = 0
intNext t = t + 1
intCmp t1 t2 = t1 < t2
intTimestamper = Timestamper {
  ini = intIni,
  next = intNext,
  cmp = intCmp
}
stringIni = "a"
stringNext t = t ++ "a"
stringCmp t1 t2 = length t1 < length t2
stringTimestamper = Timestamper {
  ini = stringIni,
  next = stringNext,
  cmp = stringCmp
}
create :: () -> Timestamper
create _ = if ... then intTimestamper else stringTimestamper
```

exists T.{ a; b; ... } 형태의 무엇인가 타입을 사용하고 싶으면 data X = forall T.X { a, b, ... }라고 타입을 정의해야 한다. 그러면 X라는 타입이 exists T.{ a; b; ... }의 역할을 하게 된다. 즉, 앞의 코드에서는 Timestamper 타입이 우리가 원하는 무엇인가 타입의 역할을 한다. X 타입의 값을 만들 때는 X { ... } 형태로 적으면 된다. 앞의 코드에서는 intTimestamper와 stringTimestamper가 Timestamper 타입의 값이다.

```
/* 사용자 */
t = create ()
case t of
  Timestamper { ini = ini, next = next, cmp = cmp } ->
    let ts0 = ini in
    let ts1 = next ts0 in
    cmp ts0 ts1
```

무엇인가 타입의 값을 사용할 때는 패턴 대조를 통해 구성 요소들을 꺼낸 뒤 사용한다.

오캐멀

```
/* 라이브러리 */
module type TIMESTAMPER = sig
  type t
  val init: t
  val next: t -> t
  val cmp: t -> t -> bool
end
module IntTimestamper = struct
  type t = int
  let init = 0
  let next t = t + 1
  let cmp t1 t2 = t1 < t2
end
module StringTimestamper = struct
  type t = string
  let init = "a"
  let next t = String.cat t "a"
```

```
  let cmp t1 t2 = (String.length t1) < (String.length t2)
end
let create (_: unit): (module TIMESTAMPER) =
  if ... then (module IntTimestamper) else (module
                                              StringTimestamper)
```

exists T.{ a; b; ... } 형태의 무엇인가 타입을 사용하고 싶으면 module type X = sig type T a b ... end라고 모듈(module) 시그니처를 정의해야 한다. 그러면 module X라는 타입이 exists T.{ a, b, ... }의 역할을 하게 된다. 즉, 앞의 코드에서는 module TIMESTAMPER 타입이 우리가 원하는 무엇인가 타입의 역할을 한다. 무엇인가 타입의 값을 만들 때는 모듈을 정의하되, type T = A 형태로 T에 해당하는 '무엇인가'를 코드에 명시해야 한다. 앞의 코드에서는 IntTimestamper와 StringTimestamper가 T에 해당하는 '무엇인가'가 각각 int와 string이라고 선언했다. 그러고 나면 (module IntTimestamper)와 (module StringTimestamper)를 (module TIMESTAMPER) 타입의 값으로 사용할 수 있다.

```
/* 사용자 */
let module T = (val create (): TIMESTAMPER) in
let ts0: T.t = T.init in
let ts1: T.t = T.next ts0 in
T.cmp ts0 ts1
```

프로젝트 이름	구현 언어	프로그램 용도	스타 개수	깃허브 주소
플로	오캐멀	자바스크립트 타입 검사기	22k	*https://github.com/facebook/flow*
인퍼	오캐멀	코드 분석기	13.9k	*https://github.com/facebook/infer*
리즌	오캐멀	컴파일러	9.8k	*https://github.com/reasonml/reason*
셈그렙	오캐멀	코드 분석기	8k	*https://github.com/returntocorp/semgrep*
파이어	오캐멀	파이썬 타입 검사기	6.3k	*https://github.com/facebook/pyre-check*

표 3-8 무엇인가 타입을 사용하는 프로젝트

4장

두 다형성의 만남

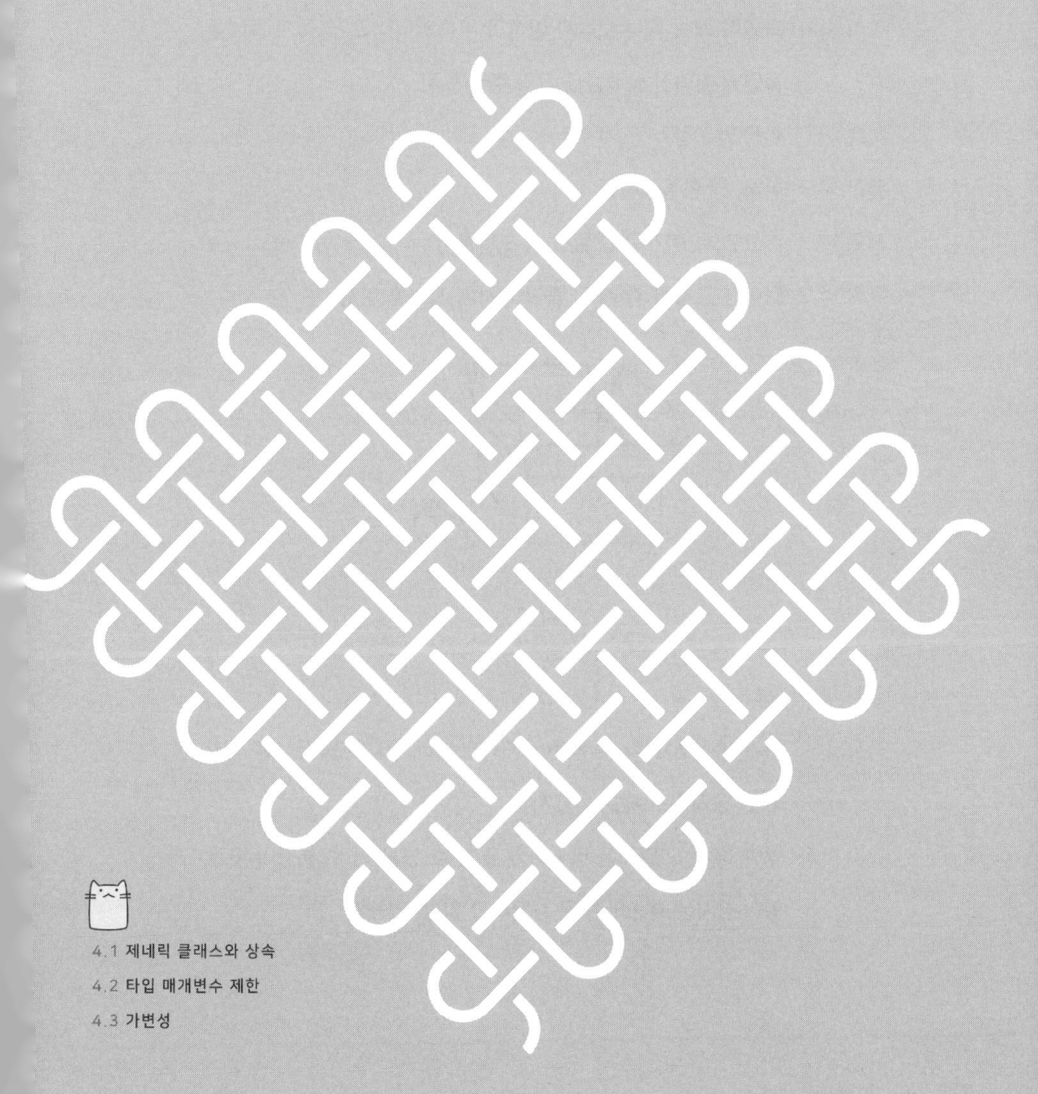

4.1 제네릭 클래스와 상속
4.2 타입 매개변수 제한
4.3 가변성

- 상자, 상자, 상자 -

처르지: 이야, 이 많은 상자는 다 뭐야?

큐리 박사: 내가 팔다 남은 과일을 상자에 넣어서 보관한다고 한 거 기억해?

처르지: 맞아, 그랬지.

큐리 박사: 과일이 계속 남다 보니까 상자가 부족하더라고. 그래서 동네를 돌면서 버려진 상자들을 잔뜩 주워 왔지.

처르지: 엄청 많은걸?

큐리 박사: 하하, 꽤 힘들었다고.

처르지: 수고했어. 내가 과일 넣는 거 도와줄까?

큐리 박사: 그러면 고맙지. 우선 이 종이 상자에 사과를 넣자.

잠시 후

큐리 박사: 됐다!

처르지: 이건 이제 **사과가 든 종이 상자**네? 종이 상자도 상자니까 **사과가 든 상자**라고 해도 되겠지?

큐리 박사: 맞아. 무슨 과일이든 비슷하게 말할 수 있을 거야. **복숭아가 든 종이 상자**는 **복숭아가 든 상자**라고 할 수 있겠지.

처르지: 그러네.

큐리 박사: 이번에는 이 나무 상자에 수박을 넣자.

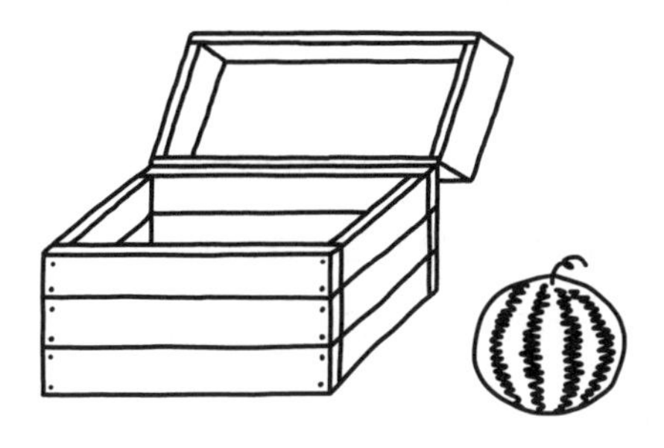

잠시 후

큐리 박사: 다 넣었다!

처르지: 이건 **수박이 든 나무 상자**인 거지? 그냥 **수박이 든 상자**라고 부를 수도 있을 거고.

큐리 박사: 맞는 말이야. 나무 상자도 종이 상자랑 비슷하네. 이제 이 납작한 상자에 과일을 넣어 보자. 이 상자는 너무 납작해서 방울토마토 말고는 넣을 수 있는 게 없겠어. 여기에 방울토마토를 넣자.

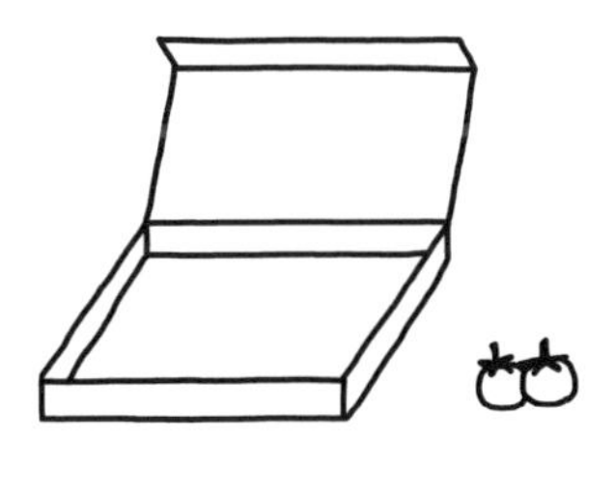

잠시 후

큐리 박사: 끝!

처르지: 이 **납작한 상자**는 **방울토마토가 든 상자**인 거지?

큐리 박사: 맞아. 어차피 납작한 상자에는 방울토마토밖에 못 넣으니까 그냥 납작한 상자라고만 해도 방울토마토가 든 상자라는 걸 알 수 있겠어. 납작한 상자가 사과가 든 상자가 된다거나 수박이 든 상자가 된다거나 할 일은 없을 테니깐.

처르지: 어, 납작한 상자는 종이 상자나 나무 상자랑은 좀 다르구나.

4.1 제네릭 클래스와 상속

2장에서는 서브타입에 의한 다형성을, 3장에서는 매개변수에 의한 다형성을 알아보았다. 전통적으로는 객체 지향 언어가 서브타입에 의한 다형성을, 함수형 언어가 매개변수에 의한 다형성을 지원했다. 하지만 최근에는 한 언어가 두 종류의 다형성을 모두 제공하는 경우가 흔하다. 두 다형성이 만나면 각 다형성이 제공하는 기능만으로 끝이 아니다. 두 가지가 함께 있을 때만 존재할 수 있는 흥미롭고 유용한 기능들이 탄생한다. 이번 장에서 살펴볼 내용은 그런 기능들이다.

첫 번째로 볼 것은 제네릭 클래스를 상속과 함께 사용하는 방법이다. 어떤 클래스를 상속해 새로운 클래스를 정의하면 기존 클래스에 정의된 필드와 메서드가 새 클래스에도 자동으로 정의된다. 이는 제네릭 클래스에서도 똑같다. 우리가 궁금한 부분은 서브타입 관계다. 제네릭 클래스가 있을 때 타입들 사이의 서브타입 관계는 어떻게 될까? 예와 함께 알아보자.

3장에서는 List가 Int처럼 원래부터 언어에 있는 타입인 것처럼 다루었지만, 이번 장에는 리스트를 클래스로 직접 구현하겠다. 실제로 많은 언어가 리스트를 클래스로서 표준 라이브러리에 구현해 놓는다. 이때 리스트를 구현하는 방법은 하나가 아니다. 자료 구조를 공부한 사람이라면 리스트 구현 방법에는 배열 리스트(array-based list)와 연결 리스트(linked list)가 있다는 사실을 알 것이다. 모르더라도 상관없다. 리스트 구현 방식이 여러 가지라는 사실만 기억하면 된다. 다음과 같이 두 종류의 리스트를 각각 클래스로 구현할 수 있다.

```
class ArrayList<T> {
    T get(Int idx) { ... }
    ...
}
class LinkedList<T> {
    T get(Int idx) { ... }
    ...
}
```

ArrayList 클래스는 배열 리스트에, LinkedList 클래스는 연결 리스트에 해당한다. 이전과 비슷하게 ArrayList<T>와 LinkedList<T>는 원소 타입이 T인 리스트를 나타낸다. 즉, ArrayList<Int>와 LinkedList<Int>는 정수의 리스트를, ArrayList<String>과 LinkedList<String>은 문자열의 리스트를 나타내는 것이다. 각 리스트는 인자로 주어진 위치의 원소를 반환하는 get 메서드를 가진다. get의 결과 타입은 리스트의 원소 타입인 T다. 따라서 ArrayList<Int>나 LinkedList<Int> 타입의 리스트에서 get을 사용하면 결과 타입이 Int이고, ArrayList<String>이나 LinkedList<String> 타입의 리스트에서 get을 사용하면 결과 타입이 String이다. get 이외에 리스트의 길이를 알려 주는 length를 비롯한 다른 메서드들도 있겠지만 코드에서는 생략했다.

ArrayList와 LinkedList는 구현 방법만 다를 뿐 완전히 같은 기능을 제공한다. 리스트를 다루는 함수를 정의할 때 매개변수 타입을 ArrayList로 한다면 연결 리스트는 인자로 받을 수 없게 된다. 같은 일을 하는 함수를 매개변수 타입만 LinkedList로 하여 또 정의해야 하는 것이다. 이런 문제를 피하려면 2장에서 한 것처럼 두 클래스가 모두 상속하는 추상 클래스를 하나 만드는 게 좋다. 따라서 다음과 같이 List 타입을 추상 클래스로 정의한다.

```
abstract class List<T> {
    T get(Int idx);
    ...
}
```

ArrayList와 LinkedList 클래스가 구체적인 구현을 모두 담고 있는 것과 달리, List 클래스는 추상 클래스로서 리스트가 제공해야 하는 메서드의 시그니처만 정의한다. 이제 ArrayList와 LinkedList 모두 List를 상속하도록 고칠 차례다.

```
class ArrayList<T> extends List<T> {
    T get(Int idx) { ... }
    ...
}
class LinkedList<T> extends List<T> {
    T get(Int idx) { ... }
    ...
}
```

코드에서 알 수 있는 것은 List 클래스를 상속할 때 그냥 extends List라고 쓰면 안 된다는 점이다. ArrayList<T> extends List<T>, LinkedList<T> extends List<T>라고 써야 한다. 이는 각각의 타입 T마

다 ArrayList<T>는 List<T>를 상속하며, LinkedList<T> 역시 List<T>를 상속한다고 쓴 것이라 이해할 수 있다.

2장에서 A가 B를 상속하면 A가 B의 서브타입이라고 했다. 이 원리가 제네릭 클래스에도 그대로 적용된다. 따라서 각각의 타입 T마다 ArrayList<T>와 LinkedList<T>가 List<T>의 서브타입이 된다. 예를 들면 ArrayList<Int>와 LinkedList<Int>는 List<Int>의 서브타입이고, ArrayList<String>과 LinkedList<String>은 List<String>의 서브타입인 것이다. 서브타입이 "A는 B다"라는 관계를 표현한다는 사실에 비추어 볼 때 이 서브타입 관계는 직관적으로 타당하다. "정수로 구성된 배열 리스트는 정수로 구성된 리스트다"가 올바른 설명이니 ArrayList<Int>가 List<Int>의 서브타입이어야 마땅하다. 또한 "정수로 구성된 연결 리스트는 정수로 구성된 리스트다" 역시 올바르니 LinkedList<Int>도 List<Int>의 서브타입이다.

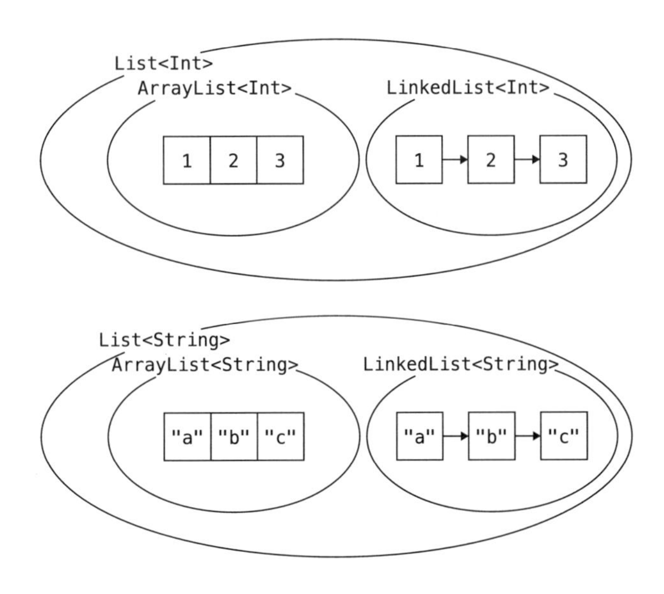

ArrayList와 LinkedList를 정의할 때 왜 굳이 extends List 대신 extends List<T>라고 써야 하는지 의문이 생길 수 있다. 그 이유는 다음 예를 보면 명확해진다.

길이가 n인 불 리스트를 만든다고 하자. 모든 타입을 위해 일반적으로 구현한 리스트인 ArrayList나 LinkedList를 사용하면 최소 n바이트의 메모리가 필요하다. 일반적으로 불 하나당 1바이트를 차지하기 때문이다. 하지만 불이 나타내는 값은 true와 false 둘뿐이므로 사실 1비트만으로도 불을 표현할 수 있다. 그러므로 1바이트에 불 8개를 저장함으로써 길이가 n인 불 리스트를 n/8 바이트의 메모리만 사용해 만들 수 있다. 기존보다 8배 적은 메모리만 사용하는 것이다. 이와 같은 구현 방식은 대개 비트 벡터(bit vector)라는 이름으로 부른다. 비트 벡터를 다음처럼 클래스로 정의할 수 있다.

```
class BitVector {
    Boolean get(Int idx) { ... }
    ...
}
```

비트 벡터는 불 리스트를 구현하는 한 가지 방법이므로 배열 리스트나 연결 리스트와 마찬가지로 get처럼 리스트가 제공해야 하는 메서드를 모두 가지고 있다. 그러므로 List<Boolean> 타입의 인자를 받는 함수가 BitVector 타입의 값도 인자로 받을 수 있도록 하는 것이 바람직하다. 그러려면 BitVector가 List를 상속해야 한다. 문제는 비트 벡터는 불 리스트를 구현할 때만 사용 가능한 방식이라는 점이다. 가능한 값이 두 개가 넘어가는 다른 타입의 리스트는 비트 벡터로 구현하기가 불가능하다. 정수 리스트나 문자열 리스트를 구현할 때는 비트 벡터를 사용할 수 없는 것이다. 그러므로 BitVector가 List<Boolean>의 서브타입일 필요는 있지만, List<Int>나 List<String>의 서브타입이 되어서는 안 된다. 이를 다음과 같은 코드를 통해 표현할 수 있다.

```
class BitVector extends List<Boolean> {
    Boolean get(Int idx) { ... }
    ...
}
```

BitVector는 List<Boolean>을 상속한다. 그러므로 BitVector는 List<Boolean>의 서브타입이다. 또한 BitVector는 그 밖의 다른 어떤 것도 상속하지 않는다. 따라서 우리가 원하는 대로 BitVector는 List<Int>의 서브타입도 아니고 List<String>의 서브타입도 아니다.

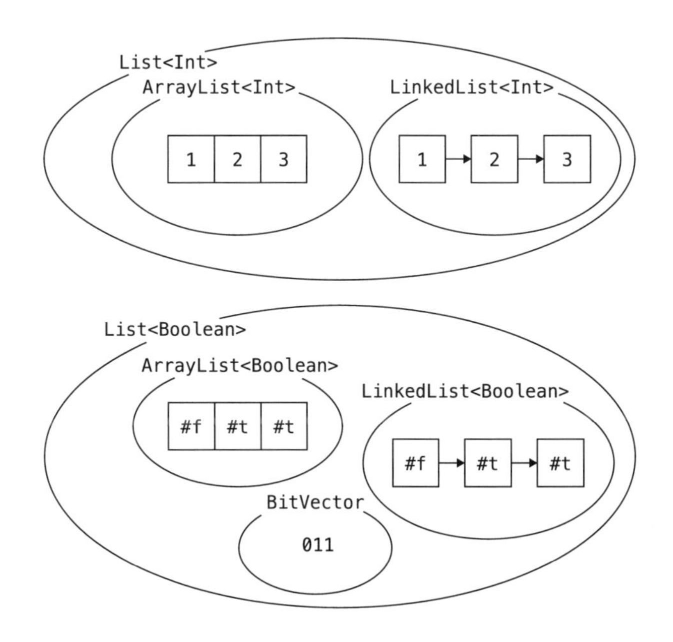

이처럼 한 클래스가 제네릭 클래스를 타입 인자에 상관없이 상속하는 대신 타입 인자가 특정 타입일 때만 상속하는 경우가 있다. 그러니 타

입 검사기가 서브타입 관계를 파악하려면 각 클래스가 무엇을 상속하는지 정확히 알아야 한다. 이것이 그냥 extends List라고 쓸 수 없는 이유다. 타입 인자에 상관없이 상속할 것이라면 ArrayList<T> extends List<T>처럼 써야 하고, 타입 인자가 특정 타입일 때만 상속할 것이라면 BitVector extends List<Boolean>처럼 써야 한다.

제네릭 클래스를 사용할 때 지금까지 본 두 가지 경우 이외에도 다양한 상속 관계가 나타날 수 있다. 가령 ArrayList<T> extends Serializable이라 썼다면 각각의 타입 T마다 ArrayList<T>가 Serializable의 서브타입이다. 즉, ArrayList<Int>도 Serializable의 서브타입이고 ArrayList<String>도 Serializable의 서브타입인 셈이다. 또, 더 복잡하게는 Foo<T> extends List<T => T>라 썼다면 각 T마다 Foo<T>가 List<T => T>의 서브타입이다. 따라서 Foo<Int>는 List<Int => Int>의 서브타입이고 Foo<String>은 List<String => String>의 서브타입이다. 일반적으로는 "C<T> extends D라 썼다면, C<A>는 '타입 D에 등장하는 모든 T를 A로 바꿔서 만든 타입'의 서브타입이다"라고 정리할 수 있다.

주요 언어 예시

자바

```
abstract class List<T> {
    abstract T get(int idx);
}
class ArrayList<T> extends List<T> {
    T get(int idx) { ... }
}
```

```
class BitVector extends List<Boolean> {
    Boolean get(int idx) { ... }
}
List<String> l1 = new ArrayList<String>();
List<Boolean> l2 = new ArrayList<Boolean>();
List<Boolean> l3 = new BitVector();
```

C++

```
template <typename T> class List {
    virtual T get(int idx)=0;
};
template <typename T> class ArrayList : public List<T> {
    virtual T get(int idx) { ... }
};
class BitVector : public List<bool> {
    virtual bool get(int idx) { ... }
};
List<string> *l1 = new ArrayList<string>();
List<bool> *l2 = new ArrayList<bool>();
List<bool> *l3 = new BitVector();
```

C#

```
abstract class List<T> {
    public abstract T get(int idx);
}
class ArrayList<T> : List<T> {
    public override T get(int idx) { ... }
}
class BitVector : List<bool> {
    public override bool get(int idx) { ... }
}
List<string> l1 = new ArrayList<string>();
List<bool> l2 = new ArrayList<bool>();
List<bool> l3 = new BitVector();
```

타입스크립트

```
abstract class List<T> {
    abstract get(idx: number): T;
```

```
}
class ArrayList<T> {
    get(idx: number): T { ... }
}
class BitVector {
    get(idx: number): boolean { ... }
}
let l1: List<string> = new ArrayList<string>();
let l2: List<boolean> = new ArrayList<boolean>();
let l3: List<boolean> = new BitVector();
```

구조에 의한 서브타입을 사용하므로 각 타입이 가지고 있는 필드와 메서드를 고려해 서브타입 여부를 판단한다. List<string>이 가지고 있는 get 메서드와 동일한 시그니처의 메서드를 ArrayList<string>도 가지고 있으므로 ArrayList<string>은 List<string>의 서브타입이다. 같은 원리로, ArrayList<boolean>과 BitVector는 List<boolean>의 서브타입이다.

고

```
type List[T any] interface {
    get(idx int) T
}
type ArrayList[T any] struct {}
func (l ArrayList[T]) get(idx int) T { ... }
type BitVector struct {}
func (l BitVector) get(idx int) bool { ... }
var l1 List[string] = ArrayList[string]{}
var l2 List[bool] = ArrayList[bool]{}
var l3 List[bool] = BitVector{}
```

구조에 의한 서브타입을 사용하므로 각 타입이 가지고 있는 메서드를 고려해 서브타입 여부를 판단한다. List[string]이 가지고 있는 get 메서드와 동일한 시그니처의 메서드를 ArrayList[string]도 가지고 있으므로 ArrayList[string]은 List[string]의 서브타입이다. 같은 원리로 ArrayList[bool]과 BitVector는 List[bool]의 서브타입이다.

코틀린

```
abstract class List<T> {
    abstract fun get(idx: Int): T
}
class ArrayList<T> : List<T>() {
    override fun get(idx: Int): T = ...
}
class BitVector : List<Boolean>() {
    override fun get(idx: Int): Boolean = ...
}
val l1: List<String> = ArrayList<String>()
val l2: List<Boolean> = ArrayList<Boolean>()
val l3: List<Boolean> = BitVector()
```

스칼라

```
abstract class List[T]:
  def get(idx: Int): T
class ArrayList[T] extends List[T]:
  def get(idx: Int): T = ...
class BitVector extends List[Boolean]:
  def get(idx: Int): Boolean = ...
val l1: List[String] = ArrayList[String]()
val l2: List[Boolean] = ArrayList[Boolean]()
val l3: List[Boolean] = BitVector()
```

프로젝트 이름	구현 언어	프로그램 용도	스타 개수	깃허브 주소
일래스틱서치	자바	검색 엔진	63.4k	*https://github.com/elastic/elasticsearch*
기드라	자바	디컴파일러	38.9k	*https://github.com/NationalSecurityAgency/ghidra*
셀레늄	자바	브라우저 자동화 도구	26.3k	*https://github.com/SeleniumHQ/selenium*
마이크로소프트 파워토이스	C#	시스템 유틸리티	89.7k	*https://github.com/microsoft/PowerToys*
파워셸	C#	셸	38.1k	*https://github.com/PowerShell/PowerShell*

파일스	C#	파일 관리자	27.2k	*https://github.com/files-community/Files*
OkHttp	코틀린	HTTP 클라이언트	43.8k	*https://github.com/square/okhttp*
아파치 스파크	스칼라	데이터 처리 엔진	35.5k	*https://github.com/apache/spark*
리라	스칼라	온라인 체스 서버	13k	*https://github.com/lichess-org/lila*

표 4-1 제네릭 클래스의 상속을 사용하는 프로젝트

- 달달한 과일 찾기 -

큐리 박사: 음, 이걸 여기에 연결하고.......

처르지: 큐리, 뭐 하고 있어?

큐리 박사: 내가 지난번에 '완전똑똑자동선택기계' 만든 거 기억해?

처르지: 물론이지. 과일 무게를 비교해서 더 무거운 거를 매대 위에 올려 주잖아. 과일을 넣기 전에는 무슨 과일을 넣을지 종이에 적어서 기계한테 줘야 하고.

큐리 박사: 맞아. 잘 기억하는구나?

처르지: 그럼. 내 제일 친한 친구가 하는 일인데 다 기억하지.

큐리 박사: 하하, 고마워. 근데 '완전똑똑자동선택기계'를 사용하다 보니까 문제가 좀 있더라고. 과일이 무겁다고 손님들이 무조건 좋아하는 게 아니었어. 좀 가볍더라도 달달한 과일이 더 잘 팔리는 거 같아. 역시 과일은 맛이 중요한가 봐.

처르지: 아, 그건 그래. 맛도 없으면서 양만 많으면 별로지.

큐리 박사: 그래서 기계를 고치는 중이야. 이제는 무게 대신 당도를 비교해서 더 단 과일을 고르도록 하려고.

처르지: 좋은 생각이야. 근데 뭐가 더 단지 어떻게 알아? 알기 어려울 거 같은데?

큐리 박사: 걱정하지 마. 어떻게 할지 이미 다 생각했다고. 내가 만든 '초정밀초미세바늘'을 과일에 찌르면 흠집 하나 안 내고 당도만 빠르게 측정할 수 있어. 이제 바늘만 기계에 끼우면 끝이야.

처르지: 와, 신기하다. 내가 한번 써 봐도 돼?

큐리 박사: 물론이지.

처르지: 좋아. 사과를 넣어 보겠어. 일단 종이에 사과라고 써서 기계한테 주고 그 다음에 사과 두 개를 넣으면 되겠지?

큐리 박사: 맞아.

처르지: 나왔다! 한번 먹어 볼까? 이야, 달콤하네. 기계가 아주 잘 작동하는 거 같아.

큐리 박사: 야호, 성공이야!

처르지: 이번에는 수박을 넣어 봐야지.

펑!

처르지: 어? 왜 이래? 기계가 폭발했잖아.

큐리 박사: 이런, 아무래도 수박은 껍질이 두꺼워서 내 '초정밀초미세바늘'이 뚫고 들어가질 못하나 봐.

처르지: 그러면 이제는 **아무 과일이나 넣으면 안 되는** 거야?

큐리 박사: 그렇게 됐네. 전에 무게를 비교할 때는 **아무 물체나 다 무게를 잴 수 있으니 무엇이든** 넣을 수 있었는데, 이제는 당도를 비교하려면 **바늘로 찔러야 하니 '초정밀초미세바늘'이 들어갈 수 있을 정도로 껍질이 얇은 과일만** 넣을 수 있겠어.

처르지: 이런, 미안해. 기계를 고장 내 버렸네.

큐리 박사: 아니야. 나도 예상하지 못했는걸. 그보다는 이런 일이 다시 생기지 않도록 할 방법을 찾아야 할 거 같아.

처르지: **과일 종류를 종이에 써서 기계한테 줄 때 바늘로 껍질을 뚫을 수 있는 과일만 기계가 허용**하도록 만들면 되지 않을까?

큐리 박사: 바로 그거야!

4.2 타입 매개변수 제한

3장에서 본 것처럼 타입 검사기는 제네릭 함수의 정의를 검사할 때 타입 매개변수가 아무 타입이나 나타낼 수 있다고 간주한다. 따라서 T가 타입 매개변수일 때 T 타입의 매개변수를 출력하거나 반환할 수는 있어도 덧셈이나 곱셈 같이 특별한 능력이 필요한 곳에는 사용할 수 없다. 3장에서 이 조건은 별 문제가 아니었다. 제네릭 함수를 정의한다는 것은 여러 타입으로 사용될 수 있는 함수를 만드는 일이니, 인자로 주어질 값이 특별한 능력을 가진다고 가정할 수 없다. 매개변수를 특별한 능력이 요구되지 않는 곳에만 사용하는 것이 올바르다. 반대로 인자가 특별한 능력을 가져야만 한다면 그 함수는 여러 타입으로 사용될 수 있는 함수가 아니다. 그러면 제네릭 함수가 될 필요가 없다.

이 논리에는 한 가지 가정이 깔려 있다. 모든 타입이 가지고 있는 특별하지 않은 능력과 하나의 타입만이 가지고 있는 특별한 능력, 이렇게 두 종류의 능력만 있다는 것이다. 전자의 능력만 사용할 것이라면 제네릭 함수가 되어 아무 타입의 값이나 인자로 받을 수 있고, 후자의 능력을 사용해야 한다면 그 능력을 가진 타입만 받는 함수가 된다.

문제는 이 가정이 사실 틀렸다는 것이다. 모든 타입이 가지고 있지는 않지만, 그렇다고 한 타입만 가지고 있지도 않은, 몇몇 타입이 가지고 있는 능력도 있기 때문이다. 어떤 능력이 그러한지, 또 그런 능력이 어떤 문제를 일으키는지 예를 통해 알아보자. 그리고 그 문제를 타입 매개변수 제한을 통해 해결하는 방법까지도 살펴보자.

2장에서 자주 사용하던 학교 행정 처리 프로그램을 다시 가져왔다. 전과 같이 Person 클래스와 Person을 상속하는 Student 클래스가 있다.

```
class Person {
    Int age;
    ...
}
class Student extends Person { ... }
```

이번에는 Person이 각 사람의 나이를 나타내는 age 필드를 가진다.

두 사람 중 나이가 더 많은 사람을 반환하는 elder 함수를 다음과 같이 작성할 수 있다.

```
Person elder(Person p, Person q) {
    return (p.age >= q.age) ? p : q;
}
```

두 사람 객체가 주어지면 age 필드에 저장된 값을 비교해 두 사람 중 하나를 반환하는 쉬운 함수다. p1과 p2가 Person 타입의 변수일 때 다음과 같이 elder 함수를 사용할 수 있다.

```
Person p = elder(p1, p2);
```

문제는 elder 함수로 더 나이 많은 학생을 찾으려는 경우에 발생한다. Student 타입의 변수 s1과 s2가 있을 때 다음과 같은 코드를 작성했다고 해 보자.

```
Student s = elder(s1, s2);
```

이 코드는 타입 검사를 통과하지 못한다. s1과 s2 모두 Student 타입의 변수이고, Student가 Person의 서브타입이므로 elder(s1, s2)까지는 타입 검사를 통과한다. 문제는 elder가 반환한 값을 Student 타입의 변수 s에 대입하는 데서 발생한다. elder의 결과 타입은 Person이며 Person은 Student의 서브타입이 아니다. 따라서 타입 검사기는 "Student가 필요한데 Person인 elder(s1, s2)가 발견됨"이라면서 우리의 코드를 거부한다. 우리로서는 억울하다. elder가 반환하는 값이 반드시 Student 타입의 값임을 알고 있기 때문이다. elder는 인자로 주어진 두 값 중 하나를 반환하는 함수이니 학생 객체 두 개가 주어졌다면 반드시 학생 객체를 반환한다.

지금 겪는 문제는 3장에서 choose 함수에 Any 타입을 사용했을 때 겪은 문제와 비슷하다.

```
Any choose(Any v1, Any v2) {
    print(v1); print(v2); print(...);
    Int input = readInt();
    return (input == 0) ? v1 : v2;
}
```

choose를 이렇게 정의하면 choose("Korean", "Foreigner")와 choose(1, 2) 모두 타입 검사를 통과하는 대신 choose("Korean", "Foreigner").contains("K")와 choose(1, 2) * 6이 타입 검사를 통과하지 못했다. choose는 항상 주어진 두 값 중 하나를 반환하므로 문자열 두 개가 주어지면 문자열을, 정수 두 개가 주어지면 정수를 반환한다는 사실을 알고 있음에도 choose의 결과 타입이 Any라서 문제가 생긴 것이다.

그럼 3장에서 choose를 고치는 데 사용한 방법을 elder에도 똑같이 사용할 수 있을까? 3장에서의 해결책은 choose를 제네릭 함수로 바꾸는 것이었다.

```
T choose<T>(T v1, T v2) {
    print(v1); print(v2); print(...);
    Int input = readInt();
    return (input == 0) ? v1 : v2;
}
```

elder도 똑같이 제네릭 함수로 바꾸어 보자.

```
T elder<T>(T p, T q) {
    return (p.age >= q.age) ? p : q;
}
```

하지만 아쉽게도 이 함수는 타입 검사를 통과하지 못한다. p와 q가 T 타입의 값인데 age 필드의 값을 읽으려 했기 때문이다. age 필드의 값을 읽는 것은 모든 타입이 가지고 있는, 특별하지 않은 능력이 아니다. Int나 String 타입의 값에는 age 필드가 없다. 그러니 T가 아무 타입이나 될 수 있다고 생각하는 타입 검사기가 이 코드를 통과시켜 줄 리 없다.

진퇴양난이다. elder의 매개변수 타입을 Person으로 하면 학생 객체를 넣었을 때도 결과 타입이 Person이 되는 문제가 생긴다. 그렇다고 elder를 제네릭 함수로 만들면 아예 함수 정의부터 타입 검사를 통과하지 못한다.

이런 상황에 처한 이유는 age 필드의 값을 읽는 능력이 일부 타입들만 가지고 있는 능력이기 때문이다. 모든 타입이 가진 능력이라면 elder를 제네릭 함수로 정의하면 되고, 오직 Person 타입만 가진 능력이라면 매개변수 타입을 Person으로 하면 되었을 텐데, 지금은 둘 다 아니다. age 필드의 값을 읽는 능력은 Person과 Student, 더 일반적으로는 Person의 모든 서브타입이 가진 능력인 것이다. 여기서 Person의 모든 서브타입이라 함은 Person 자기 자신도 포함한다. '사람은 사람이다'가 올바른 설명이니 Person이 Person의 서브타입인 데는 아무런 문제도 없다.

이 상황을 해결하려면 언어에 새로운 기능이 필요하다. 그 기능이 바로 타입 매개변수 제한이다. elder를 타입 매개변수 T를 가진 제네릭 함수로 정의하되 T에 제한을 거는 것이다. T가 모든 타입이 아니라 Person의 서브타입만 나타낸다는 사실을 타입 검사기에 알려 줘야 한다. 이를 위해서는 다음과 같이 코드를 작성하면 된다.

```
T elder<T <: Person>(T p, T q) {
    return (p.age >= q.age) ? p : q;
}
```

이전에는 < > 사이에 T라고만 썼다. 이는 elder가 T라는 타입 매개변수를 가진다는 사실만 알려 줄 뿐, T에는 어떤 제한도 걸지 않는다. 이제는 거기서 더 나아가 T <: Person이라고 썼다. T가 될 타입이 만족할 조건을 추가한 것이다. T <: Person은 타입 매개변수 T의 상한(upper bound)을 Person으로 지정한 것으로, 직관적으로는 "T가 최대 Person 타입까지 커질 수 있다"라는 의미다. 모든 값을 포함하는 타입인 최대 타입이 직관적으로 '가장 큰 타입'이듯이, 타입이 크다는 말은 더 많은 값을 포함한다는 뜻이다. 즉, T <: Person의 뜻은 T에 해당하는 타입이 아무리 많은 값을 포함해 봤자 Person이 한계라는 것이다. 이를 타입 세계의 용어로 다시 설명하면 "T가 Person의 서브타입이다"라고 말할 수 있다.

타입 검사기는 elder의 몸통을 검사할 때 T가 Person의 서브타입이라는 사실을 고려한다. p와 q의 타입이 T이며 T가 Person의 서브타입이므로 p와 q의 타입을 Person이라고 봐도 된다. Person 클래스에는 Int 타입의 필드 age가 있으니 p.age와 q.age를 >=로 비교할 수 있다. 따라서 p.age >= q.age가 타입 검사를 통과하고, elder의 정의도 타입 검사를 통과한다.

elder의 정의를 고쳤으니 elder를 호출해 보고 정말로 문제가 해결되었는지 확인할 차례다. elder가 이제 제네릭 함수이므로 호출할 때 타입 인자도 넣어야 한다.

```
Person p = elder<Person>(p1, p2);
Student s = elder<Student>(s1, s2);
```

Person 타입의 변수 p1과 p2를 인자로 전달할 때는 타입 인자로 Person을 사용한다. Person이 Person의 서브타입이므로 elder<Person>은 타입 검사를 통과한다. 또한 elder<Person>은 Person 타입 값 두 개를 인자로 받아 Person 타입 값을 반환하는 함수다. 따라서 p1과 p2를 받을 수도, 반환된 값을 Person 타입의 변수 p에 저장할 수도 있다. Student 타입의 변수 s1과 s2가 인자일 때는 타입 인자가 Student가 되어야 한다. Student 역시 Person의 서브타입이므로 elder<Student>도 타입 검사를 통과한다. 그 뒤로는 비슷하다. elder가 s1과 s2를 인자로 받은 뒤 반환한 값을 Student 타입의 변수 s에 저장할 수 있다.

이전까지의 제네릭 함수가 아무 타입이나 타입 인자로 받을 수 있었던 것과 달리, 타입 매개변수 제한을 사용한 제네릭 함수를 사용할 때는 정의된 상한을 타입 인자가 따라야 한다. 따라서 elder<Int>처럼 Person의 서브타입이 아닌 타입을 타입 인자로 사용한 코드는 타입 검사를 통과하지 못한다. 이는 실제로 합리적인 판단이다. 정수에는 필드 age가 없으므로 정수를 elder의 인자로 사용해 봤자 몸통을 실행하는 중에 오류가 발생할 것이다.

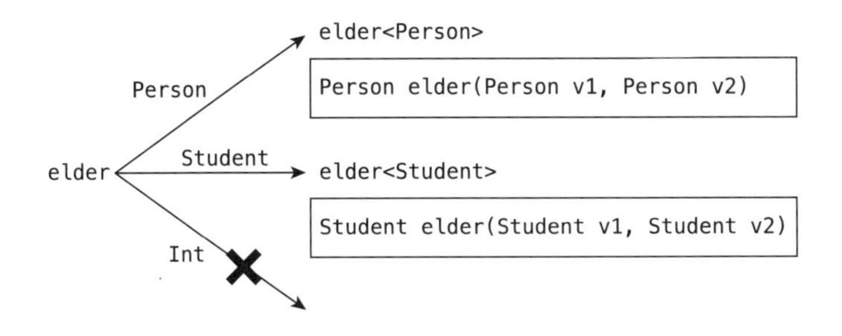

언어가 구조를 드러내는 타입을 제공한다면 elder를 더 일반적으로 정의할 수 있다.

```
T elder<T <: { Int age; }>(T p, T q) {
    return (p.age >= q.age) ? p : q;
}
```

이 경우 정수 필드 age만 가지면 { Int age; }의 서브타입이 되므로, Person을 상속하지 않은 타입도 elder의 타입 인자로 사용할 수 있어서 더 좋다.

제네릭 함수뿐 아니라 제네릭 클래스 역시 타입 매개변수 제한을 할 수 있다. 방법은 완전히 동일하다. 클래스를 정의할 때 타입 매개변수의 상한을 지정하면 된다. 가령 학교에 있는 사람들의 모임을 나타내는 Group 클래스를 다음과 같이 정의할 수 있다.

```
class Group<T <: Person> {
    List<T> people;
    ...
    Void sortByAge() {
        this.people.get(i).age ...
    }
}
```

Group<Person>은 학교 사람들의 모임에 해당하는 타입이고, Group<Student>는 학생들의 모임에 해당하는 타입이다. 한편 Group<Int>나 Group<String> 타입은 존재하지 않는다. T의 상한이 Person이므로 클래스 안에서 T가 무슨 타입이 될지 모르는 상태에서도 T 타입의 값을 Person 타입의 값으로 사용할 수 있다. 예를 들면 이 모임에 소속된 사람들을 나타내는 people이 List<T> 타입일 때 people의 원소 필드 age에 접근하는 것이 가능하다.

일부 언어에서는 타입 매개변수 제한 시에 상한뿐 아니라 하한(lower bound)을 지정하는 것도 허용한다. 예를 들어 다음 함수 foo의 타입 매개변수 T는 Person을 하한으로 가진다.

```
T foo<T >: Person>(T t) { ... }
```

이는 T가 반드시 Person의 슈퍼타입임을 뜻한다. 즉, foo<Person>이나 foo<Any>는 가능해도 foo<Student>와 foo<Int>는 불가능하다.

더 나아가 한 타입 매개변수에 상한과 하한을 모두 지정할 수도 있다.

```
T foo<T <: Person >: Student>(T t) { ... }
```

이 경우 T가 Person의 서브타입이면서 Student의 슈퍼타입이어야 한다. 그러므로 foo<Person>과 foo<Student>만이 가능하다. Student를 상속하는 TA 클래스가 있다 하더라도 foo<TA>는 불가능하다.

상한이 많은 경우에 유용한 것과 달리 하한이 필요한 경우는 드물다. 그렇기에 상한만 지정할 수 있고 하한은 지정할 수 없는 언어도 있다. 이 책에서 하한은 그 용례를 자세히 다루지 않는다.

주요 언어 예시

자바

```
class Person { int age; }
class Student extends Person {}
class A {
    static <T extends Person> T elder(T p, T q) {
        return (p.age >= q.age) ? p : q;
    }
}
Person p = A.<Person>elder(new Person(), new Person());
Student s = A.<Student>elder(new Student(), new Student());
class Group<T extends Person> {
    T p;
    void sortByAge() {
        int age = this.p.age;
        ...
    }
}
```

상한을 지정할 때 <: 대신 extends라는 키워드를 사용한다.

C#

```
class Person { public int age; }
class Student : Person {}
T elder<T>(T p, T q) where T : Person {
    return (p.age >= q.age) ? p : q;
}
Person p = elder<Person>(new Person(), new Person());
Student s = elder<Student>(new Student(), new Student());
class Group<T> where T : Person {
    T p;
    void sortByAge() {
        int age = this.p.age;
        ...
    }
}
```

상한을 지정할 때 <: 대신 where와 :을 사용한다.

타입스크립트

```
class Person { age: number; }
class Student extends Person { grade: number; }
function elder<T extends Person>(p: T, q: T): T {
    return (p.age >= q.age) ? p : q;
}
let p: Person = elder<Person>(new Person(), new Person());
let s: Student = elder<Student>(new Student(), new Student());
class Group<T extends Person> {
    p: T;
    sortByAge(): void {
        let age: number = this.p.age;
        ...
    }
}
```

상한을 지정할 때 <: 대신 extends라는 키워드를 사용한다.

```
function elder<T extends { age: number; }>(p: T, q: T): T {
    return (p.age >= q.age) ? p : q;
}
```

구조를 드러내는 타입을 상한으로 사용할 수도 있다.

고

```
type HasAge interface { age() int }
type Person struct { _age int }
func (pr Person) age() int { return pr._age }
type Student struct {
    _age int
    _grade int
}
func (st Student) age() int { return st._age }
func (st Student) grade() int { return st._grade }
func elder[T HasAge](p T, q T) T {
    if p.age() >= q.age() {
        return p
    } else {
        return q
    }
}
var p Person = elder[Person](Person{...}, Person{...});
var s Student = elder[Student](Student{..., ...},
                               Student{..., ...});
type Group[T HasAge] struct { p T }
func (gr Group[T]) sortByAge() {
    var age int = gr.p.age()
    ...
}
```

상한을 지정할 때 <: 없이 타입 매개변수와 상한을 그냥 연달아 쓴다.

```
func elder[T interface { age() int }](p T, q T) T {
    if p.age() >= q.age() {
        return p
    } else {
        return q
    }
}
```

구조를 드러내는 타입을 상한으로 사용할 수도 있다.

코틀린

```
open class Person(val age: Int)
class Student(age: Int) : Person(age)
fun <T : Person> elder(p: T, q: T): T =
    if (p.age >= q.age) p else q
val p: Person = elder<Person>(Person(...), Person(...))
val s: Student = elder<Student>(Student(...), Student(...))
class Group<T : Person>(val p: T) {
    fun sortByAge(): Unit {
        val age: Int = this.p.age
        ...
    }
}
```

상한을 지정할 때 <: 대신 :을 사용한다.

스칼라

```
class Person(val age: Int)
class Student(age: Int) extends Person(age)
def elder[T <: Person](p: T, q: T): T =
  if p.age >= q.age then p else q
val p: Person = elder[Person](Person(...), Person(...))
val s: Student = elder[Student](Student(...), Student(...))
class Group[T <: Person](p: T):
  def sortByAge(): Unit =
    val age: Int = p.age
    ...
```

책과 동일하게 상한을 지정할 때 <:을 사용한다.

```
def elder[T <: { val age: Int }](p: T, q: T): T =
  if p.age >= q.age then p else q
```

구조를 드러내는 타입을 상한으로 사용할 수도 있다.

```
def foo[T >: Person](t: T): Unit = ...
def bar[T >: Student <: Person](t: T): Unit = ...
```

>:을 통해 하한도 지정할 수 있다. 하한과 상한을 모두 지정하는 경우, 하한이 상한보다 먼저 언급되어야 한다. 즉, `T <: Person >: Student` 순서로 쓸 수는 없다.

프로젝트 이름	구현 언어	프로그램 용도	스타 개수	깃허브 주소
일래스틱서치	자바	검색 엔진	63.4k	*https://github.com/elastic/elasticsearch*
기드라	자바	디컴파일러	38.9k	*https://github.com/NationalSecurityAgency/ghidra*
마이크로소프트 파워토이스	C#	시스템 유틸리티	89.7k	*https://github.com/microsoft/PowerToys*
파워셸	C#	셸	38.1k	*https://github.com/PowerShell/PowerShell*
비주얼 스튜디오 코드	타입 스크립트	코드 편집기	145k	*https://github.com/microsoft/vscode*
앵귤러	타입 스크립트	웹 프레임워크	87.5k	*https://github.com/angular/angular*
OkHttp	코틀린	HTTP 클라이언트	43.8k	*https://github.com/square/okhttp*
아파치 스파크	스칼라	데이터 처리 엔진	35.5k	*https://github.com/apache/spark*
리라	스칼라	온라인 체스 서버	13k	*https://github.com/lichess-org/lila*

표 4-2 타입 매개변수 제한을 사용하는 프로젝트

재귀적 타입 매개변수 제한

타입 매개변수가 자기 자신을 제한하는 데 사용될 수 있다. 이를 재귀적 타입 매개변수 제한(F-bounded quantification)이라 부른다. 재귀 함수가 자기 자신을 호출하는 함수인 것과 비슷하다. 재귀 함수의 필요성은 이미 잘 알지만, 재귀적 타입 매개변수 제한이 필요한 이유는 아직 감이 오지 않을 수 있다. 하지만 재귀적 타입 매개변수 제한은 굉장히 중요하고 유용한 기능이다. 예와 함께 어떤 경우에 필요한지 알아보자.

다음 sort 함수는 정수 리스트를 인자로 받아 정렬한다.

```
Void sort(List<Int> lst) {
    ...
    if (lst.get(i) > list.get(j)) { ... }
    ...
}
```

삽입 정렬(insertion sort), 병합 정렬(merge sort)을 비롯한 대부분의 정렬 알고리즘은 비교 정렬(comparison sort), 즉 리스트의 원소들을 한 쌍씩 비교해 순서를 결정하는 정렬 방법이다. `lst.get(i) > lst.get(j)`에서 알 수 있듯 sort 역시 비교 정렬 알고리즘 중 하나를 사용한다.

비교 정렬의 좋은 점은 정렬하려는 리스트의 원소가 꼭 정수일 필요가 없다는 것이다. 그저 원소들을 한 쌍씩 비교해 순서를 결정할 수만 있으면 된다. 가령 다음과 같이 Person 클래스에 나이를 비교하는 gt 메서드가 정의되어 있다면, gt를 호출함으로써 사람들의 리스트를 나이에 따라 정렬할 수 있다.

```
class Person {
    ...
    Boolean gt(Person that) {
        return this.age > that.age;
    }
}
```

그러니 sort 함수가 정수의 리스트만 인자로 받기보다는 서로 비교 가능한 값들로 이루어진 아무 리스트나 받을 수 있도록 하는 편이 좋다.

시작은 sort를 제네릭 함수로 만드는 것이다.

```
Void sort<T>(List<T> lst) {
    ...
    if (lst.get(i).gt(lst.get(j))) { ... }
    ...
}
```

물론 이 코드는 타입 검사를 통과하지 못한다. T가 아무 타입이나 될 수 있으므로 리스트의 각 원소가 gt 메서드를 가지고 있는지 알 수 없기 때문이다.

이를 해결하는 방법은 당연히 타입 매개변수 제한이다. gt 메서드를 가지고 있는 타입만 타입 인자로 사용될 수 있도록 T의 상한을 지정해야 한다. T의 상한으로 사용하기 위해 다음과 같이 Comparable 클래스를 정의하자.

```
abstract class Comparable {
    Boolean gt(??? that);
}
```

Comparable은 비교 가능한 값을 나타내는 추상 클래스로, 추상 메서드 gt만을 정의한다. 그런데 gt의 시그니처를 작성하다 보면 문제가 생긴다. gt의 결과 타입은 확실히 Boolean이다. 그렇다면 gt의 매개변수 타입은 무엇이 되어야 할까? 올바른 대답은 "그때그때 다르다"라는 것이다. 정수는 정수와 비교해야 하니 Int를 클래스로 정의한다면 gt 메서드의 매개변수 타입이 Int가 되어야 할 것이다. 또, 사람은 사람과 비교해야 하니 앞서 본 것처럼 Person 클래스의 gt 메서드는 매개변수 타입이 Person이다. 즉, gt의 매개변수 타입을 하나로 딱 정해 놓을 수는 없다.

gt의 매개변수 타입이 달라질 수 있어야 한다면 방법은 하나밖에 없다. Comparable을 제네릭 클래스로 만드는 것이다.

```
abstract class Comparable<T> {
    Boolean gt(T that);
}
```

이제 Comparable은 타입 매개변수 T를 가진다. T는 gt의 매개변수 타입으로 사용된다. 이 코드를 어떻게 이해할 수 있을까? 어떤 값의 타입이 Comparable<A>라는 것은 그 값이 A 타입의 값을 인자로 받는 gt 메서드를 가진다는 뜻이다. 즉, Comparable<A> 타입은 A 타입의 값과 비교될 수 있는 값을 나타낸다. Comparable<Int> 타입은 정수와 비교될 수 있는 값을 나타내고, Comparable<Person> 타입은 사람 객체와 비교될 수 있는 값을 나타내는 셈이다. 더 나아가 Comparable<A>의 서브타입에도 같은 설명을 적용할 수 있다. B가 Comparable<A>의 서브타입이라면 B 역시 A 타입의 값과 비교될 수 있는 값을 나타낸다. 약간 다르게 말하면, B가 Comparable<A>의 서브타입일 때 B 타입의 값을 A 타입의 값과 비교할 수 있다.

마침내 모든 준비가 끝났다. sort 함수를 완성할 차례다. sort 함수의 올바른 구현은 다음과 같다.

```
Void sort<T <: Comparable<T>>(List<T> lst) {
    ...
    if (lst.get(i).gt(lst.get(j))) { ... }
    ...
}
```

sort의 타입 매개변수 T는 Comparable<T>를 상한으로 갖는다. T의 상한에 T 자기 자신이 사용되었으니 이 코드는 재귀적 타입 매개변수 제한의 예다.

타입 매개변수 T 선언

```
Void sort<T <: comparable<T>>(List<T> lst) {
    ... if (Lst.get(i).gt(lst.get(j))) { ... } ...
}
```

타입 매개변수 T 사용 가능

이 코드가 뜻하는 바는 T가 반드시 Comparable<T>의 서브타입이어야 한다는 것이다. 앞서 "B가 Comparable<A>의 서브타입일 때 B 타입의 값을 A 타입의 값과 비교할 수 있다"라고 한 설명에서 A와 B를 T로 바꾸면 "T가 Comparable<T>의 서브타입일 때 T 타입의 값을 T 타입의 값과 비교할 수 있다"라는 결론이 나온다. 즉, 타입 T가 sort의 타입 인자로 사용되려면 T 타입의 값을 T 타입의 값과 비교할 수 있어야 한다는 조건을 추가한 셈이다. 그리고 이 조건은 우리가 원하는 조건과 정확히 일치한다. 어떤 리스트를 정렬하려면 그 리스트를 구성하는 값들이 서로 비교 가능해야 한다. T <: Comparable<T>는 이 조건을 정확하게 표현한다.

이 재귀적 상한이 우리의 직관과만 일치하고 sort가 타입 검사를 통과하도록 만들지 못한다면 별 의미가 없을 것이다. 그러니 sort가 실제로 타입 검사를 통과하는지도 확인해 봐야 한다. lst의 타입이 List<T>이니 lst.get(i)와 lst.get(j)의 타입은 모두 T다. T가 Comparable<T>의 서브타입이니 lst.get(i)를 Comparable<T> 타입의 부품으로 취급할 수 있다. Comparable<T> 타입의 값은 반드시 gt 메서드를 가지며 그 메서드의 매개변수 타입은 T다. 따라서 lst.get(i)는 gt 메서드를 가지며 그 메서드는 lst.get(j)를 인자로 받을 수 있다. sort는 타입 검사를 통과하는 정말로 올바른 구현인 셈이다.

sort를 완성했으니 호출하기만 하면 된다. List<A> 타입의 리스트를 sort에 인자로 넘기려면 A가 Comparable<A>의 서브타입이어야 한다. A를 Comparable<A>의 서브타입으로 만들려면 클래스 A를 정의할 때 Comparable<A>를 상속하면 된다. 따라서 Person이 이제 Comparable<Person>을 상속한다.

```
class Person extends Comparable<Person> {
    ...
    Boolean gt(Person that) {
        return this.age > that.age;
    }
}
```

gt 메서드의 매개변수 타입은 Person, 결과 타입은 Boolean이므로 Comparable<Person>이 가지고 있는 추상 메서드 gt와 시그니처가 일치한다.

```
List<Person> people = ...;
sort<Person>(people);
```

Person이 sort가 요구하는 상한을 만족하므로 sort의 타입 인자로 사용될 수 있다. sort<Person>은 사람의 리스트를 인자로 받아 정렬한다.

재귀적 타입 매개변수 제한은 제네릭 클래스를 정의할 때도 가능하다. 예를 들면 다음과 같이 항상 정렬된 상태를 유지하는 리스트인 SortedList 클래스를 정의할 수 있다.

```
class SortedList<T <: Comparable<T>> { ... }
```

주요 언어 예시

자바

```
abstract class Comparable<T> {
    abstract boolean gt(T that);
}
class A {
    static <T extends Comparable<T>> void sort(List<T> lst) {
        if (lst.get(...).gt(lst.get(...))) { ... }
    }
}
class Person extends Comparable<Person> {
    int age;
    boolean gt(Person that) { return this.age > that.age; }
}
List<Person> people = List.of();
A.<Person>sort(people);
```

C#

```
abstract class Comparable<T> {
    public abstract bool gt(T that);
}
void sort<T>(List<T> lst) where T : Comparable<T> {
    if (lst[...].gt(lst[...])) { ... }
}
class Person : Comparable<Person> {
    int age;
    public override bool gt(Person that) {
        return this.age > that.age;
    }
}
List<Person> people = new List<Person>();
sort<Person>(people);
```

타입스크립트

```
abstract class Comparable<T> {
    abstract gt(that: T): boolean;
}
```

```
function sort<T extends Comparable<T>>(lst: Array<T>): void {
    if (lst[...].gt(lst.get[...])) { ... }
}
class Person extends Comparable<Person> {
    age: number;
    gt(that: Person): boolean { return this.age > that.age; }
}
let people: Array<Person> = [];
sort<Person>(people);
```

고

```
type List[T any] struct {}
func (l List[T]) get(idx int) T { ... }
type Comparable[T any] interface {
    gt(that T) bool
}
func sort[T Comparable[T]](lst List[T]) {
    if (lst.get(...).gt(lst.get(...))) { ... }
}
type Person struct { age int }
func (this Person) gt(that Person) bool {
    return this.age > that.age
}
var people List[Person] = List[Person]{}
sort[Person](people)
```

코틀린

```
abstract class Comparable<T> {
    abstract fun gt(that: T): Boolean
}
fun <T : Comparable<T>> sort(lst: List<T>): Unit {
    if (lst[...].gt(lst[...])) { ... }
}
class Person(val age: Int) : Comparable<Person>() {
    override fun gt(that: Person): Boolean =
        this.age > that.age
}
val people: List<Person> = listOf()
sort<Person>(people)
```

스칼라

```scala
abstract class Comparable[T]:
  def gt(that: T): Boolean
def sort[T <: Comparable[T]](lst: List[T]): Unit =
  if lst(...).gt(lst(...)) then ...
class Person(val age: Int) extends Comparable[Person]:
  def gt(that: Person): Boolean = this.age > that.age
val people: List[Person] = List()
sort[Person](people)
```

프로젝트 이름	구현 언어	프로그램 용도	스타 개수	깃허브 주소
일래스틱서치	자바	검색 엔진	63.4k	*https://github.com/elastic/elasticsearch*
기드라	자바	디컴파일러	38.9k	*https://github.com/NationalSecurityAgency/ghidra*
파일스	C#	파일 관리자	27.2k	*https://github.com/files-community/Files*
섀도속스	코틀린	프록시 클라이언트	33.6k	*https://github.com/shadowsocks/shadowsocks-android*
아파치 스파크	스칼라	데이터 처리 엔진	35.5k	*https://github.com/apache/spark*
아카	스칼라	분산 프로그래밍 프레임워크	12.7k	*https://github.com/akka/akka*
플레이 프레임워크	스칼라	웹 프레임워크	12.4k	*https://github.com/playframework/playframework*

표 4-3 재귀적 타입 매개변수 제한을 사용하는 프로젝트

- 게시판 -

처르지: 오랜만에 학교를 산책해 볼까? 어, 이게 뭐지? 게시판에 새로 붙은 게 있네. 재학생 음식 취향 설문 조사 결과? 별걸 다 조사하네. 각 음식을 좋아하는 학생 명단도 **읽을 수 있구나**. 어, 카레를 좋아하는 **학생 명단**도 있네. 큐리가 좋아하겠는걸? 당장 알려 주러 가야겠다.

잠시 후

처르지: 큐리, 내가 학교에서 뭘 봤는지 알아? 카레를 좋아하는 **사람 명단**이 게시판에 붙어 있지 뭐야. 네가 알면 좋아할 거 같아서 알려 주러 왔어.

큐리 박사: 오, 정말 고마워. 이걸로 뭘 할 수 있을까? 망해 버린 내 카레 가게를 되살릴 수 있으려나? 그래, 카레 시식회를 열고 그 사람들을 초대해야겠다. 시식회가 잘되면 카레 가게를 다시 열어 볼 만할 거야.

처르지: 좋은 생각이야!

큐리 박사: 지금 당장 학교에 가서 **명단을 읽어봐야겠어**.

며칠 후

큐리 박사: 와! 아주 성공적이야. 시식회에 참석한 모두가 내 카레에 감탄했다고. 이제 카레 가게를 다시 차려도 되겠어.

처르지: 축하해. 네가 해낼 줄 알았어. 오늘은 피곤할 텐데 푹 쉬도록 해.

큐리 박사: 그래야지.

처르지: 그럼 나는 잠시 산책 좀 다녀올게. 오늘도 학교나 가 볼까나.

잠시 후

처르지: 오늘도 게시판에 새로운 게 또 있으려나? 오, 역시 다른 게 붙었네. 이번엔 뭐지? '세계방방곡곡카레탐방단' 모집? 전 세계를 돌며 유명한 카레 맛집에 가 볼 학생들을 모집하고 있구나. 여행 경비는 전액 지원이라고? 정말 좋은 행사네. 참가 희망자는 이름을 쓰시오? 오, 탐방단에 들어가고 싶은 **학생 명단**도

바로 밑에 있네. 여기에 자기 이름을 **추가하면** 탐방단에 참여할 수 있나 봐. 이런 재밌는 행사가 있다니, 큐리한테도 알려 줘야지.

잠시 후

처르지: 큐리, 나 돌아왔어.

큐리 박사: 일찍 왔네?

처르지: 내가 이번엔 학교에서 뭘 봤게?

큐리 박사: 오, 뭐야? 또 좋은 게 있었어?

처르지: 전 세계 카레 맛집에 방문하는 '세계방방곡곡카레탐방단' 참가자를 모집하고 있더라고. 탐방단에 들어가고 싶은 **사람 명단**이 게시판에 있었어. 들어가려면 자기 이름을 추가하면 되나 봐.

큐리 박사: 정말? 그런 게 있단 말이야? 당장 내 이름을 **명단에 추가**하러 가야겠어. 이런 좋은 기회를 놓칠 수 없지.

며칠 후

처르지: 큐리, 왜 그렇게 표정이 안 좋아. 무슨 일 있었어?

큐리 박사: 다 너 때문이야.

처르지: 나 때문이라고? 내가 뭘 했는데?

큐리 박사: 네가 며칠 전에 '세계방방곡곡카레탐방단'에 들어갈 사람을 모집 중이라고 알려 줬잖아. 그래서 나도 게시판에 가서 내 이름을 명단에 추가했지. 근데 오늘 거리에 나갔더니 다들 나를 보면서 수군대는 거야. 뭔 일인가 알아봤더니 게시판에 있던 게 탐방단에 참여하고 싶은 **학생 명단**이었더라고. 나는 **사람 명단**인 줄 알고 내 이름을 **추가**해 버린 거지. 다 큰 어른이 학생들 지원해 주는 프로그램에 돈 한 푼 안 내고 껴서 같이 놀러 가고 싶냐면서 사람들이 나를 비웃더라고. 네가 제대로 알려 주기만 했어도 이런 일은 없었을 텐데. 다 네 탓이야.

처르지: 이런, 그랬구나. 근데 이상하네. 분명히 예전에 카레를 좋아하는 **학생 명단**을 카레를 좋아하는 **사람 명단**이라고 알려 줘서 네

가 가서 **읽었을** 때는 아무 문제도 없었단 말이지. 이번에도 비슷하게 탐방단에 들어가고 싶은 **학생 명단**을 탐방단에 들어가고 싶은 **사람 명단**이라고 해서 네가 가서 이름을 **추가**한 건데 왜 문제가 생긴 거지?

4.3 가변성

4.1절에서 상속을 통해 만들어지는 제네릭 타입의 서브타입 관계를 알아보았다. 가변성(variance)은 여기에 더해 제네릭 타입 사이의 서브타입 관계를 추가로 정의하는 기능이다. 상속은 `List`와 `ArrayList`처럼 서로 다른 제네릭 타입 사이의 서브타입 관계를 만든다. 반면 가변성은 하나의 제네릭 타입에서 타입 인자만 다르게 하여 얻은 타입들 사이의 서브타입 관계를 만든다. 가변성이 왜 필요하며 어떤 서브타입 관계를 만들어 내는지 알아보자.

다음과 같이 사람들의 평균 나이를 계산하는 함수를 작성할 수 있다.

```
Int averageAge(List<Person> people) {
    people.length() ...
    people.get(i).age ...
}
```

`averageAge`는 `List<Person>` 타입의 리스트를 인자로 받아 리스트에 있는 사람들의 평균 나이를 구한다. 이 함수에 사람의 리스트를 인자로 넘기는 데는 아무 문제도 없다.

```
List<Person> people = ...;
averageAge(people);
```

하지만 학생의 리스트를 averageAge의 인자로 사용하여 학생들의 평균 나이를 구하려고 하면 문제가 생긴다.

```
List<Student> students = ...;
averageAge(students);
```

위 코드는 타입 검사를 통과하지 못한다. 타입 검사기가 "List<Person>이 필요한데 List<Student>인 students가 발견됨"이라며 코드를 거부한다. List<Student>는 List<Person>과 다른 타입이며, 그렇다고 List<Student>가 List<Person>의 서브타입인 것도 아니기 때문이다. 우리로서는 만족스럽지 않은 일이다. averageAge는 주어진 리스트에 있는 각 원소의 age 필드를 읽을 뿐이다. students에 있는 모든 객체는 age 필드를 가지므로 students를 averageAge의 인자로 사용했다고 실행 중에 오류가 발생할 리 없다.

다행히 우리는 간단한 해결 방법을 이미 알고 있다. averageAge를 제네릭 함수로 만들되 타입 매개변수 제한을 사용하면 된다.

```
Int averageAge<T <: Person>(List<T> people) { ... }
```

이제 averageAge는 타입 매개변수 T를 가진다. T의 상한은 Person이며 averageAge의 매개변수 타입은 List<T>다. Student가 Person의 서브타입이니 다음과 같이 Student를 타입 인자로 함으로써 students를 averageAge에 넘길 수 있다.

```
averageAge<Student>(students);
```

이 방법이 나쁜 해결책은 아니지만 아쉬움이 약간 남는다. 이 방법대로라면 우리는 앞으로 List<A> 타입의 인자를 받는 함수를 정의할 때마다 매개변수 타입을 List<A>로 하는 대신, 상한이 A인 타입 매개변수 T를 정의하고 매개변수 타입을 List<T>로 해야 한다. 그래야 B가 A의 서브타입일 때 그 함수가 List<B> 타입의 리스트도 인자로 받을 수 있다. 게다가 이는 리스트를 인자로 받는 함수에만 해당하지 않는다. 제네릭 타입의 값을 인자로 받는 모든 함수를 동일하게 제네릭 함수로 만들어야 한다. 이는 꽤나 귀찮은 일이다.

또, 지금까지 제네릭 함수를 정의할 때는 대개 매개변수 타입과 결과 타입의 관계를 유지해야 한다는 명확한 목표가 있었다. choose나 elder의 경우 주어진 인자 중 하나를 그대로 반환하므로 매개변수 타입이 T이면 결과 타입도 T라는 사실이 드러나야 한다. 이를 위해서는 매개변수에 의한 다형성이 반드시 필요했다.

```
T choose<T>(T v1, T v2) {
    ...
    return (input == 0) ? v1 : v2;
}
T elder<T <: Person>(T p, T q) {
    return (p.age >= q.age) ? p : q;
}
```

반면 그냥 사람 객체를 인자로 받아 email 필드의 값을 읽어 메일을 보내는 sendEmail 함수는 매개변수에 의한 다형성을 필요로 하지 않았다. 서브타입에 의한 다형성이면 충분했다. 단순히 매개변수 타입을 Person으로 하는 것만으로도 Student 타입의 값 역시 인자로 받을 수 있었다.

```
Void sendEmail(Person person, String title, String content) {
    person.email ...
}
```

지금 정의하려는 averageAge 함수는 누가 봐도 choose나 elder보다는 sendEmail과 비슷하다. averageAge는 주어진 리스트에서 값을 하나 뽑아서 반환하는 함수가 아니다. 그저 리스트에 있는 값들의 age 필드를 읽을 뿐이다. 그러니 sendEmail의 매개변수 타입이 그냥 Person인 것처럼, averageAge의 매개변수 타입도 그냥 List<Person>이면 좋을 것이다. 하지만 Student는 Person의 서브타입이지만 List<Student>는 List<Person>의 서브타입이 아니라는 사실이 우리의 발목을 잡는다.

이쯤 되면 한 가지 생각이 든다. 그냥 List<Student>가 List<Person>의 서브타입이면 안 될까? 만약 그렇다면 우리가 지금 겪는 모든 문제가 해결된다. 굳이 averageAge를 제네릭 함수로 만들 필요 없이 List<Person>을 매개변수 타입으로 사용하면 끝이다.

하지만 그냥 List<Student>를 List<Person>의 서브타입으로 만들 수는 없다. 그래도 되는지 확인해 봐야 한다. 우리의 질문은 단순하다. List<Student>가 List<Person>의 서브타입이 되어도 아무 문제가 없을까? 더 일반적으로는, B가 A의 서브타입일 때 List<B>가 List<A>의 서브타입이 되어도 될까? 그 답은 그리 간단하지 않다. 결론부터 말하자면 그럴 수도 있고 아닐 수도 있다. 왜 이런 답이 나오는지 지금부터 두 개의 리스트 클래스를 보면서 알아보자. 구분하기 편하도록 첫 번째 리스트 클래스는 List1, 두 번째는 List2라 부르겠다.

List1은 가장 기본적인 기능만 제공한다. 오직 들어 있는 원소들을 알려 줄 뿐, 원소를 추가하거나 제거할 수는 없는 리스트다.

```
abstract class List1<T> {
    T get(Int idx);
}
```

List1은 메서드 하나만 가진다. 메서드 get은 정수를 인자로 받아 해당 위치의 원소를 반환한다. List1이(그리고 앞으로 정의할 List2도) 추상 클래스인데, 그냥 일반적인 클래스더라도 지금 하려는 논의에는 아무런 영향도 없다.

List1<Student>가 List1<Person>의 서브타입이어도 될까? 된다고 가정한 채 코드를 보자.

```
List1<Student> students = ...;
List1<Person> people = students;
```

students는 List1<Student> 타입의 리스트다. List1<Student>가 List1<Person>의 서브타입이므로 students를 List1<Person> 타입의 변수인 people에 대입할 수 있다. 그러면 people은 타입만 List1<Person>이고 실제로는 학생으로만 구성된 리스트가 된다.

```
Person p = people.get(...);
p.age ...
```

이제 List1이 제공하는 유일한 메서드인 get을 사용해 people의 원소를 얻을 수 있다. get으로 얻은 값을 변수 p에 저장했다. 타입 검사기가 보기에는 people의 타입이 List1<Person>이기 때문에 p의 타입이 Person이다. 그러므로 p를 사람 객체로서 사용하는 것을 허용한다. 예를 들면 age 필드의 값을 읽을 수 있다. 한편 실행 중에는 people이 학생으로만 구성된 리스트이므로 get을 통해 얻은 값이 학생 객체다. Student가 Person을 상속했으므로 학생 객체를 사람 객체처럼 사용해도 문제없다. 사람 객체에는 반드시 age 필드가 있으므로 그 값을 읽을 수 있는 것이다. 정리하면 학생의 리스트를 사람의 리스트로 취급함으로써 일어날 수 있는 일은 사람 객체를 기대한 곳에서 학생 객체가 나오는 것뿐이다. 이는 어떤 해도 끼치지 않는다. 즉, List1<Student>가 List1<Person>의 서브타입이어도 괜찮다.

List2는 List1보다 더 많은 기능을 제공한다. 들어 있는 원소들을 알려 줄 뿐 아니라 새 원소를 추가하는 것 역시 허용한다.

```
abstract class List2<T> {
    T get(Int idx);
    Void add(T t);
}
```

메서드 add는 값을 하나 인자로 받아 리스트 맨 뒤에 덧붙인다.

이번에는 List2<Student>가 List2<Person>의 서브타입이어도 되는지 볼 차례다. 이번에도 된다고 가정한 채 코드를 보자.

```
List2<Student> students = ...;
List2<Person> people = students;
```

students는 List2<Student> 타입의 리스트다. people은 타입만 List2<Person>일 뿐 students와 동일한 리스트를 가리킨다.

```
people.add(Person(...));
```

List2에 add 메서드가 있으므로 people에 원소를 추가할 수 있다. people의 타입이 List2<Person>이기에 타입 검사기가 사람 객체를 추가하는 것을 허용한다. 문제는 students와 people이 같은 리스트를 나타낸다는 것이다. people에 사람 객체를 추가한 것은 곧 students에 사람 객체를 추가한 것이다. 그러므로 List2<Student> 타입의 리스트인 students에 이제 학생이 아닌 사람도 들어 있게 된다. 벌써부터 예감이 좋지 않다. 하지만 아직 실행 중에 오류가 발생한 것은 아니니 조금 더 보자.

```
Student s = students.get(...);
s.gpa ...
```

people을 가지고 뭘 했든 타입 검사기 입장에서 students의 타입은 변함없이 List2<Student>다. 따라서 get을 통해 얻은 값의 타입이 Student라고 판단하며, 그 값을 학생 객체로서 사용하는 것을 허용한다. 가령 사람 객체에는 없지만 학생 객체에는 있는 gpa 필드를 읽을 수 있다. 문제는 실행 중에 students에서 get을 통해 얻은 값이 학생 객체가 아닐 수 있다는 점이다. 이전에 리스트에 사람 객체를 추가했기 때문에 get의 결과가 학생 객체가 아니라 사람 객체일 수 있다. 이 경우 gpa 필드를 읽으려 하면 실행 중에 오류가 발생한다. 타입 검사를 통과한 코드가 오류를 일으킨 것이다. 이는 타입 검사기의 가장 중요한 목표인 타입 안전성을 깨트리는 큰 문제다. 우리가 한 일은 List2<Student>가 List2<Person>의 서브타입이라고 가정한 것밖에 없다. 그 외에는 늘 하던 대로 코드를 검사했을 뿐이다. 그러니 List2<Student>가 List2<Person>의 서브타입이면 안 된다고 결론지을 수밖에 없다.

예에서는 Person과 Student 타입만 고려했지만, 서브타입 관계에 있는 아무 두 타입을 가져오더라도 같은 설명이 가능할 것이다. 따라서 관찰한 내용을 일반화하면, B가 A의 서브타입일 때 List1<B>는 List1<A>의 서브타입이지만, List2<B>는 List2<A>의 서브타입이 아니다. List1은 원소 읽기만 허용하고, List2는 그에 더해 원소 추가도 허용한 데서부터 이런 차이가 발생한 것이다. 그러므로 "B가 A의 서브타입일 때 List<B>가 List<A>의 서브타입이 되어도 될까?"라는 질문에 좀 더 나은 답을 할 수 있다. 이제 "List가 원소 읽기만 허용하면 그래도 되고, 원소 추가도 허용하면 그렇지 않다"라고 답할 수 있다.

물론 아직도 썩 만족스러운 답은 아니다. 원소 읽기와 추가 말고 다른 기능을 제공하면 어떻게 될까? 리스트가 아닌 다른 제네릭 타입은 어떻게 될까? 여러 질문이 생긴다. 그런 질문에 답할 수 있도록 더 일반적인 이야기를 하기 전에, 우리의 이야기에 도움이 될 새로운 용어들부터 보자.

지금까지의 내용으로 우리가 알 수 있는 사실은 "어떤 제네릭 타입은 타입 인자의 서브타입 관계를 보존하지만, 어떤 제네릭 타입은 그렇지 않다"라는 것이다. 그러므로 제네릭 타입과 타입 인자 사이의 관계를 분류할 수 있다. 이 분류를 가변성이라고 부른다. 다시 말해 가변성이란 제네릭 타입과 타입 인자 사이의 관계를 뜻한다. 그리고 우리의 관찰 결과 적어도 두 가지 가변성이 존재함을 알 수 있다.

첫 번째 가변성은 제네릭 타입이 타입 인자의 서브타입 관계를 보존하는 것이다. List1이 여기에 해당한다. B가 A의 서브타입일 때 List1<B>가 List1<A>의 서브타입이다. 약간 달리 표현하면, 타입 인자가 A에서 서브타입인 B로 변할 때 List1<A> 역시 서브타입인 List1<B>로 변한다고 말할 수 있다. 그래서 제네릭 타입이 타입 인자와 '함께 변한다'는 뜻을 담아, 이런 가변성을 공변(covariance)이라고 부른다.

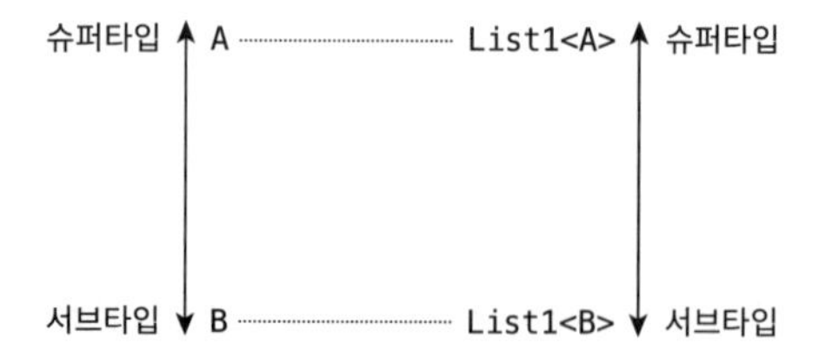

두 번째 가변성은 제네릭 타입이 타입 인자의 서브타입 관계를 무시하는 것이다. List2가 이 경우다. B가 A의 서브타입이더라도 List2<B>와 List2<A> 사이에는 아무런 관계가 없다. List2<B>와 List2<A>가 그냥 다른 타입인 것이다. 다시 말해 타입 인자가 A에서 서브타입인 B로 변할 때 List2<A>는 그냥 다른 타입인 List2<B>가 될 뿐이지, List2<A>의 서브타입으로 변하는 것은 아니다. 따라서 타입 인자가 서브타입으로 변해도 제네릭 타입은 서브타입으로 '안 변한다'는 뜻으로서, 이런 가변성을 불변(invariance)이라 부른다.

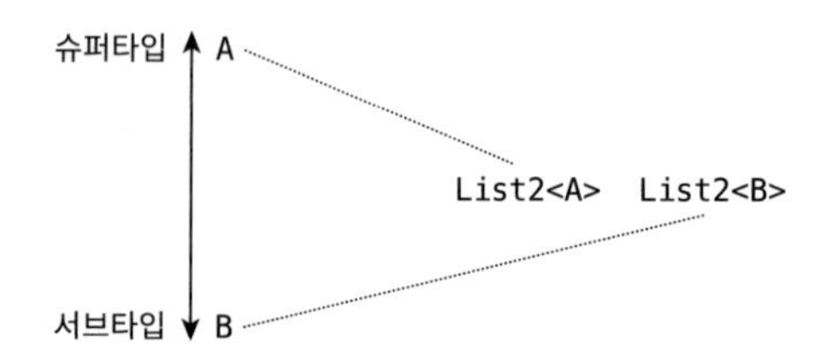

가변성은 이 두 종류가 끝일까? 그렇지 않다. 하나 더 있다. 그리고 사실 그 하나는 전에 이미 보았다. 벌써 눈치챈 독자도 있을 것이다. 지금까지 여러 번 사용했지만 제네릭 타입이라고 표현하지 않았던 제네릭 타입이 있다. 바로 함수 타입이다. 함수 타입 `T => S`는 두 개의 타입 매개변수를 가진 제네릭 타입이다. `T => S` 대신 `Function<T, S>`라고 쓰면 함수 타입이 제네릭 타입이라는 점이 잘 드러난다. 3장에서 "함수 타입은 매개변수 타입의 서브타입 관계를 뒤집고 결과 타입의 서브타입 관계를 유지한다"라고 했다. 즉, 함수 타입과 결과 타입 사이의 관계는 공변이다. 한편 함수 타입과 매개변수 타입 사이의 관계는 공변도 불변도 아니다. 여기서 세 번째 가변성이 등장한다.

세 번째 가변성은 제네릭 타입이 타입 인자의 서브타입 관계를 뒤집는 것이다. 보다시피 함수 타입의 매개변수 타입이 이렇다. 결과 타입을 C로 고정할 때 B가 A의 서브타입이면 B => C는 A => C의 슈퍼타입이다. 타입 인자가 A에서 서브타입인 B로 변할 때 A => C는 타입 인자와는 반대 방향으로 움직여 슈퍼타입인 B => C로 변한다고도 할 수 있다. 그러므로 제네릭 타입이 타입 인자와 '반대로 변한다'는 의미를 담아 이런 가변성을 반변(contravariance)이라고 부른다.

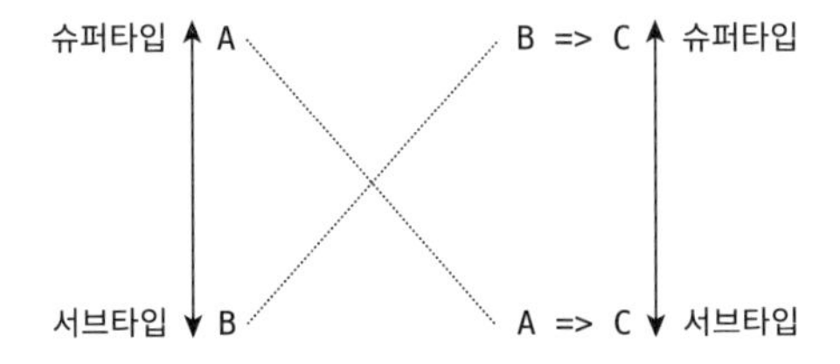

이처럼 가변성에는 공변, 불변, 반변, 세 종류가 있다.[1] 새롭게 알게 된 용어를 사용해 지금까지 살펴본 내용을 정리해 보자. get 메서드만 제공하는 List1은 원소 타입에 대해 공변이다. 단, List1은 어차피 타입 인자를 하나만 받으므로 가변성을 이야기할 때 어떤 타입 인자를 두고 말하는 것인지 헷갈릴 여지가 없다. 따라서 그냥 List1이 공변이라고 이야기할 수 있다. 한편 get에 더해 add도 제공하는 List2는 불변이다.

1 가변성의 네 번째 종류로서 양변(bivariance)을 이야기하는 사람도 있다. 양변은 '양쪽으로 변한다'는 뜻으로, 타입 인자가 서브타입으로 바뀔 때 제네릭 타입이 서브타입으로 바뀌는 동시에 슈퍼타입으로 바뀜을 의미한다. 다시 말해 G가 양변인 제네릭 타입이라면, B가 A의 서브타입일 때 G<B>는 G<A>의 서브타입이면서 슈퍼타입이다. 양변이 유용한 경우는 드물기 때문에 이 책에서는 자세히 다루지 않는다.

마지막으로 함수 타입은 매개변수 타입에 대해서는 반변이고 결과 타입에 대해서는 공변이다.

이제 우리에게 필요한 용어를 모두 알아보았으니 일반적인 이야기를 시작하자. 각 제네릭 타입의 가변성을 결정하는 일반적인 방법이 있을까? 지금까지는 List1, List2, 함수 타입의 가변성을 알아내기 위해 각 타입마다 코드 예시를 만들어야 했다. 프로그램에 등장하는 제네릭 타입이 한둘이 아니니 이런 식으로 각 타입마다 가변성을 판단하는 방법은 좋은 전략이 아니다. 우리에게는 더 나은 일반적인 방법이 필요하다. 그리고 다행히도 꽤나 직관적인 판단 방법이 존재한다.

논의를 간단하게 만들기 위해 타입 매개변수가 하나뿐인 제네릭 타입만 고려하겠다. 타입 매개변수가 여럿이라면 논의한 내용을 각 타입 매개변수에 독립적으로 적용하면 된다. 제네릭 타입의 이름은 G, 타입 매개변수의 이름은 T라고 하자. 우리가 궁금한 것은 G의 가변성을 판단하는 방법이다. 결론부터 말하자면, G가 T를 출력에만 사용하면 공변, 입력에만 사용하면 반변, 출력과 입력 모두에 사용하면 불변이다.

G가 T를 출력이나 입력에 사용한다는 말이 어떤 뜻일까? 객체가 값을 출력하려면 메서드에서 그 값을 반환해야 한다. 따라서 T를 출력에 사용한다는 말은 메서드의 결과 타입이 T라는 뜻이다. 반대로 객체가 값을 입력받으려면 그 값을 메서드의 인자로 받아야 한다. 그러니 T를 입력에 사용한다는 말은 메서드의 매개변수 타입이 T임을 의미한다. 즉, G가 T를 출력에 사용한다는 것은 G의 메서드 중 결과 타입이 T인 메서드가 있다는 말이고, 입력에 사용한다는 것은 G의 메서드 중 매개변수 타입이 T인 메서드가 있다는 말이다.

이번 절에서 언급한 제네릭 타입들이 각각 T를 출력과 입력에 사용하는지 정리해 보자.

G에 해당하는 타입	T를 출력에 사용	T를 입력에 사용
List1<T>	○	×
List2<T>	○	○
Int => T	○	×
T => Int	×	○

List1은 메서드가 get 하나뿐이며 get의 매개변수 타입은 Int, 결과 타입은 T다. 따라서 T를 출력에는 사용하고 입력에는 사용하지 않는다. 한편 List2는 get뿐 아니라 add 메서드도 가지고 있다. add의 매개변수 타입이 T이므로 List2는 T를 입력에도 사용한다. 함수 타입은 원래 타입 매개변수가 두 개이기 때문에 매개변수 타입을 Int로 고정한 Int => T와 결과 타입을 Int로 고정한 T => Int로 쪼갰다(Int는 그냥 아무 타입이나 임의로 고른 것이다. 다른 타입을 골라도 우리 논의에 아무런 영향이 없다). Int => T 타입은 딱 보면 T를 출력에만 사용한다. Int => T 타입을 다음 코드처럼 추상 클래스로 표현하면, T를 출력에만 사용한다는 사실이 더 명확해진다.

```
abstract class FromInt<T> {
    T call(Int arg);
}
```

함수가 제공하는 기능은 해당 함수 호출뿐이기에 함수를 call 메서드 하나만 제공하는 객체로 표현한 것이다. 비슷하게 T => Int는 누가 봐도 T를 입력에만 사용한다. T => Int를 추상 클래스로 표현해도 T를 입력에만 사용한다는 결론을 동일하게 얻을 수 있다.

```
abstract class ToInt<T> {
    Int call(T arg);
}
```

그럼 이제 각 제네릭 타입이 어떤 가변성을 가지는지 표에 추가해 보자.

G에 해당하는 타입	T를 출력에 사용	T를 입력에 사용	가변성
List1<T>	○	×	공변
List2<T>	○	○	불변
Int => T	○	×	공변
T => Int	×	○	반변

List1과 List2는 앞서 본 것처럼 각각 공변과 불변이다. 또한 함수 타입이 결과 타입에 대해서는 공변이고 매개변수 타입에 대해서는 반변이라는 사실에 따라 Int => T와 T => Int는 각각 공변과 반변이다.

우리는 이 표를 바탕으로 "G가 T를 출력에만 사용하면 공변, 입력에만 사용하면 반변, 출력과 입력 모두에 사용하면 불변이다"라고 정리할 수 있다. 물론 이 설명이 만족스럽지 않은 독자도 있을 것이다. 각 가변성 종류별로 고작 예 한두 개만 보고 이를 일반화해 이야기하는 것이 논리적이지는 않다. 하지만 지금까지 알아본 내용만으로도 프로그램을 작성할 때 가변성이라는 개념을 활용하기에는 충분하므로 왜 이러한 가변성 판단 방법이 논리적으로 올바른지 자세히 설명하지는 않겠다. 간단히 말하면, 3장에서 본 함수 타입이 결과 타입에 대해서는 공변이고 매개변수 타입에 대해서는 반변인 이유와 같다. '학생을 내놓는 함수는 사람을 내놓는 함수다'가 사실인지 그리고 '적어도 사람은 인자로 받을 수 있는 함수는 학생을 인자로 받을 수 있는 함수다'가 사실인지 확인했던 것에서 함수만 객체로 바꾸어 생각하면 된다.

지금까지 제네릭 타입의 가변성을 판단하는 방법을 알아보았다.[2] 타입 매개변수를 출력에만 사용하는지, 입력에만 사용하는지, 둘 모두에 사용하는지 보면 가변성을 판단할 수 있다. 이것만 알면 프로그래밍을 하는 데 충분할까? 아쉽지만 아직 그렇지 않다.

지금까지의 내용은 개발자가 가변성을 판단하는 방법을 설명한 것뿐이다. 타입 검사기가 가변성을 판단하는 방법은 별개의 문제다. 개발자가 서브타입을 직관적으로는 "A는 B다" 관계로 이해하더라도, 실제로 코드를 작성하려면 타입 검사기가 서브타입을 판단하는 방식인 이름에 의한 서브타입과 구조에 의한 서브타입을 알아야 했다. 이번에도 마찬가지다. 가변성을 직관적으로는 "타입 매개변수를 사용한 곳에 따라 정해진다"라고 이해하면 된다. 하지만 실제로 코드를 작성하려면 타입 검사기가 가변성을 판단하는 방법을 알아야 한다.

타입 검사기의 서브타입 판단 방법이 두 가지인 것처럼 가변성 판단 방법 역시 두 가지다. 하나는 개발자가 제네릭 타입을 정의할 때 가변성을 지정(declaration-site variance)하도록 한 뒤 그에 따르는 것이고, 다른 하나는 사용할 때 가변성을 지정(use-site variance)하도록 한 뒤 그에 따르는 것이다. 어떤 언어에서는 전자만, 어떤 언어에서는 후자만 사용하며, 둘 모두를 사용하는 언어도 있다. 이제 각각의 가변성 지정 방법을 살펴보자.

2 사실 지금까지 이야기한 내용만으로는 타입 매개변수가 입력이나 출력에 사용되는지 판단하기에 충분하지 않다. 우리는 결과 타입이 T이면 T를 출력에 사용한 것이고, 매개변수 타입이 T이면 T를 입력에 사용한 것이라는 사실만 안다. 그렇다면 결과 타입이 `List1<T>`나 `List2<T>`라면 T를 출력에 사용한 것일까? 또, 매개변수 타입이 `T => Boolean`이라면 T를 입력에 사용한 것일까? 지금까지의 내용만으로는 알 수 없다. 이 책에서는 이런 질문들에 답하지 않는다. 가변성이라는 개념을 이해한다는 목적에는 T가 결과 타입이나 매개변수 타입으로 그대로 사용되는 경우만 고려해도 충분하기 때문이다.

정의할 때 가변성 지정하기

가변성은 각 제네릭 타입의 고유한 속성이다. 따라서 제네릭 타입을 정의할 때 가변성을 지정하는 게 가장 직관적이다. 개발자는 제네릭 타입의 각 타입 매개변수에 가변성을 표시함으로써 공변, 반변, 불변 중 하나를 고를 수 있다.

아무런 표시도 붙이지 않을 경우 기본으로 불변이 선택된다. 예를 들어 다음과 같이 불변인 리스트를 정의할 수 있다.

```
abstract class List<T> {
    Int length();
    T get(Int idx);
    Void add(T t);
}
```

불변인 타입 매개변수는 입력과 출력에 모두 사용할 수 있다. 따라서 위의 List 정의에서 T가 메서드 매개변수 타입과 결과 타입에 모두 사용될 수 있다. 대신 List가 불변이므로 B가 A의 서브타입이더라도 List<B>는 List<A>의 서브타입이 아니다.

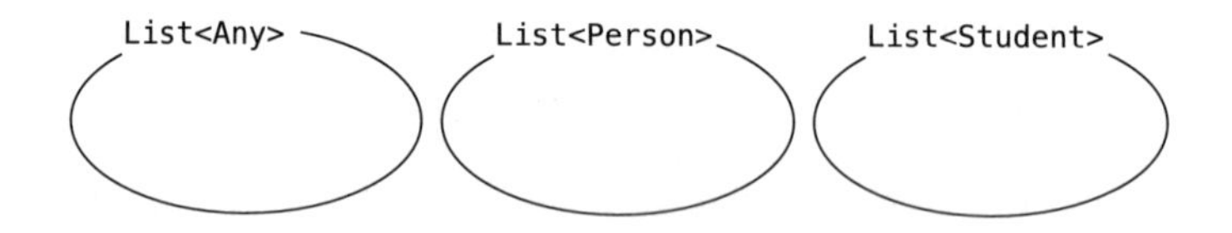

따라서 다음 코드가 타입 검사를 통과하지 못한다.

```
Int averageAge(List<Person> people) { ... }
List<Student> students = ...;
averageAge(students);
```

특정 타입 매개변수를 공변으로 만들려면 그 타입 매개변수 앞에 out을 붙여야 된다. out은 해당 타입 매개변수가 출력에만 사용됨을 뜻한다. 가령 다음과 같이 원소를 추가할 수 없는 대신 공변인 리스트를 정의할 수 있다.

```
abstract class ReadOnlyList<out T> {
    Int length();
    T get(Int idx);
}
```

T를 출력에만 사용한다고 했으니, T를 메서드 결과 타입으로 사용할 수는 있어도 매개변수 타입으로 사용할 수는 없다. ReadOnlyList는 T를 get의 결과 타입으로만 사용하므로 이 조건을 만족한다.

ReadOnlyList는 공변이므로 타입 인자의 서브타입 관계를 보존한다. 즉, B가 A의 서브타입일 때 ReadOnlyList<B>가 ReadOnlyList<A>의 서브타입이다.

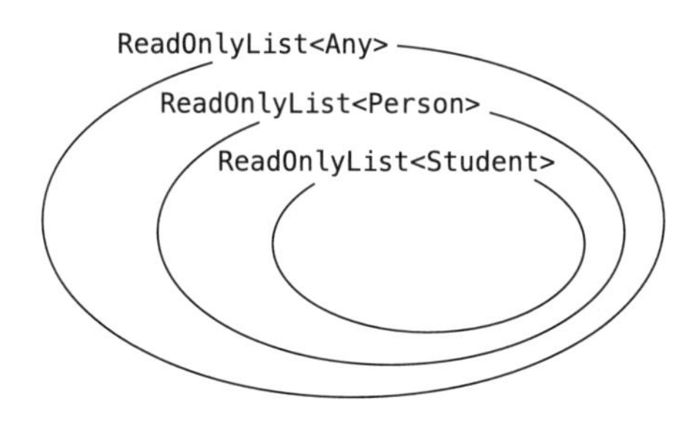

따라서 우리가 앞에서 작성하고 싶었던 코드를 ReadOnlyList를 사용해 완성할 수 있다.

```
Int averageAge(ReadOnlyList<Person> people) {
    people.length() ...
    people.get(i).age ...
}
```

```
ReadOnlyList<Student> students = ...;
averageAge(students);
```

ReadOnlyList<Student>가 ReadOnlyList<Person>의 서브타입이기 때문에 위 코드가 타입 검사를 통과한다.

ReadOnlyList를 불변으로 바꾼다 해도 ReadOnlyList의 정의가 타입 검사를 통과하는 데는 아무런 문제도 없다.

```
abstract class ReadOnlyList<T> {
    Int length();
    T get(Int idx);
}
```

불변인 타입 매개변수는 입력과 출력 모두에 사용할 수 있기 때문이다. 하지만 이렇게 고치면 B가 A의 서브타입이어도 ReadOnlyList<B>가 ReadOnlyList<A>의 서브타입이 아니게 된다. List를 사용할 때와 동일하게 averageAge(students)가 타입 검사를 통과하지 못하게 되는 것이다. 즉, 바뀐 ReadOnlyList는 원소를 추가할 수도 없는 주제에 불변이기까지 한 불편한 리스트일 뿐이다. T를 입력에 사용하는 메서드를 추가하려고 계획 중인 게 아니라면, 굳이 이런 리스트를 정의할 필요는 보통 없다.

한편 List를 공변으로 정의하는 경우도 생각해 볼 수 있다.

```
abstract class List<out T> {
    Int length();
    T get(Int idx);
    Void add(T t);
}
```

이 코드는 타입 검사를 통과하지 못한다. 타입 매개변수 T를 공변으로 정의했기에 타입 검사기가 List에서 T가 출력에만 사용되는지 확인한다. 이 경우 add가 T를 입력에 사용하기에 타입 검사기가 코드를 거부해 버린다.

타입 매개변수를 반변으로 만들고 싶을 때는 out 대신 in을 붙인다. 그 타입 매개변수를 입력에만 사용한다는 뜻이다. 다음처럼 열쇠 타입에 대해 반변인 맵을 정의할 수 있다.

```
abstract class Map<in T, S> {
    Int size();
    S get(T t);
    Void add(T t, S s);
}
```

Map 클래스는 T와 S 두 개의 타입 매개변수를 가진다. T는 열쇠의 타입, S는 열쇠에 연결된 값의 타입이다. Map은 가지고 있는 열쇠-값 쌍의 개수를 반환하는 size 메서드, 열쇠를 주면 연결된 값을 반환하는 get 메서드, 새로운 열쇠-값 쌍을 추가하는 add 메서드를 가진다. T는 get과 add에서 입력으로만 사용되었기에 반변으로 정의해도 타입 검사기가 문제 삼지 않는다. 반면 S는 get에서는 출력, add에서는 입력에 사용되므로 반드시 불변이어야 한다. Map이 열쇠 타입에 대해 반변이므로 B가 A의 서브타입일 때 Map<A, C>가 Map<B, C>의 서브타입이다. 예를 들면 Map<Person, Int>가 Map<Student, Int>의 서브타입이다.

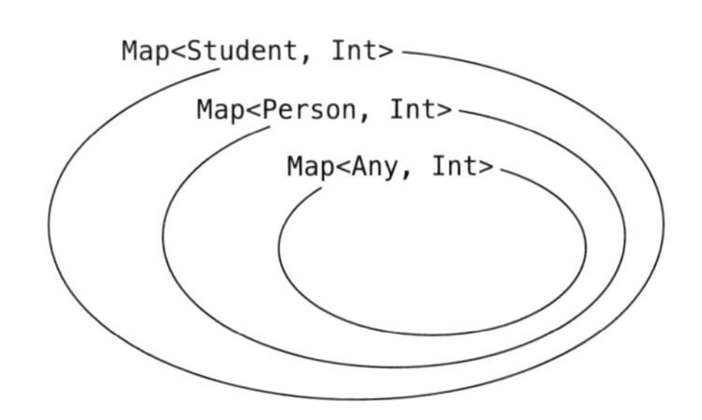

정의할 때 가변성을 지정하는 방법은 이해하기 쉬운 대신 클래스를 정의할 때 큰 제약이 생긴다는 문제가 있다. 일반적으로 한 제네릭 타입이 제공하는 메서드 중에는 타입 매개변수를 입력에 사용하는 것들도 있고 출력에 사용하는 것들도 있다. 그 타입을 공변으로 만든다면 타입 매개변수를 입력에 사용하는 절반을 모두 포기해야 하고, 반변으로 만든다면 나머지 절반을 포기해야 한다. 그러니 공변이나 반변을 선택하면 반쪽짜리 클래스를 만들 수밖에 없는 것이다. 물론 불변을 선택하면 아무 메서드나 정의할 수 있다. 하지만 그랬다가는 서브타입 관계가 추가로 만들어지지 않아 멀쩡한 코드인데도 타입 검사를 통과하지 못하는 경우가 생긴다. 이처럼 정의할 때 가변성을 지정하는 방법은 개발자를 양자택일의 기로에 내몬다. 서브타입 관계를 추가하는 대신 기능이 빠진 타입을 만들거나, 기능을 다 갖춘 타입을 만드는 대신 서브타입 관계를 포기하거나. 개발자는 반드시 이 둘 중 하나를 골라야 한다.

앞서 본 `List`와 `ReadOnlyList`의 예가 이 문제를 잘 드러낸다. `List`는 필요한 기능을 모두 갖추고 있다. 원소를 읽을 수도 있고 새 원소를 추가할 수도 있다. 하지만 불변이기에 타입 검사를 통과하지 못하는 경우가 생긴다. 반대로 `ReadOnlyList`는 공변이다. `List`가 불변이라서 겪는 문제를 `ReadOnlyList`는 겪지 않는다. 그러나 원소를 읽을 수는 있어도 새 원소를 추가할 수는 없으니 여간 불편한 게 아니다.

그나마 함수형 언어에서는 이 단점이 상대적으로 덜 드러난다. 함수형 프로그래밍에서는 대부분의 경우 수정할 수 없는(immutable) 자료 구조만 사용해 프로그램을 작성하기 때문이다. 대개 타입 매개변수가 입력으로 사용되는 이유는 자료 구조에 추가할 새 원소를 입력받기 위함이다. 그러니 수정할 수 없는 자료 구조를 만드는 게 처음부터 목적이었다면 타입 매개변수를 입력에 사용할 수 없어도 별 문제가 아니다. 기능을 포기할 필요 없이 제네릭 타입을 공변으로 만들 수 있는 것이다.

하지만 수정할 수 없는 자료 구조라 하더라도 입력에 타입 매개변수를 사용하는 경우가 있다. 다음 append 메서드가 그 예다.

```
abstract class ReadOnlyList<T> {
    ...
    ReadOnlyList<T> append(T t);
}
```

append 메서드는 기존 리스트는 그대로 둔 채 주어진 원소를 원래 리스트의 맨 끝에 추가하면 만들어지는 리스트를 새롭게 만들어 반환한다. 이런 메서드는 함수형 프로그래밍에서도 필요하다. 문제는 append가 T를 입력에 사용한다는 점이다. 따라서 append를 제공하려면 ReadOnlyList가 불변이 되어야 한다. 이처럼 정의할 때 가변성을 지정하는 방법은 함수형 언어에서조차 문제를 일으킨다.

다만 해결 방법이 아예 없는 것은 아니다. 타입 매개변수의 하한을 지정함으로써 ReadOnlyList를 공변으로 유지하면서 append 메서드를 제공할 수 있다.

```
abstract class ReadOnlyList<out T> {
    ...
    ReadOnlyList<S> append<S >: T>(S s);
}
```

이 코드가 타입 검사를 통과하는 이유는 이야기하지 않겠다.

이렇게 타입 매개변수 제한을 통한 해결책이 있다고 해도 사실 여전히 만족스럽지 않다. 일단 코드가 복잡해진다는 문제가 있다. 또한 모든 경우에 통하는 방식도 아니다. 가령 수정 가능한(mutable) 리스트를 만들기 위해 add 메서드를 정의할 때는 매개변수 타입이 정확히 T여야 하므로 이 방법으로도 해결되지 않는다.

이처럼 제네릭 타입을 정의할 때 가변성을 지정하면 직관적이긴 해도 불편함이 생긴다. 그래서 다음에 살펴볼 방법은 가변성을 지정하는 시점을 제네릭 타입을 사용할 때로 미룬다.

주요 언어 예시

C#

```
class Person {}
class Student : Person {}
interface ReadOnlyList<out T> {
    T get(int idx);
}
interface Map<in T, S> {
    S get(T t);
    void add(T t, S s);
}
ReadOnlyList<Person> foo(ReadOnlyList<Student> l) { return l; }
Map<Student, int> bar(Map<Person, int> m) { return m; }
```

모든 제네릭 클래스는 불변이다. 제네릭 인터페이스만 공변이나 반변으로 만들 수 있다. 그래서 ReadOnlyList와 Map을 인터페이스로 정의했다.

타입스크립트

```
class Person {}
class Student { grade: number; }
class ReadOnlyList<T> {
    get: (idx: number) => T = ...;
```

```
}
class Map<T, S> {
    get: (t: T) => S = ...;
    add: (t: T, s: S) => void = ...;
}
let l: ReadOnlyList<Person> = new ReadOnlyList<Student>();
let m: Map<Student, number> = new Map<Person, number>();
```

구조에 의한 서브타입을 사용하므로 가변성을 명시적으로 지정할 필요가 없다. 타입 검사기가 매번 타입에 정의된 필드와 메서드를 고려해 서브타입 여부를 결정함으로써 자연스럽게 가변성을 알아낸다.

코틀린

```
open class Person
class Student : Person()
class ReadOnlyList<out T> {
    fun get(idx: Int): T = ...
}
class Map<in T, S> {
    fun get(t: T): S = ...
    fun add(t: T, s: S): Unit = ...
}
val l: ReadOnlyList<Person> = ReadOnlyList<Student>()
val m: Map<Student, Int> = Map<Person, Int>()
```

스칼라

```
class Person
class Student extends Person
class ReadOnlyList[+T]:
  def get(idx: Int): T = ...
class Map[-T, S]:
  def get(t: T): S = ...
  def add(t: T, s: S): Unit = ...
val l: ReadOnlyList[Person] = ReadOnlyList[Student]()
val m: Map[Student, Int] = Map[Person, Int]()
```

out 대신 +, in 대신 -를 사용하여 공변과 반변을 나타낸다.

프로젝트 이름	구현 언어	프로그램 용도	스타 개수	깃허브 주소
파워셸	C#	셸	38.1k	*https://github.com/PowerShell/PowerShell*
섀도속스	코틀린	프록시 클라이언트	33.6k	*https://github.com/shadowsocks/shadowsocks-android*
릭카나리아	코틀린	메모리 누수 탐지기	28.4k	*https://github.com/square/leakcanary*
아파치 스파크	스칼라	데이터 처리 엔진	35.5k	*https://github.com/apache/spark*
아카	스칼라	분산 프로그래밍 프레임워크	12.7k	*https://github.com/akka/akka*
플레이 프레임워크	스칼라	웹 프레임워크	12.4k	*https://github.com/playframework/playframework*

표 4-4 정의할 때 가변성 지정하기를 사용하는 프로젝트

사용할 때 가변성 지정하기

제네릭 타입을 사용할 때 가변성을 지정하는 경우, 제네릭 타입을 정의할 때는 가변성을 지정할 수 없다. 모든 제네릭 타입은 불변으로 정의되며 타입 매개변수를 아무 데서나 사용할 수 있다. 따라서 다음처럼 제약 없이 리스트를 만드는 것이 가능하다.

```
abstract class List<T> {
    Int length();
    T get(Int idx);
    Void add(T t);
}
```

`List`가 불변이므로 `B`가 `A`의 서브타입이더라도 `List<B>`는 `List<A>`의 서브타입이 아니다.

제네릭 타입을 사용할 때 가변성을 불변 대신 공변이나 반변으로 지정하려면 새로운 종류의 타입을 사용해야 한다. 새롭게 등장하는 타

입들은 타입 인자 앞에 out 또는 in을 붙여서 만들 수 있다. 예를 들면 List<out Person>, List<in Student>, Map<Person, out Person>, Map<out Person, in Person> 등이 가능하다. 이런 타입들은 제네릭 타입을 공변이나 반변으로 만드는 대신 기존 제네릭 타입보다 적은 기능을 제공한다.

우선 타입 인자에 out을 붙이는 경우부터 보자. 계속해서 List를 예로 사용하겠다. 타입 인자에 out을 붙이면 List<out A> 형태의 타입이 만들어진다. 이 타입은 List<A>와 동일하게 A 타입의 원소들로 구성된 리스트를 나타낸다. 하지만 List<A>와는 달리 출력 기능만 사용할 수 있다. 더 구체적으로는 List가 제공하는 메서드 중 원소 타입이 매개변수 타입으로 사용되지 않는 메서드만 사용할 수 있다는 뜻이다. 즉, length, get, add 중 length와 get만 사용할 수 있다. 그러므로 다음 코드는 타입 검사를 통과한다.

```
List<out Person> people = ...;
people.length();
people.get(...);
```

반면 다음 코드는 타입 검사를 통과하지 못한다.

```
people.add(...);
```

List<A>는 List<out A>의 서브타입이다. 'A를 출력과 입력에 모두 사용할 수 있는 리스트는 A를 출력에 사용할 수 있는 리스트다'가 사실이기 때문이다.

또한 그냥 List는 불변이었던 것과 달리 out을 붙인 List는 공변이다. 앞에서 살펴본 것처럼 타입 인자를 출력에만 사용하면 공변이기 때문이다. 따라서 B가 A의 서브타입일 때 List<out B>는 List<out A>의 서브타입이다.

더 나아가 서브타입 관계에는 일종의 연쇄 작용이 발생한다. 'C는 B다'가 사실이고 'B는 A다'가 사실이면 C는 B이기에 A가 되므로 'C는 A다' 역시 사실이다. 마찬가지로 C가 B의 서브타입이고 B가 A의 서브타입이면 C는 A의 서브타입이기도 하다. 우리는 List<B>가 List<out B>의 서브타입이라는 사실과 B가 A의 서브타입일 때 List<out B>가 List<out A>의 서브타입이라는 사실을 이미 알고 있다. 그러므로 List<B> 역시 List<out A>의 서브타입이라는 결론이 나온다.

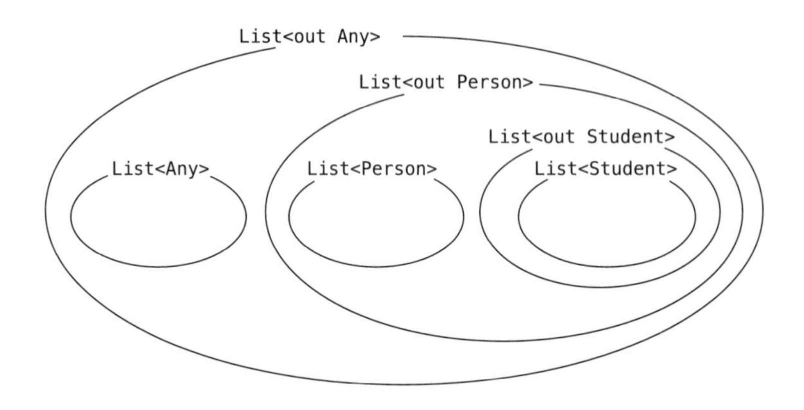

이제 새로운 타입을 사용해 averageAge 함수를 정의할 수 있다. averageAge가 인자로 받은 리스트에서 사용하는 메서드는 length와 get뿐이다. 두 메서드 중 어느 하나도 리스트의 원소 타입을 입력에 사용하지 않는다. 다만 get이 원소 타입을 출력에 사용할 뿐이다. 그러므로 매개변수 타입을 List<Person> 대신 List<out Person>으로 할 수 있다.

```
Int averageAge(List<out Person> people) {
    people.length() ...
```

```
    people.get(i).age ...
}
```

out을 붙인 List가 공변이기 때문에 우리가 원하던 코드를 작성할 수 있다. Student가 Person의 서브타입이므로 List<Student>는 List<out Person>의 서브타입이다. 따라서 다음 코드가 타입 검사를 통과한다.

```
List<Student> students = ...;
averageAge(students);
```

이제 in을 붙이는 경우를 보자. out을 이해했으면 in은 쉽다. 이번에도 List를 예로 사용한다. in을 붙여 만들어지는 타입은 List<in A> 형태의 타입이다. List<in A> 역시 List<A>와 비슷하게 A 타입의 원소들로 구성된 리스트를 나타내지만 List의 입력 기능만 사용할 수 있다는 차이가 있다. 정확히 말하면 List의 메서드 중 원소 타입이 결과 타입으로 사용되지 않는 메서드만 사용할 수 있다. 따라서 length, get, add 중 length와 add만 사용할 수 있다. 즉, 다음 코드가 타입 검사를 통과한다.

```
List<in Person> people = ...;
people.length();
people.add(...);
```

하지만 다음 코드는 타입 검사를 통과하지 못한다.

```
people.get(...);
```

out을 붙였을 때와 비슷하게, 'A를 출력과 입력에 모두 사용할 수 있는 리스트는 A를 입력에 사용할 수 있는 리스트다'가 사실이므로 List<A>는 List<in A>의 서브타입이다. 또한 타입 인자를 입력에만 사용하면 반변이기에 in을 붙인 List는 반변이다. 따라서 B가 A의 서브타입일 때 List<in A>가 List<in B>의 서브타입이다. 여기에 연쇄 작용에 의해 B가 A의 서브타입일 때 List<A>가 List<in B>의 서브타입이라는 사실까지 나온다.

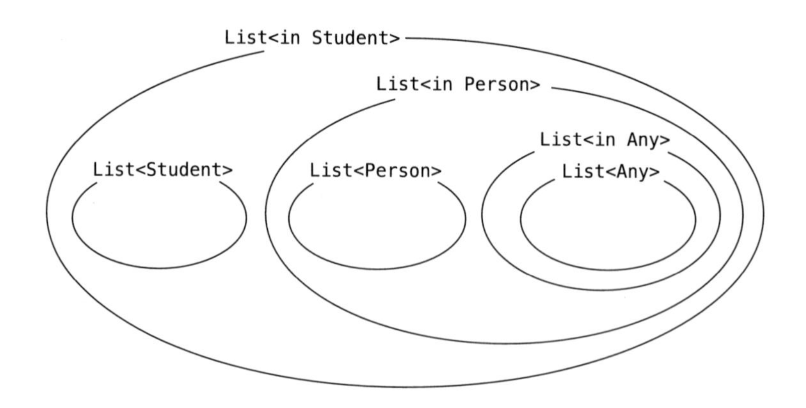

앞서 리스트의 원소 타입을 출력에만 사용하는 averageAge가 out을 붙여 공변을 선택한 것처럼, 원소 타입을 입력에만 사용하는 함수는 in을 붙여 반변을 선택할 수 있다. 예를 들어 학생 리스트를 인자로 받아 해당 리스트의 길이가 특정 값 이하이면 학생을 하나 추가하는 함수를 다음과 같이 작성할 수 있다.

```
Void addStudent(List<in Student> students) {
    if (students.length() < ...) {
        students.add(...);
    }
}
```

addStudent는 length와 add만 사용하므로 원소 타입을 입력에만 사용한다. 따라서 매개변수 타입을 List<Student> 대신 List<in Student>로 했다.

```
List<Person> people = ...;
addStudent(people);
```

Person이 Student의 슈퍼타입이므로 List<Person>은 List<in Student>의 서브타입이다. 그러므로 List<Person> 타입의 인자를 addStudent에 넘기는 위 코드가 타입 검사를 통과한다. 이는 사람 리스트에 학생을 추가해도 괜찮다는 우리의 직관과도 일치한다.

예에서 볼 수 있듯이 제네릭 타입을 사용할 때 가변성을 지정하면 제네릭 타입을 자유롭게 정의할 수 있다. 제네릭 타입을 정의할 때 가변성을 지정하면 생기는 문제점을 말끔히 해결한 것이다. 또한 공변이나 반변이 필요한 경우에는 타입 인자에 out이나 in을 붙이기만 하면 되니 원하는 가변성을 여전히 쉽게 선택해 사용할 수 있다.

주요 언어 예시

자바

```
class Person { int age; }
class Student extends Person {}
class List<T> {
    int length() { ... }
    T get(int idx) { ... }
    void add(T t) { ... }
}
int averageAge(List<? extends Person> people) {
    int len = people.length();
    int age = people.get(...).age;
```

```
    ...
}
void addStudent(List<? super Student> students) {
    if (students.length() < ...) {
        students.add(new Student());
    }
}
averageAge(new List<Student>());
addStudent(new List<Person>());
```

out 대신 ? extends, in 대신 ? super를 사용하여 공변과 반변을 나타낸다. G<? extends A>와 G<? super A> 형태의 타입만 만들 수 있고, G<A extends ?>나 G<A super B> 등 여타 형태의 타입은 만들 수 없다. 그러니 ? extends와 ? super에서 ?와 extends/super를 분리하여 각각의 의미를 생각하지 말고, 그냥 ? extends와 ? super를 각각 out과 in의 역할을 하는 하나의 키워드로 바라보는 게 좋다.

코틀린

```
open class Person(val age: Int)
class Student(age: Int) : Person(age)
class List<T> {
    fun length(): Int = ...
    fun get(idx: Int): T = ...
    fun add(t: T): Unit = ...
}
fun averageAge(people: List<out Person>): Int {
    val len: Int = people.length()
    val age: Int = people.get(...).age
    ...
}
fun addStudent(students: List<in Student>): Unit {
    if (students.length() < ...) {
        students.add(Student(...))
    }
}
averageAge(List<Student>())
addStudent(List<Person>())
```

정의할 때 가변성을 공변이나 반변으로 지정한 경우, 사용할 때는 가변성을 바꿀 수 없다. 즉, 불변으로 정의한 제네릭 클래스에 한해 사용할 때 in이나 out을 붙여 가변성을 지정할 수 있다. 가령 앞서 본 ReadOnlyList는 정의할 때 이미 공변으로 지정했으므로 ReadOnlyList<in Student> 같은 타입은 사용할 수 없다. ReadOnlyList<out Student>는 사용할 수 있으나 ReadOnlyList<Student>와 동일하므로 굳이 더 길게 쓸 필요가 없다.

프로젝트 이름	구현 언어	프로그램 용도	스타 개수	깃허브 주소
일래스틱서치	자바	검색 엔진	63.4k	*https://github.com/elastic/elasticsearch*
기드라	자바	디컴파일러	38.9k	*https://github.com/NationalSecurityAgency/ghidra*
셀레늄	자바	브라우저 자동화 도구	26.3k	*https://github.com/SeleniumHQ/selenium*
OkHttp	코틀린	HTTP 클라이언트	43.8k	*https://github.com/square/okhttp*
섀도속스	코틀린	프록시 클라이언트	33.6k	*https://github.com/shadowsocks/shadowsocks-android*
릭카나리아	코틀린	메모리 누수 탐지기	28.4k	*https://github.com/square/leakcanary*

표 4-5 사용할 때 가변성 지정하기를 사용하는 프로젝트

5장

오버로딩에 의한 다형성

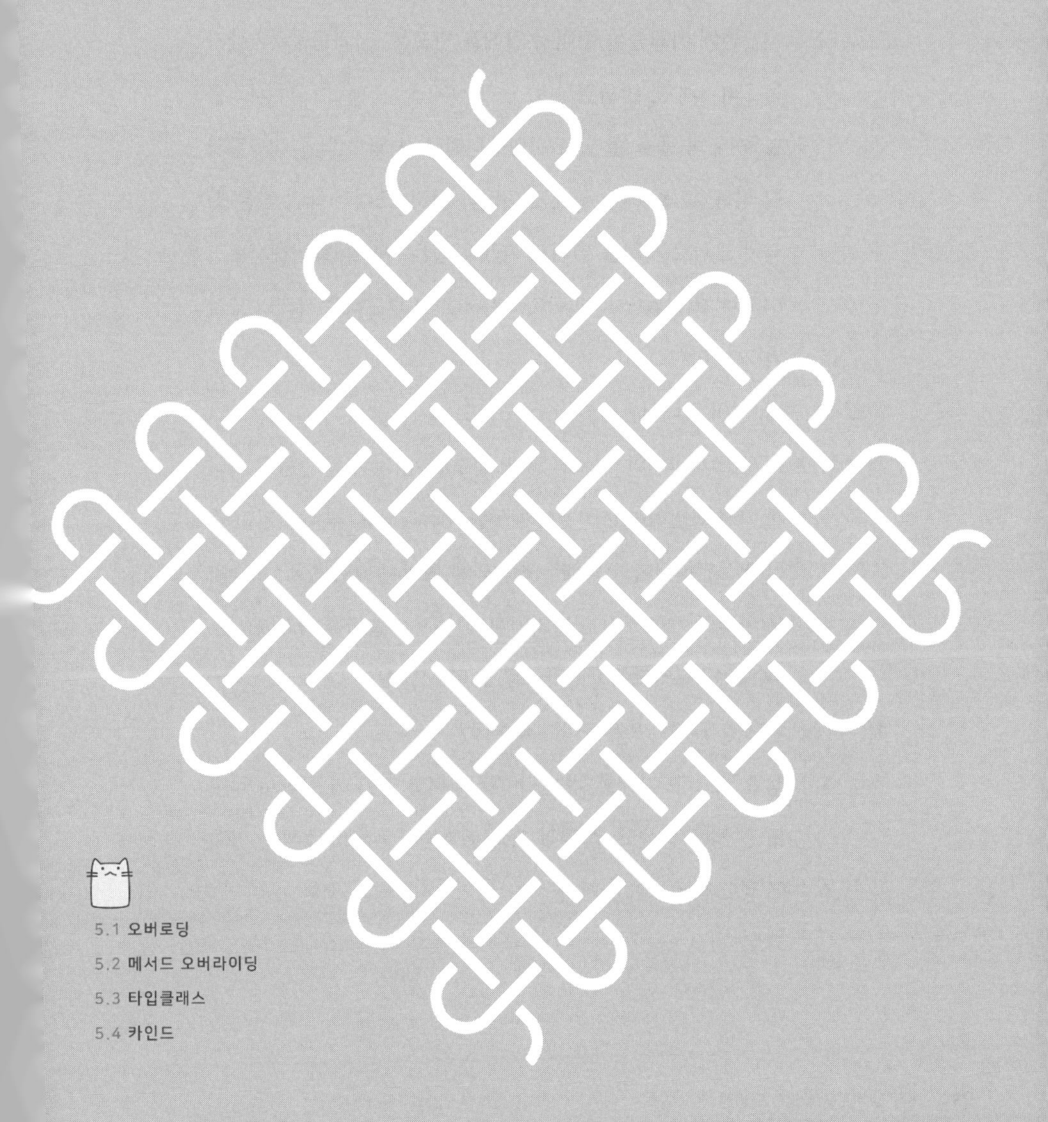

5.1 오버로딩
5.2 메서드 오버라이딩
5.3 타입클래스
5.4 카인드

- 깍둑썰기 -

큐리 박사: 준비 끝! 이번에야말로 반드시 카레 가게를 성공시키겠어.

처르지: 그러길 바라. 준비는 철저히 했겠지?

큐리 박사: 물론이지. 새로운 기계도 준비했다고.

처르지: 오, 또 기계를 만들었나 보네. 이번에는 뭘 만든 거야?

큐리 박사: 지난번에 사과즙을 섞어서 카레를 만드는 '사과즙듬뿍카레자동조리기계'를 만들었잖아. 근데 생각을 좀 해 보니까 사과를 넣을 때 꼭 즙을 낼 필요는 없겠더라고. 사과도 다른 재료들처럼 깍둑썰기를 해서 넣으면 어떨까 했지. 그래서 내가 찾은 최적의 크기로 사과를 썰어서 카레에 넣는 '사과깍둑카레자동조리기계'를 만들었어. 아삭아삭한 사과와 부드러운 카레의 조화가 기가 막힌다고.

처르지: 와, 맛이 기대되는걸.

큐리 박사: 이게 끝이 아니야. '사과깍둑카레자동조리기계'를 만들고 나니까 다른 과일이라고 비슷하게 못할까 싶더라고. 무슨 과일이 좋을까 고민하다가 이번에는 복숭아를 썰어서 넣어 봤지. 복숭아도 카레랑 어찌나 잘 어울리던지. 그래서 복숭아를 카레에 넣는 '복숭아깍둑카레자동조리기계'도 만들었어.

처르지: 기계를 두 개나 만든 거야? 빠른데?

큐리 박사: 후후. 그리고 기계를 내가 다 관리하려면 힘들 거 같아서 직원도 한 명 고용했어. 직원이 사과나 복숭아를 받아서 맞는 기계에 넣고 작동시키는 거지.

처르지: 그럼 나도 카레를 먹어 볼 수 있는 거야?

큐리 박사: 물론이지. 사과나 복숭아를 들고 직원한테 가서 카레를 만들어 달라고 해.

처르지: 좋아, 먼저 사과부터 넣어 봐야지. **저기, 이 사과로 카레를 만들어 주시겠어요?**

직원: 네, 잠시만요. 여기 있습니다.

처르지: 이야, 금방 만들어지네. 냄새 좋은데! 복숭아로도 만들어 봐야겠어. **저기, 이 복숭아로 카레를 만들어 주시겠어요?**

직원: 네, 잠시만요. 여기 있습니다.

처르지: 훌륭해, 큐리. 직원 교육을 아주 잘 시켰는걸.

며칠 후

처르지: 뭐야, 또 뭐가 생겼네?

큐리 박사: 맞아. 다른 과일도 카레에 넣고 싶더라고. 근데 적당한 크기를

과일마다 내가 다 찾기는 너무 힘들잖아. 그래서 다른 과일들은 그냥 전에 사과즙을 넣었던 것처럼 과즙을 짜서 카레에 넣기로 했어. 그것만으로도 카레의 풍미가 훨씬 좋아지더라고.

처르지: 그럼 새로 만든 기계는 카레에 과일즙을 넣는 거야?

큐리 박사: 정확해. 바로 '과즙듬뿍카레자동조리기계'지.

처르지: 원래 있던 직원이 새로 만든 기계도 같이 관리하려나?

큐리 박사: 물론이지. 가서 아무 과일이나 주면서 카레를 만들어 달라고 하면 돼.

처르지: 좋아, 한번 해 볼게. **저기, 이 오렌지로 카레를 만들어 주시겠어요?**

직원: 네, 잠시만요. 여기 있습니다.

처르지: 음, 오렌지 냄새. 이게 오렌지 과즙이 들어간 카레인 거지?

큐리 박사: 그렇지.

처르지: 어? 근데 질문이 있어. 사과를 직원에게 주면 어떻게 되는 거

야? **사과는 '사과깍둑카레자동조리기계'에도 넣을 수 있고 '과즙듬뿍카레자동조리기계'에도 넣을 수 있잖아.**

큐리 박사: 좋은 질문이야. 내가 힘들게 사과를 위한 최적의 크기를 찾아 놓았는데 카레에 사과를 썰어서 넣는 게 아니라 즙을 짜서 넣는다면 정말 슬프겠지? 그래서 직원한테 특정 과일만 처리할 수 있는 기계가 있다면, 그 과일을 받았을 때 '과즙듬뿍카레자동조리기계' 대신 더 **특화된 기계**를 꼭 사용해 달라고 미리 말해 놓았지. 그러니까 사과를 직원한테 주면 '사과깍둑카레자동조리기계'를 사용해서 카레를 만들 거야. 마찬가지로 복숭아를 주면 '복숭아깍둑카레자동조리기계'를 사용할 거고.

처르지: 똑똑한데! 역시 너는 계획이 다 있구나?

큐리 박사: 날 뭐로 보는 거야. 이 정도는 기본이라고.

처르지: 좋아. 그러면 사과가 들어간 카레를 다시 만들어 보겠어. **저기, 이 과일로 카레를 만들어 주시겠어요?**

직원: 네, 잠시만요. 여기 있습니다.

처르지: 엥, 뭐야. 사과가 안 보이잖아. 근데 사과 냄새는 나네. 이거 사과로 즙을 낸 거 아니야? '사과깍둑카레자동조리기계' 대신 '과즙듬뿍카레자동조리기계'를 사용한 거 같은데?

큐리 박사: 그건 네가 **사과**로 카레를 만들어 달라고 말해야 하는데 그렇게 안 하고 **과일**로 카레를 만들어 달라고 말했기 때문이야.

처르지: 그게 무슨 상관이야. 어쨌든 내가 준 과일은 사과였는걸?

큐리 박사: 중요하지. 내 직원은 **과일을 받아서 그 과일이 뭔지 확인하지 않는다고**. 다만 네가 **한 말에 귀를 기울일 뿐**이야. 네가 과일이라고만 했으니 받은 게 사과인 줄 알 턱이 없지. '과즙듬뿍카레자동조리기계'를 사용할 수밖에 없었던 거라고.

처르지: 거참, 불편하네.

5.1 오버로딩

2장에서 한 함수가 여러 타입의 인자를 받을 수 있도록 만들기 위해 이거나 타입을 사용했다. 스프레드시트를 편집하는 프로그램에서 각 셀에 데이터를 쓰는 함수를 다음과 같이 이거나 타입을 사용해 정의할 수 있었다.

```
Void write(Cell cell, String | Int data) {
    if (data is String) {
        cell.setDataFormat(DATA_FORMAT_NORMAL);
        cell.setData(data);
    } else {
        cell.setDataFormat(DATA_FORMAT_NUMBER);
        cell.setData(intToString(data));
    }
}
```

나쁜 방법은 아니지만 약간 복잡하게 느껴진다. 우선 이거나 타입과 위치에 민감한 타입 검사라는 개념을 이해해야 한다. 또, 그냥 String을 위한 함수와 Int를 위한 함수를 따로 정의할 때는 필요 없는 data is String이라는 코드도 추가된다.

함수 오버로딩(function overloading)은 한 함수가 여러 타입의 인자를 받아야 할 때 이거나 타입보다 훨씬 간단하고 직관적인 해결책을 제공하는 기능이다. 함수 오버로딩이란 같은 이름의 함수를 여러 개 정의하는 것이다. 단, 이때 이름이 같은 함수들의 매개변수 타입은 서로 달라야 한다. overloading이라는 단어를 사전에서 찾아보면 '너무 많음'이라는 뜻이라고 나온다. 원래는 한 이름의 함수를 하나만 정의해야 하지만, 개발자의 편의를 위해 같은 이름의 함수를 '너무 많이' 정의할 수 있도록 하는 기능인 셈이다.

함수 오버로딩을 사용해 write를 다음과 같이 구현할 수 있다.

```
Void write(Cell cell, String str) {
    cell.setDataFormat(DATA_FORMAT_NORMAL);
    cell.setData(str);
}
Void write(Cell cell, Int num) {
    cell.setDataFormat(DATA_FORMAT_NUMBER);
    cell.setData(intToString(num));
}
```

이제 이름이 write인 함수가 두 개다. 한 함수는 두 매개변수의 타입이 각각 Cell과 String이고, 다른 하나는 Cell과 Int다. 앞으로는 편의상 매개변수가 여럿인 함수의 매개변수 타입을 이야기할 때 괄호와 쉼표를 사용하겠다. 즉, 다시 말하면 하나는 매개변수 타입이 (Cell, String)이고 다른 하나는 (Cell, Int)다. 두 함수의 매개변수 타입이

다르므로 올바른 오버로딩이다. 두 함수의 이름이 같다는 점만 빼면 오버로딩 없이 함수를 정의하던 때와 다를 게 없다. 그러니 이거나 타입을 사용하는 것보다 쉽다.

오버로딩된 함수를 호출할 때는 그냥 함수 이름을 적으면 된다.

```
Cell c1 = ...;
Cell c2 = ...;
write(c1, "Hello");
write(c2, 42);
```

이름이 write인 두 함수 중에 어느 것을 호출할지는 언어 수준에서 자동으로 결정된다. 이렇게 함수가 오버로딩되어 있을 때 호출할 함수를 자동으로 고르는 것을 함수 선택(function dispatch)이라 부른다. 함수 선택의 가장 기본적인 규칙은 '인자의 타입에 맞는 함수를 고른다'는 것이다. 위 코드에서 첫 번째 write 호출은 인자 타입이 (Cell, String)이다. 첫 번째 함수는 매개변수 타입이 (Cell, String)이니 인자의 타입에 잘 맞는다. 한편 두 번째 함수는 매개변수 타입이 (Cell, Int)다. Cell 타입인 첫 번째 인자에는 잘 맞지만, String 타입인 두 번째 인자에는 잘 맞지 않는 것이다. 그러니 첫 번째 write 함수가 호출된다.

```
                                          :Cell      :String
void write(Cell cell, String str) <------ write(c1, "Hello");

void write(Cell cell, Int num)
```

두 번째 호출의 경우 인자 타입이 (Cell, Int)이므로 두 번째 write 함수가 호출된다.

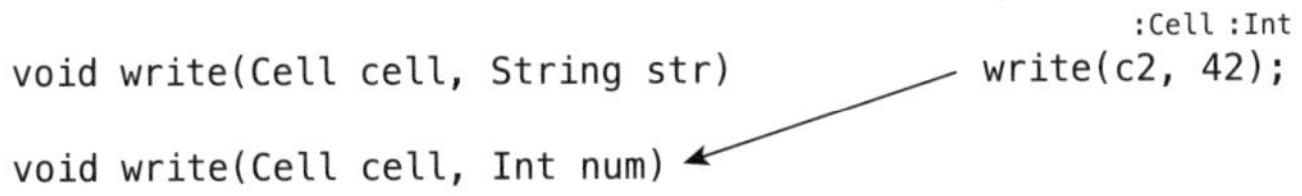

```
                                            :Cell :Int
void write(Cell cell, String str)          write(c2, 42);

void write(Cell cell, Int num) <-
```

함수가 자동으로 선택되니 개발자 입장에서는 어려울 게 없다. 함수를 오버로딩하지 않은 경우와 완전히 같은 방법으로 함수를 호출할 수 있다. 함수를 매개변수 타입에 따라 잘 정의해 놓기만 하면, 호출할 때는 호출하려는 함수가 오버로딩되었는지 아닌지 신경 쓸 필요가 전혀 없다. 이처럼 여러 타입의 인자를 받는 함수를 정의할 때 함수 오버로딩을 사용하면 이거나 타입을 사용하는 것보다 함수를 정의하기는 쉬우면서 호출하는 방법은 그대로다. 그러니 함수 오버로딩을 사용하는 편이 더 좋다.[1]

함수 오버로딩은 다형성을 만들어 내는 세 번째 방법이다. 위 코드에서 write라는 이름은 (Cell, String) => Void 타입이면서 (Cell, Int) => Void 타입인 것으로 이해할 수 있다. write라는 하나의 대상이 여러 타입을 가지는 것이다. 그러므로 이 역시 다형성이다. 이렇게 같은 이름을 여러 번 정의함으로써 만들어지는 다형성을 오버로딩에 의한 다형성(ad hoc polymorphism)이라 부른다.[2]

1 다만 함수 오버로딩이 가능하다고 해서 이거나 타입이 무가치해지는 것은 아니다. 가령 문자열과 정수로 구성된 리스트를 인자로 받고 싶다면 매개변수 타입을 List<String | Int>로 해야 한다. 함수 오버로딩을 통해 List<String>을 인자로 받는 함수와 List<Int>를 인자로 받는 함수를 각각 정의해서는 목표를 달성할 수 없다. List("a", "b", "c")나 List(1, 2, 3)은 인자로 받을 수 있어도 List("a", 2, "c")는 인자로 받을 수 없을 것이다.

2 원래 용어인 ad hoc polymorphism에서 ad hoc은 '이것을 위해' 또는 '특별한 목적을 위해'라는 뜻이다. 이는 매개변수에 의한 다형성과 대비되는 뜻으로 만들어진 용어다. 매개변수에 의한 다형성은 타입에 상관없이 동일하게 작동하는 제네릭 함수를 정의할 수 있도록 한다. 한편 오버로딩을 통해 정의한 함수들은 각자 특정 타입만 처리하며 동작이 제각각이다. 이런 이유로 ad hoc polymorphism이라는 이름이 붙었다. 그냥 '애드 혹 다형성'이라고 번역하는 방법도 있지만, '애드 혹'이라는 말만 들어서는 직관적으로 이해하기 어렵다. 그래서 이 책에서는 서브타입에 의한 다형성과 매개변수에 의한 다형성과의 통일성도 유지하고, 오버로딩을 통해 만들어진 다형성이라는 의미도 잘 드러나는 오버로딩에 의한 다형성이라는 용어를 사용한다.

여기서 오버로딩이란 함수 오버로딩, 메서드 오버로딩, 연산자 오버로딩을 모두 통틀어 일컫는 용어다. 함수 오버로딩이 같은 이름의 함수를 여럿 정의하는 것이듯, 메서드 오버로딩은 같은 이름의 메서드를 여럿 정의하는 것이고, 연산자 오버로딩은 같은 연산자를 여럿 정의하는 것이다. 메서드 오버로딩은 뒤에서 다룬다. 한편 연산자 오버로딩은 함수 오버로딩이나 메서드 오버로딩의 특수한 경우일 뿐 그 자체로 새로운 개념을 도입하는 것은 아니기에 자세히 다루지 않겠다.

오버로딩에 의한 다형성은 꽤나 쉽다. 같은 이름의 함수, 메서드, 연산자를 여럿 정의하고 그냥 평소처럼 호출하면 인자 타입에 따라 하나가 자동으로 선택된다. 이게 끝이다.

하지만 오버로딩에 의한 다형성을 서브타입에 의한 다형성이나 매개변수에 의한 다형성과 함께 사용하면 흥미로운 개념이 추가로 등장한다. 지금부터 다룰 내용은 모두 그런 개념이다. 그러니 이번 장의 주제는 '세 다형성의 만남'이라고도 볼 수 있다.

앞서 본 `write` 함수 예에서는 어느 함수가 호출될지 항상 명확했다. 하지만 그렇지 않은 경우도 있다. 서브타입에 의한 다형성이 추가되면 상황이 복잡해진다. 특정 함수가 호출될 것이라 생각했는데 실제로는 그와 다른 함수가 호출되면 프로그램의 동작이 기대와 달라져 버그가 생긴다. 그러니 함수 오버로딩을 사용할 때 각 상황에 어떤 함수가 호출되는지 정확히 아는 것이 중요하다. 어떤 경우에 호출될 함수가 명확하지 않은지 그리고 그런 경우에 호출될 함수를 어떻게 알 수 있을지 살펴보자.

주요 언어 예시

자바

```
void write(String str) { ... }
void write(int num) { ... }
write("Hello");
write(42);
```

C++, C#

```
void write(string str) { ... }
void write(int num) { ... }
write("Hello");
write(42);
```

코틀린

```
fun write(str: String): Unit { ... }
fun write(num: Int): Unit { ... }
write("Hello")
write(42)
```

스칼라

```
def write(str: String): Unit = ...
def write(num: Int): Unit = ...
write("Hello")
write(42)
```

프로젝트 이름	구현 언어	프로그램 용도	스타 개수	깃허브 주소
일래스틱서치	자바	검색 엔진	63.4k	*https://github.com/elastic/elasticsearch*
기드라	자바	디컴파일러	38.9k	*https://github.com/NationalSecurityAgency/ghidra*
셀레늄	자바	브라우저 자동화 도구	26.3k	*https://github.com/SeleniumHQ/selenium*
ZXing	자바	바코드 인식 라이브러리	30.9k	*https://github.com/zxing/zxing*

OkHttp	코틀린	HTTP 클라이언트	43.8k	*https://github.com/square/okhttp*
섀도속스	코틀린	프록시 클라이언트	33.6k	*https://github.com/shadowsocks/shadowsocks-android*
릭카나리아	코틀린	메모리 누수 탐지기	28.4k	*https://github.com/square/leakcanary*
아파치 스파크	스칼라	데이터 처리 엔진	35.5k	*https://github.com/apache/spark*
아카	스칼라	분산 프로그래밍 프레임워크	12.7k	*https://github.com/akka/akka*
리라	스칼라	온라인 체스 서버	13k	*https://github.com/lichess-org/lila*

표 5-1 함수 오버로딩을 사용하는 프로젝트

가장 특화된 함수

지금부터 벡터(vector)를 다루는 프로그램을 만들 것이다. 벡터는 컴퓨터 그래픽스나 기계 학습 등 여러 분야에서 사용되는 개념이다. 벡터가 친숙하지 않다면 단순하게 정수의 리스트라고 이해하면 된다. 예를 들면 [1, 3]이나 [2, −4, 7, 10] 등이 벡터다. 사실 정확히 말하면 정수의 리스트만 벡터인 것은 아니고 아무 수의 리스트나 다 벡터지만, 우리의 논의에는 별 영향이 없으니 그냥 정수의 리스트라 하겠다.

다음 코드는 벡터를 나타내는 클래스를 정의한다.

```
class Vector {
    List<Int> entries;
}
```

`Vector` 클래스는 벡터의 원소들을 나타내는 `entries` 필드를 가진다. 가령 [1, 3]이라는 벡터를 나타내는 객체의 `entries` 필드에는 `List(1, 3)`이 저장된다.

벡터에는 '길이'라는 개념이 존재한다. 벡터의 길이는 그 벡터를 구성하는 원소를 각각 제곱하여 모두 더한 것의 제곱근이다. 예를 들면 [3, 4]의 길이는 $\sqrt{3^2+4^2}$, 즉 5다. 자세히 이해할 필요는 없다. 각 원소의 값이 길이에 영향을 준다는 사실만 알면 충분하다. 주어진 벡터의 길이를 구하는 length 함수를 다음과 같이 정의할 수 있다.

```
Int length(Vector v) {
    v.entries[i] ...
}
```

벡터에 원소가 많다면 길이를 계산하는 등 각종 벡터 관련 연산을 수행하는 데 걸리는 시간이 늘어난다. 이럴 때 0을 많이 가진 벡터만 따로 특별하게 처리하면 성능에 도움이 된다. 원소의 대부분이 0인 벡터를 희소 벡터(sparse vector)라고 부른다. 예를 들면 [0, 0, 0, 0, 1, 0, 0, 0, 2, 0, 0, 0, 0, 0, 0, 0, 0, 0, 0, 0, 5, 0, −1, 0, 0, 0, 0, 0, 0, 0]이 있다. 0이 아닌 원소의 위치를 미리 기억해 둔다면, 희소 벡터의 길이를 구할 때는 0이 아닌 원소들만 고려함으로써 계산에 걸리는 시간을 크게 줄일 수 있다.

이를 위해 우선 Vector 클래스를 상속해서 희소 벡터를 나타내는 SparseVector 클래스를 정의한다.

```
class SparseVector extends Vector {
    List<Int> nonzeros;
}
```

SparseVector 클래스는 상속받은 entries 필드에 더해 nonzeros 필드도 가진다. nonzeros는 0이 아닌 원소의 위치를 나타낸다. 예를 들어 [0, 0, 0, 0, 1, 0, 0, 0, 2, 0, 0, 0, 0, 0, 0, 0, 0, 0, 0, 0, 5, 0, −1, 0, 0, 0, 0,

0, 0, 0이에서는 (제일 앞을 0번째라고 할 때) 4, 8, 20, 22번째 원소가 0이 아니니 이 벡터를 나타내는 객체의 nonzeros에는 List(4, 8, 20, 22)가 저장된다.

SparseVector 클래스를 정의했으니 이제 희소 벡터를 인자로 받아 효율적으로 길이를 구하는 함수를 작성할 수 있다.

```
Int length(SparseVector v) {
    v.entries[v.nonzeros[i]] ...
}
```

지금까지 한 일을 정리하면 오버로딩된 함수 두 개가 나온다.

```
Int length(Vector v) { ... }
Int length(SparseVector v) { ... }
```

여기서 SparseVector는 Vector의 서브타입이다.

이제 length를 사용해 보자. 일반적인 벡터의 길이를 계산할 때는 어려울 게 없다.

```
Vector v = Vector(...);
length(v);
```

인자의 타입이 Vector다. 첫 번째 length 함수의 매개변수 타입은 Vector이고, 두 번째 length 함수의 매개변수 타입은 SparseVector이니 고민의 여지가 없다. 당연하게도 첫 번째 함수가 선택된다.

```
                                                  :Vector
Int length(Vector v) <------------------  length(v);

Int length(SparseVector v)
```

하지만 희소 벡터의 길이를 계산하려고 하면 새로운 고민거리가 생긴다.

```
SparseVector v = SparseVector(...);
length(v);
```

인자의 타입이 SparseVector다. 이 경우 두 length 함수 모두 호출 가능하다. SparseVector가 Vector의 서브타입이기 때문이다. 조금 전까지는 오버로딩된 함수를 호출할 때 인자의 타입에 맞는 함수가 하나뿐이었다. 하지만 이번에는 다르다. 인자의 타입을 만족하는 함수가 여러 개인 것이다.

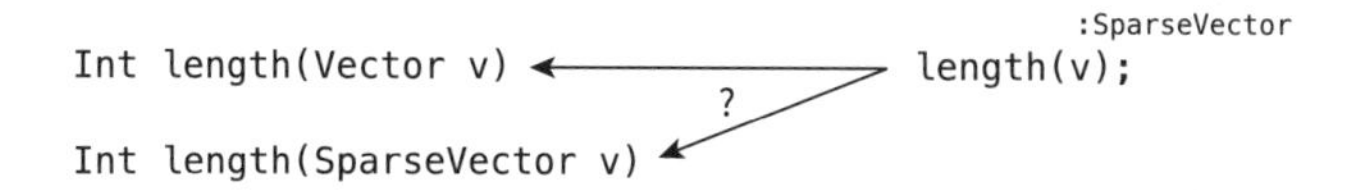

이럴 때 무슨 일이 일어나는지 알려면 함수 선택의 두 번째 규칙을 알아야 한다. 두 번째 규칙은 '인자의 타입에 가장 특화된(most specific) 함수를 고른다'는 것이다. 매개변수 타입이 Vector인 첫 번째 함수는 아무 벡터의 길이나 구할 수 있는 함수다. 한편 매개변수 타입이 SparseVector인 두 번째 함수는 희소 벡터의 길이만 구할 수 있는 함수다. 그러니 첫 번째 함수보다 희소 벡터에 더 특화된(more specific) 함수라고 볼 수 있다. 함수가 두 개밖에 없고 두 번째가 첫 번째보다 더 특화된 함수이니 가장 특화된 함수는 두 번째 함수다. 그러니 두 번째 length 함수가 호출된다.

:SparseVector
(덜 특화) Int length(Vector v) ← length(v);
(더 특화) Int length(SparseVector v)

개발자 입장에서 '인자의 타입에 가장 특화된 함수를 고른다'는 이 두 번째 규칙은 상당히 합리적이다. 앞에서 두 `length` 함수를 정의한 과정을 돌이켜 보면, 모든 벡터를 처리할 수 있는 첫 번째 `length` 함수를 정의한 뒤, 벡터에 0이 많은 특별한 경우만 더 효율적으로 처리하기 위해 두 번째 `length` 함수를 정의했다. 그러니 첫 번째와 두 번째가 모두 사용 가능한 경우라면, 두 번째를 사용함으로써 효율을 높이는 것이 우리의 의도다. 즉, 덜 특화된 함수와 더 특화된 함수를 모두 정의하는 데는 '가급적 더 특화된 함수를 사용하고 싶다'는 암묵적인 요구 사항이 있는 것이다. 따라서 함수 선택이 가장 특화된 함수를 고르는 게 매우 합리적이다.

다만 '가장 특화된'이나 '더 특화된'이라는 표현은 직관적으로 이해하는 데는 좋아도 프로그램의 동작을 정확히 파악하는 데는 약간 불편하다. 타입 검사기가 좀 더 좋아하는 방식으로 표현할 필요가 있다.

앞서 매개변수 타입이 `SparseVector`인 함수가 매개변수 타입이 `Vector`인 함수보다 더 특화되었다고 했다. 직관적으로 이렇게 말할 수 있던 이유는 벡터 중 일부만이 희소 벡터이기 때문이다. 매개변수 타입이 `SparseVector`인 함수가 처리할 수 있는 벡터가 더 적으니, 그 적은 대상을 위해 더 특화된 동작을 제공할 것이라 기대하는 셈이다. "벡터 중 일부만이 희소 벡터"라는 말을 조금 바꿔 보면 "모든 희소 벡터가 벡터지만 모든 벡터가 희소 벡터인 것은 아니다"라고도 할 수 있다. 우리는 이런 관계를 표현하는 개념을 이미 알고 있다. 바로 서브타입이다. `SparseVector`는 `Vector`의 서브타입이지만, `Vector`는 `SparseVector`의 서브타입이 아니다. 즉, 한 함수가 다른 하나보다 더 특화되었다는 말은 한 함수의 매개변수 타입이 다른 함수의 매개변수 타입의 서브타입이라는 뜻이다(매개변수가 여럿이라면 순서대로 각 매개변수 타입이 서브타입 관계에 있는지 확인한다). 또한 주어진 함수들 중 가장 특화된 함수란, 그중 다른 어느 함수보다도 더 특화된 함수를 말한다.

이처럼 가장 특화된 함수라는 개념이 서브타입으로 표현되기에 함수 선택 시 타입 검사기가 관여한다. 서브타입 관계를 바탕으로 각 함수의 매개변수 타입을 비교하여 어느 함수가 더 특화되었는지 알아내는 것이다. 인자의 타입에 맞는 함수를 모두 찾은 뒤 그중 가장 특화된 함수를 찾으면 그 함수가 호출 대상이다.[3]

이쯤 되었으면 오버로딩된 함수를 호출할 때 선택되는 함수가 충분히 명확할 것 같지만 아쉽게도 아직 조금 부족하다. 무엇이 더 필요한지 알려면 우선 새로운 용어 두 개가 필요하다. 다음 코드를 생각해 보자.

```
Vector v = SparseVector(...);
```

SparseVector가 Vector의 서브타입이므로 문제없이 타입 검사를 통과하는 코드다. 여기서 집중할 부분은 v의 타입이다. 타입 검사기가 보기에는 v의 타입이 Vector다. 타입 검사기는 변수 정의에 표시된 타입을 그대로 따른다. 그 변수에 실제로 어떤 값이 저장되는지는 신경 쓰지 않는다. 한편 이 코드를 실제로 실행했을 때 v에 저장되는 값은 SparseVector 객체다. 따라서 변수 v가 실행 중에 가지고 있는 값의 타입은 SparseVector다. 물론 SparseVector가 Vector의 서브타입이니 v에 저장된 값의 타입이 Vector라고 해도 틀린 말은 아니지만, SparseVector라고 하는 게 가장 정확한 표현이다.

3 사실 가장 특화된 함수가 존재하지 않는 경우도 있다. 이럴 때는 프로그램이 타입 검사를 통과하지 못한다. 다만 이런 경우가 드물기 때문에 다루지 않는다.

예시가 보여 주듯이 어떤 부품의 타입에는 두 종류가 있다. 하나는 타입 검사기가 알고 있는 타입이다. 다른 하나는 프로그램을 실행할 때 그 부품을 계산하면 실제로 나오는 가장 정확한 타입이다. 첫 번째 종류의 타입을 정적 타입, 두 번째 종류의 타입을 동적 타입이라 부른다. '정적'은 '실행하기 전에', '동적'은 '실행하는 중에'라는 뜻이라 했으니 정적 타입은 실행하기 전에 타입 검사를 통해 알아낸 타입이고, 동적 타입은 실행하는 중에 진짜 값을 보고 알아낸 타입인 셈이다.

앞서 나온 예시의 경우, v라는 부품의 정적 타입은 Vector다. v가 사용되는 모든 곳에서 타입 검사기는 v의 타입이 Vector라고 판단한다. 반면 v라는 부품의 동적 타입은 Vector가 아니라 SparseVector다. v라는 부품을 계산해서 나오는 값은 변수 v에 저장되어 있는 값이므로 v에 저장된 객체의 타입인 SparseVector가 v의 동적 타입이다. 즉, 각 부품의 정적 타입과 동적 타입이 다를 수 있다.

지금까지는 함수 선택 시에 인자의 정적 타입과 동적 타입이 같은 경우만 다루었다. 하지만 정적 타입과 동적 타입이 다르면 어떻게 될까? 대부분의 언어에서는 함수 선택 시에 정적 타입만을 고려한다. 이렇게 정적 타입을 바탕으로 함수를 선택하는 것을 정적 선택(static dispatch)이라 부른다. 타입 검사를 통해 인자의 정적 타입을 알아낸 뒤, 실행하기 전에 호출할 함수를 미리 선택하는 것이다. 정적 타입을 고려하든 동적 타입을 고려하든 무슨 상관일까 싶지만, 둘 중 무엇을 고려하는지는 생각보다 중요한 문제다. 정적 선택의 결과로 내 의도와는 다른 일이 일어날 수 있기 때문이다. 다음 코드를 보자.

```
Vector v = SparseVector(...);
length(v);
```

변수 v의 정적 타입은 Vector이고 동적 타입은 SparseVector다. 즉, v가 실제로 나타내는 값은 희소 벡터다. 개발자 입장에서는 희소 벡터만 더 효율적으로 처리하는 두 번째 length 함수를 통해 벡터의 길이를 구하는 것이 바람직하다. 하지만 실제로 호출되는 함수는 첫 번째 length 함수다. 정적 선택은 인자의 정적 타입만 고려하는데, 인자의 정적 타입이 Vector이기 때문이다.

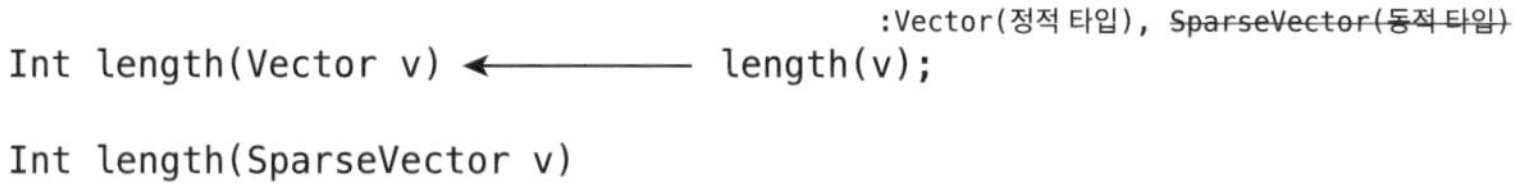

```
                                        :Vector(정적 타입), SparseVector(동적 타입)
Int length(Vector v) <------------- length(v);

Int length(SparseVector v)
```

정적 선택이라는 개념을 이해하지 않은 상태라면 이 코드가 효율적으로 길이를 계산한다고 생각할 수 있다. v의 값이 Vector 객체일 때는 첫 번째 length 함수, SparseVector 객체일 때는 두 번째 length 함수가 불리기를 기대하는 것이다. 하지만 이는 틀린 생각이다. 위 코드는 v의 값에 상관없이 언제나 첫 번째 length 함수만 부른다. 그러니 나도 모르는 사이에 비효율적인 구현이 탄생한 것이다. 게다가 실행 중에 오류가 발생하지도 않기 때문에 문제가 있음을 발견하기도 어렵다. 그저 프로그램이 생각보다 느리게 작동할 뿐이다.

그러니 함수 오버로딩을 사용할 때는 정적 선택을 잘 이해해야 한다. 어떤 경우에 내 기대와 다른 함수가 선택되는지 알고 있어야 나도 모르는 사이에 버그를 만들어 내는 일을 막을 수 있다. 버그를 방지하는 가장 간단한 방법은, B가 A의 서브타입일 때 A를 위한 함수가 이미 있다면 B를 위한 같은 이름의 함수를 추가로 정의하는 일을 가급적 피하는 것이다. 즉, 함수 오버로딩은 서로 완전히 다른 타입들의 값을 인자로 받는 함수를 정의하는 용도로 사용하는 게 좋다. 정수와 문자열을 인자로 받는 `write` 함수가 좋은 예다. `length` 함수처럼 특정 타입의 서브타입을 위해 더 특화된 동작을 정의하는 게 목표라면 오버로딩은 썩 좋은 선택지가 아니다.

그런 걸 하고 싶다면 어떻게 해야 하냐고? 다음 절에서 다룰 메서드 오버라이딩(method overriding)이 그 해답이다. 본격적으로 메서드 오버라이딩을 알아보기 전에 함수 오버로딩과 비슷한 메서드 오버로딩을 짧게 살펴보면서 오버로딩 이야기를 마무리하자.

함수 선택 규칙

1. 인자의 타입에 맞는 함수를 고른다.
2. (인자의 타입에 맞는 함수가 여럿이면) 인자의 타입에 가장 특화된 함수를 고른다.
3. 함수를 고를 때는 인자의 정적 타입만 고려한다.

메서드 오버로딩

함수 오버로딩을 이해했다면 메서드 오버로딩은 쉽다. 오버로딩의 대상이 함수에서 메서드로 바뀌었을 뿐이다. 메서드 오버로딩은 한 클래스에 이름이 같은 메서드를 여럿 정의하는 것을 말한다. 물론 이름이 같은 메서드들은 매개변수 타입이 서로 달라야 한다. 가령 스프레드시트 편집 프로그램에서 `write`를 `Cell` 클래스의 메서드로 다음과 같이 구현할 수 있다.

```
class Cell {
    ...
    Void write(String str) { ... }
    Void write(Int num) { ... }
}
```

오버로딩 여부에 상관없이 함수를 그냥 호출하면 되는 것처럼, 메서드 역시 오버로딩되었든 아니든 그냥 평소처럼 호출하면 된다.

```
Cell c1 = ...;
Cell c2 = ...;
c1.write("Hello");
c2.write(42);
```

그러면 메서드 선택(method dispatch)을 통해 실제로 호출될 메서드가 정해진다.

메서드 선택 규칙은 함수 선택 규칙과 거의 같다(무엇이 다른지는 다음 절에서 보게 될 것이다). 세 규칙 모두 그대로 적용된다. 인자의 타입에 맞는 메서드를 고르며, 이때 인자의 타입에 맞는 메서드가 여럿이면 가장 특화된 메서드를 고른다. 또한 메서드를 고를 때는 인자의 정적 타입만 고려한다. 그렇기에 메서드 오버로딩은 특화된 동작을 정의하는 데 함수 오버로딩만큼이나 별 도움이 되지 않는다. 물론 위의 예시가 보여 주듯, 전혀 다른 타입들의 값을 인자로 받고 싶을 때는 함수 오버로딩만큼이나 메서드 오버로딩도 유용하다.

주요 언어 예시

자바

```
class Cell {
    void write(String str) { ... }
    void write(int num) { ... }
}
Cell c = new Cell();
c.write("Hello");
c.write(42);
```

C++

```
class Cell {
public:
    void write(string str) { ... }
    void write(int num) { ... }
};
Cell *c = new Cell();
c->write("Hello");
c->write(42);
```

C#

```
class Cell {
    public void write(string str) { ... }
    public void write(int num) { ... }
}
Cell c = new Cell();
c.write("Hello");
c.write(42);
```

코틀린

```
class Cell {
    fun write(str: String): Unit { ... }
    fun write(num: Int): Unit { ... }
}
```

```
val c: Cell = Cell()
c.write("Hello")
c.write(42)
```

스칼라

```
class Cell:
  def write(str: String): Unit = ...
  def write(num: Int): Unit = ...
val c: Cell = Cell()
c.write("Hello")
c.write(42)
```

프로젝트 이름	구현 언어	프로그램 용도	스타 개수	깃허브 주소
일래스틱서치	자바	검색 엔진	63.4k	*https://github.com/elastic/elasticsearch*
기드라	자바	디컴파일러	38.9k	*https://github.com/NationalSecurityAgency/ghidra*
셀레늄	자바	브라우저 자동화 도구	26.3k	*https://github.com/SeleniumHQ/selenium*
ZXing	자바	바코드 인식 라이브러리	30.9k	*https://github.com/zxing/zxing*
OkHttp	코틀린	HTTP 클라이언트	43.8k	*https://github.com/square/okhttp*
섀도속스	코틀린	프록시 클라이언트	33.6k	*https://github.com/shadowsocks/shadowsocks-android*
아파치 스파크	스칼라	데이터 처리 엔진	35.5k	*https://github.com/apache/spark*
아카	스칼라	분산 프로그래밍 프레임워크	12.7k	*https://github.com/akka/akka*
리라	스칼라	온라인 체스 서버	13k	*https://github.com/lichess-org/lila*

표 5-2 메서드 오버로딩을 사용하는 프로젝트

- 씨 없는 딸기 주스 -

큐리 박사: 처르지, 이거 마셔 볼래?

처르지: 와, 끝내주게 맛있네. 이게 뭐야?

큐리 박사: 딸기 주스야. 내가 새로 제작한 기계로 만들었지.

처르지: 별걸 다 만드는구나!

큐리 박사: 카레를 다 먹고 상큼한 과일 주스를 후식으로 먹으면 잘 어울릴 거 같더라고. 그래서 손님들한테 과일 주스를 제공할 수 있도록 기계를 만들었어.

처르지: 좋은 생각이야.

큐리 박사: 내 기계 구경할래?

처르지: 좋지!

큐리 박사: 내가 기계를 두 대 만들었거든. 얘가 그중 첫 번째로 만든 거야. 얘로는 **딸기 주스**만 만들 수 있어.

처르지: 아하, 그러면 이 기계는 **딸기 주스 만드는 기계**라 할 수 있겠다.

큐리 박사: 맞아. 이걸 만들고 나니까 좀 더 잘 만들 수 있겠다는 생각이 들더라고. 그래서 두 번째 기계를 만들었지. 두 번째 기계는 여기에 있어. 얘는 딸기 주스도 만들 수 있고 오렌지 주스도 만들 수 있어. 그리고 첫 번째 거보다 더 좋은 게, 이걸로 만든 딸기 주스는 **씨 없는 딸기 주스**야. 자동으로 딸기 씨를 다 분리해 버려서 식감이 정말 부드러운 딸기 주스를 만들어 내지.

처르지: 훌륭해! 그럼 이 기계는 **딸기 주스와 오렌지 주스를 만드는 기계**라 할 수 있겠어. **딸기 주스 만드는 기계**라 불러도 틀린 건 아니지만.

큐리 박사: 너도 한번 내 기계로 주스를 만들어 볼래?

처르지: 좋아. 해 볼래. (**두 번째 기계**에 다가가며) 이 **딸기 주스 만드는 기계**로 딸기 주스를 만들어 보겠어.

처르지: 와, 주스가 나왔어. 어라, **씨 없는 딸기 주스**가 나왔네?

큐리 박사: 그야 당연하지. 네가 두 번째 기계를 사용했는걸?

처르지: 그건 그렇지만, 나는 그 기계를 딸기 주스 만드는 기계라고만 불렀다고.

큐리 박사: 그게 무슨 상관이야. **네가 뭐라 부르든 기계의 기능은 바뀌지 않아.**

처르지: 네 말이 맞아. 하지만 분명히 지난번에는 사과를 사과라 부르는 거랑 사과를 과일이라 부르는 게 달랐다고.

큐리 박사: 그땐 그때고 지금은 지금이지.

5.2 메서드 오버라이딩

메서드 오버라이딩은 특화된 동작을 정의하는 가장 좋은 방법이다. 우선 메서드 오버라이딩을 사용하지 않은 코드를 본 뒤, 메서드 오버라이딩이 무엇이며 메서드 오버라이딩을 통해 뭘 바꿀 수 있는지 알아보자.

다음 코드는 메서드 오버라이딩을 사용하지 않는다.

```
class Vector {
    ...
    Int length() { ... }
}
class SparseVector extends Vector { ... }
```

Vector 클래스에 length라는 이름의 메서드가 있다. 이 메서드는 앞서 본 length 함수와 동일하게 벡터의 길이를 구한다. 따라서 각 Vector 객체는 length 메서드를 가지고 있으며, 다음과 같은 코드를 통해 벡터의 길이를 계산할 수 있다.

```
Vector v = Vector(...);
v.length();
```

또한 length는 SparseVector 클래스에 그대로 상속된다. 그러므로 각 SparseVector 객체 역시 동일한 length 메서드를 가지게 된다. 따라서 다음과 같은 코드를 통해 희소 벡터의 길이 역시 계산할 수 있다.

```
SparseVector v = SparseVector(...);
v.length();
```

문제는 length의 동작이 Vector 클래스에서 정의한 그대로라는 것이다. 즉, 이 코드는 희소 벡터의 길이를 우리가 원하는 효율적인 방법으로 계산하지 않는다.

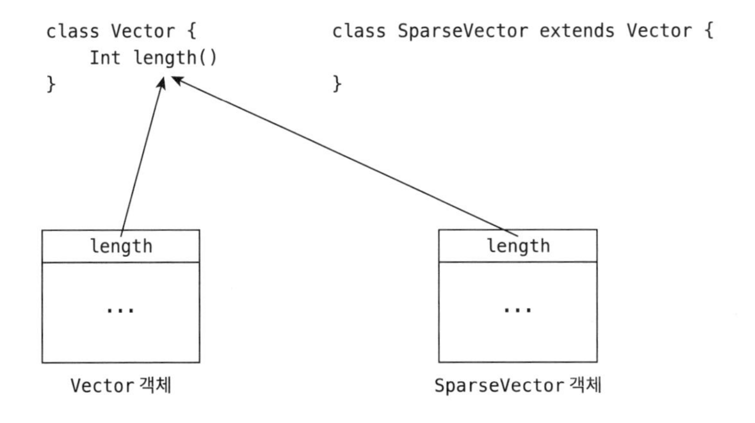

이제 이 코드를 메서드 오버라이딩을 사용해 고칠 차례다. 메서드 오버라이딩은 클래스를 상속해서 자식 클래스(child class)에 메서드를 새로 정의할 때 메서드의 이름과 매개변수 타입을 부모 클래스(parent class)에 정의되어 있는 메서드와 똑같게 정의하는 것을 말한다.

```
class Vector {
    ...
    Int length() { ... }
}
class SparseVector extends Vector {
    ...
    Int length() { ... }
}
```

SparseVector 클래스에 length 메서드를 추가했다. 이 length 메서드는 희소 벡터의 0이 아닌 원소만 고려하는, 희소 벡터에 특화된 메서드다. Vector 클래스에 이름과 매개변수 타입이 동일한 메서드가 존재하므로 위 코드가 메서드 오버라이딩을 사용했다고 할 수 있다. 코드를 고친 후에도 여전히 각 Vector 객체는 Vector 클래스에 정의된 length 메서드를 가지고 있다. 또한 각 SparseVector 객체 역시 length 메서드를 가진다. 하지만 SparseVector 객체의 length 메서드는 더 이상 Vector 클래스에 정의된 length가 아니다. 메서드 오버라이딩을 통해 새로운 length를 SparseVector에 정의했기 때문이다. 따라서 SparseVector 객체는 새롭게 정의한 두 번째 length를 가지게 된다.

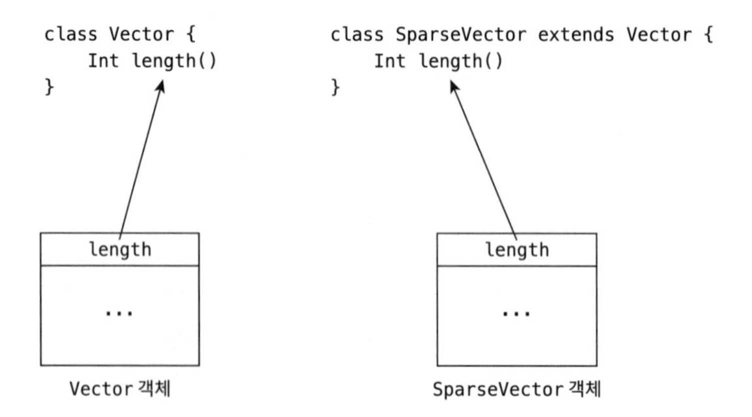

overriding이라는 단어의 사전적인 뜻은 '자동으로 진행되는 동작을 사람이 개입하여 중단시킨 뒤 스스로 조작하는 것'이다. 이를 바탕으로 메서드 오버라이딩을 이해하자면, 'Vector에 있던 length라는 메서드가 상속을 통해 자동으로 SparseVector에도 정의되는 것을 개발자가 개입하여 막은 뒤 기존 length와는 다른 동작을 수행하는 새로운 length를 직접 정의하는 것'이라고 이해할 수 있다.

이제 다양한 상황에서 length 메서드를 호출하면 무슨 일이 일어나는지 알아보자. 정적 타입과 동적 타입이 일치하는 경우부터 보겠다.

```
Vector v = Vector(...);
v.length();
```

이 경우 v가 Vector 객체다. v가 가지고 있는 length 메서드는 Vector 클래스에 정의된 첫 번째 length 메서드이므로 첫 번째 length가 호출된다.

```
SparseVector v = SparseVector(...);
v.length();
```

이 경우에는 v가 SparseVector 객체다. 이번에는 v가 SparseVector 클래스에 정의된 두 번째 length 메서드를 가지고 있으니 두 번째 length가 호출된다.

그렇다면 정적 타입과 동적 타입이 다른 경우에는 어떨까?

```
Vector v = SparseVector(...);
v.length();
```

v가 SparseVector 객체이므로 바로 직전 예와 마찬가지로 두 번째 length 메서드를 가지고 있다. 따라서 두 번째 length가 호출된다. 중요한 점은 v의 정적 타입이 SparseVector가 아니라 Vector라는 것이다. 즉, v.length()가 어떤 length를 호출하느냐에 영향을 주는 요소는 v의 정적 타입이 아니라 동적 타입이다. 드디어 우리가 원하던 게 이루어졌다. 이제 v.length()라고 썼을 때 v가 Vector 객체이면 첫 번째 length가 불리고, SparseVector 객체이면 두 번째 length가 불린다. v가 실제로 나타내는 값에 따라 가장 특화된 메서드가 저절로 선택되는 것이다. 이처럼 메서드 오버라이딩을 사용하면 서브타입을 위해 더 특화된 동작을 정의하고, 정적 타입에 상관없이 언제나 그 특화된 동작이 사용되도록 만들 수 있다.

지금까지 본 내용으로부터 알 수 있는 또 다른 사실은, 메서드 오버라이딩을 사용한 경우에도 메서드 선택이 일어난다는 것이다. 메서드 오버로딩을 사용했을 때는 한 클래스에 정의된 같은 이름의 메서드들 중 하나를 선택하는 것이었다면, 이번에는 부모 클래스와 자식 클래스에 같은 이름의 메서드가 정의되어 있으니 그중 무엇을 호출할지 선택하는 것이다. 즉, 메서드 선택은 메서드 오버로딩뿐 아니라 메서드 오버라이딩까지도 모두 고려해 메서드를 선택한다.

여기서 함수 선택과 메서드 선택의 차이가 드러난다. 함수 선택은 인자의 정적 타입만 고려한다. 반면 메서드 선택은 인자의 정적 타입을 고려하는 것까지는 동일하지만, 거기에 더해 수신자(receiver)의 동적 타입 역시 고려한다. 여기서 수신자란 메서드 호출 시에 메서드 이름 앞에 오는 객체를 뜻한다. 예를 들면 v.length()라는 코드에서 수신자는 v다. v가 이 메서드 호출을 받아서 처리한다는 관점에서 v를 수신자라고 부른다. 이에 따라 메서드 선택의 네 번째 규칙이 만들어진다. 바로

'메서드를 고를 때는 수신자의 동적 타입도 고려한다'는 것이다.[4] 앞서 함수 선택을 이야기할 때는, 인자의 정적 타입만 고려하여 실행 전에 함수를 미리 고른다는 특징 때문에 정적 선택이라는 용어를 사용했다. 반면 메서드 선택의 경우, 수신자의 동적 타입을 고려하여 실행 중에 메서드를 고르기 때문에 정적 선택이 아니라 동적 선택(dynamic dispatch)이라 부른다.

메서드 선택 규칙

1. 인자의 타입에 맞는 메서드를 고른다.
2. (인자의 타입에 맞는 메서드가 여럿이면) 인자의 타입에 가장 특화된 메서드를 고른다.
3. 메서드를 고를 때는 인자의 정적 타입을 고려한다.
4. 메서드를 고를 때는 수신자의 동적 타입도 고려한다.

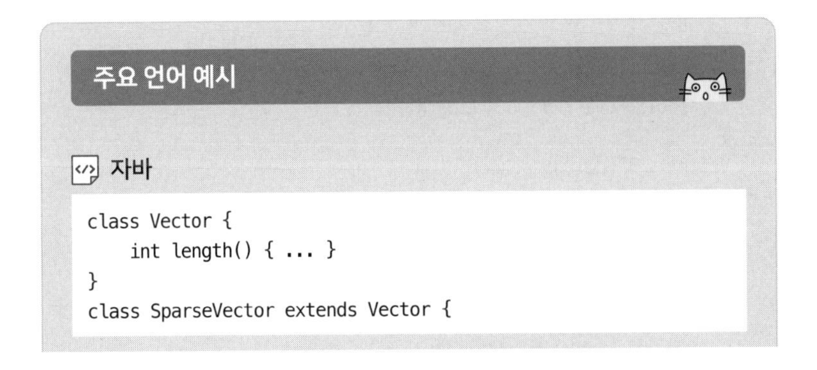

주요 언어 예시

자바

```
class Vector {
    int length() { ... }
}
class SparseVector extends Vector {
```

4 정확히 말하면 수신자의 동적 타입뿐 아니라 정적 타입도 영향을 미칠 수 있다. 하지만 그런 경우가 드물기 때문에 다루지 않는다.

```
    int length() { ... }
}
Vector v = new SparseVector();
v.length();
```

C++

```
class Vector {
public:
    virtual int length() { ... }
};
class SparseVector : public Vector {
public:
    virtual int length() { ... }
};
Vector *v = new SparseVector();
v->length();
```

메서드에 virtual 키워드를 붙여야 동적 선택이 이루어진다. virtual 키워드를 붙이지 않은 메서드를 호출할 때는 수신자조차도 정적 타입만 고려하는 정적 선택이 일어난다.

C#

```
class Vector {
    public virtual int length() { ... }
}
class SparseVector : Vector {
    public override int length() { ... }
}
Vector v = new SparseVector();
v.length();
```

메서드에 virtual 키워드를 붙여야 동적 선택이 이루어진다. virtual 키워드를 붙이지 않은 메서드를 호출할 때는 수신자조차도 정적 타입만 고려하는 정적 선택이 일어난다. 한편 오버라이딩할 때는 메서드에 override 키워드를 붙여야 한다.

타입스크립트

```
class Vector {
    length(): number { ... }
}
class SparseVector extends Vector {
    nonzeros: Array<number>;
    length(): number { ... }
}
let v: Vector = new SparseVector();
v.length();
```

코틀린

```
open class Vector {
    open fun length(): Int = ...
}
class SparseVector : Vector() {
    override fun length(): Int = ...
}
val v: Vector = SparseVector()
v.length()
```

자식 클래스에서 오버라이딩하는 것을 허용할 메서드에는 open 키워드를 붙여야 하며, 오버라이딩할 때는 메서드에 override 키워드를 붙여야 한다.

스칼라

```
class Vector:
  def length(): Int = ...
class SparseVector extends Vector:
  override def length(): Int = ...
val v: Vector = SparseVector()
v.length()
```

오버라이딩할 때는 메서드에 override 키워드를 붙여야 한다.

오캐멀

```
class vector = object
  method length: int = ...
end
class sparse_vector = object
  inherit vector
  method nonzeros: int list = ...
  method length: int = ...
end
let v: < length: int; .. > = new sparse_vector in
v#length
```

프로젝트 이름	구현 언어	프로그램 용도	스타 개수	깃허브 주소
일래스틱서치	자바	검색 엔진	63.4k	*https://github.com/elastic/elasticsearch*
기드라	자바	디컴파일러	38.9k	*https://github.com/NationalSecurityAgency/ghidra*
셀레늄	자바	브라우저 자동화 도구	26.3k	*https://github.com/SeleniumHQ/selenium*
마이크로소프트 파워토이스	C#	시스템 유틸리티	89.7k	*https://github.com/microsoft/PowerToys*
파워셸	C#	셸	38.1k	*https://github.com/PoweShell/PowerShell*
파일스	C#	파일 관리자	27.2k	*https://github.com/files-community/Files*
OkHttp	코틀린	HTTP 클라이언트	43.8k	*https://github.com/square/okhttp*
아파치 스파크	스칼라	데이터 처리 엔진	35.5k	*https://github.com/apache/spark*
리라	스칼라	온라인 체스 서버	13k	*https://github.com/lichess-org/lila*

표 5-3 메서드 오버라이딩을 사용하는 프로젝트

메서드 선택의 한계

안타깝게도 메서드 선택 시 수신자의 동적 타입을 고려하는 것만으로는 모든 문제가 해결되지 않는다. 문제는 수신자의 동적 타입만 고려하고 인자의 동적 타입은 고려하지 않는 데서 온다. 지금부터 인자의 동적 타입을 고려하지 않기 때문에 발생하는 문제를 알아보자.

두 벡터가 같은 개수의 원소를 가진다면 두 벡터를 더할 수 있다. 두 벡터의 합은 벡터의 원소들을 각각 더해서 만든 벡터다. 예를 들어 [1, 2]와 [5, 3]을 더한 결과는 [1 + 5, 2 + 3], 즉 [6, 5]다. 두 벡터의 합을 반환하는 add 메서드를 다음과 같이 정의할 수 있다.

```
class Vector {
    Vector add(Vector that) {
        this.entries[i] + that.entries[i] ...
    }
}
```

v1.add(v2)는 벡터 v1과 v2의 합을 구하는 코드다.

벡터의 길이를 구할 때와 비슷하게, 희소 벡터의 경우 0이 아닌 원소만 고려함으로써 벡터의 합을 구하는 데 걸리는 시간을 단축시킬 수 있다. 따라서 희소 벡터를 덧셈에 사용하는 경우를 효율적으로 처리하도록 다음과 같이 특화된 메서드들을 추가하는 것이 바람직하다.

```
class Vector {
    ...
    Vector add(Vector that) { ... }
    Vector add(SparseVector that) { ... }
}
class SparseVector extends Vector {
    ...
    Vector add(Vector that) { ... }
    Vector add(SparseVector that) { ... }
}
```

Vector 클래스에는 add 두 개가 메서드 오버로딩을 통해 정의되어 있다. 하나는 벡터와 벡터의 덧셈을 담당하고, 다른 하나는 벡터와 희소 벡터의 덧셈을 담당한다. 한편 SparseVector 클래스는 두 add를 모두 오버라이딩함으로써 add 두 개를 추가로 정의한다. 하나는 희소 벡터와 벡터의 덧셈을 담당하고, 다른 하나는 희소 벡터와 희소 벡터의 덧셈을 담당한다.

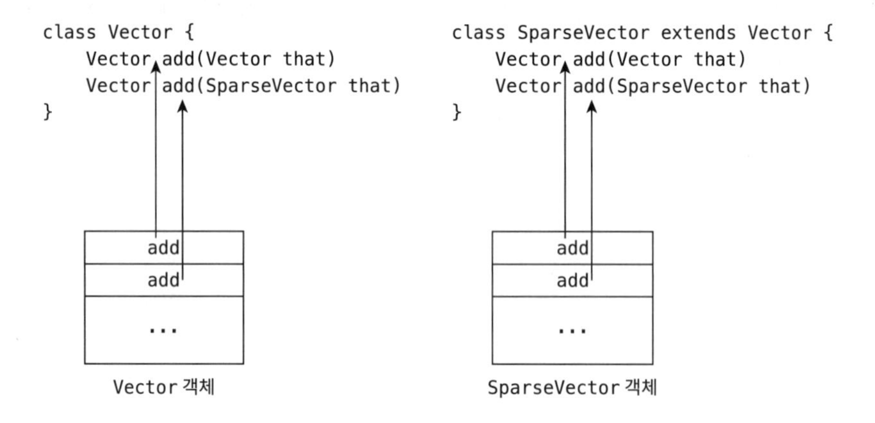

과연 이렇게 add를 네 개 정의하면 언제나 가장 효율적인 메서드가 호출될까?

```
Vector v1 = SparseVector(...);
Vector v2 = Vector(...);
v1.add(v2);
```

이 코드는 희소 벡터와 벡터의 합을 구한다. v1의 정적 타입이 Vector이기는 하지만, 메서드 선택 시 수신자의 동적 타입이 고려되므로 SparseVector 클래스에 정의된 메서드가 호출된다. 우리가 원하는 메서드가 호출되는 것이다.

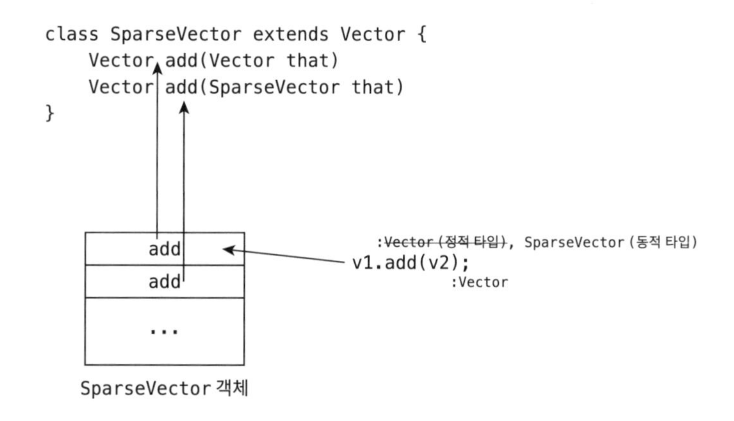

지금까지는 별 문제가 없다. 하지만 다음 예를 보자.

```
Vector v1 = Vector(...);
Vector v2 = SparseVector(...);
v1.add(v2);
```

이 코드는 벡터와 희소 벡터의 합을 구한다. 문제는 v2의 정적 타입이 SparseVector가 아니라 Vector라는 점이다. 메서드 선택 시 인자의 정적 타입만 고려되므로 Vector 클래스에 정의된 두 번째 add가 아니라 첫 번째 add가 호출된다. 다시 말해 벡터와 벡터의 합을 구하는, 덜 효율적인 메서드가 호출되는 것이다. 이는 우리가 원하는 바가 아니다.

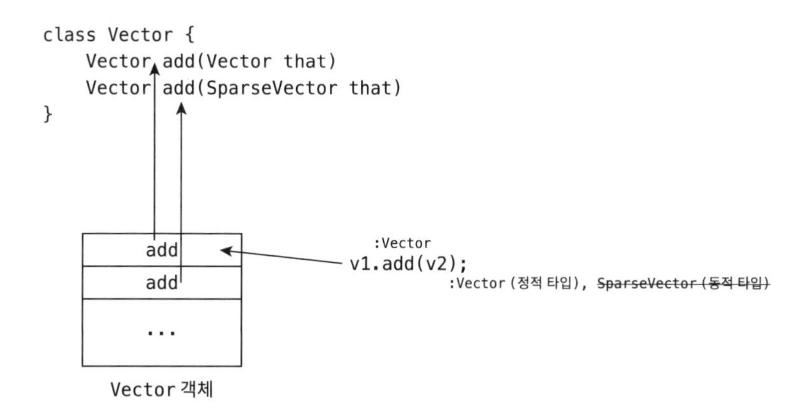

이 예에서 볼 수 있듯이 값 두 개를 받아서 처리하는 덧셈 같은 기능을 구현할 때 문제점이 드러난다. 수신자의 동적 타입만 고려하고 인자의 동적 타입은 고려하지 않는다는 특징 때문에, 인자의 정적 타입과 동적 타입이 다를 때는 개발자의 기대와 다른 메서드를 호출하게 되는 것이다.

add 메서드를 올바르게 구현할 수 있을까? 가능은 하다. 다만 쉽지는 않다. 언어 수준에서 도와주지 않기 때문에 모든 상황에 가장 효율적인 메서드가 호출되도록 개발자가 코드를 잘 작성해야 한다. 기본 전략은 메서드 안에서 수신자와 인자의 위치를 바꾸어 다시 한번 메서드를 호출하는 것이다. 다음은 add를 올바르게 구현한 예다.

```
class Vector {
    ...
    Vector add(Vector that) { return that._add(this); }
    Vector _add(Vector that) { ... }
    Vector _add(SparseVector that) { ... }
}
class SparseVector extends Vector {
    ...
    Vector add(Vector that) { return that._add(this); }
    Vector _add(Vector that) { ... }
    Vector _add(SparseVector that) { ... }
}
```

클래스 밖에서 덧셈을 위해 부르는 메서드는 기존과 동일하게 add이며, 실제로 클래스 내부에서 덧셈을 구현하는 메서드는 _add다. add는 수신자와 인자의 순서를 바꾸어 _add를 호출한다. 이 코드가 어째서 올바르게 add를 구현한 것인지는 자세히 설명하지 않겠다. 궁금한 독자는 스스로 고민해 보기 바란다. 지금까지의 내용을 잘 이해했다면 혼자서도 충분히 이해할 수 있을 것이다.

메서드 오버라이딩과 결과 타입

지금까지는 매개변수 타입에만 집중해 왔다. 그리고 실제로 오버로딩을 할 때는 결과 타입에 내가 원하는 아무 타입이나 사용할 수 있다. 결과 타입이 무엇이든 매개변수 타입만 서로 다르면 타입 검사기가 문제 삼지 않는다. 예를 들면 다음과 같이 두 write 함수의 결과 타입이 달라도 괜찮다.

```
String write(Cell cell, String str) { ... }
Void write(Cell cell, Int num) { ... }
```

다음과 같은 코드 역시 가능하다.

```
Float length(Vector v) { ... }
String length(SparseVector v) { ... }
```

메서드의 경우에도 마찬가지다.

```
class Cell {
    ...
    String write(String str) { ... }
    Void write(Int num) { ... }
}
class Vector {
    ...
    Int add(Vector that) { ... }
    Vector add(SparseVector that) { ... }
}
```

두 클래스 모두 타입 검사를 통과한다. 물론 add의 결과 타입이 Int인 것은 논리적으로 이상하긴 하지만, 아무튼 타입 검사를 통과하는 데 지장을 주지는 않는다.

반면 메서드 오버라이딩을 할 때는 결과 타입을 아무렇게나 해서는 안 된다. 자식 클래스에 정의한 메서드의 결과 타입이 부모 클래스에 원래 있는 메서드의 결과 타입의 서브타입이어야 한다. 모든 타입은 자기 자신의 서브타입이니 이 조건은 두 메서드의 결과 타입이 같은 경우도 포함한다. 이 조건을 만족하지 않으면 타입 검사를 통과하지 못한다. 앞서 메서드 오버라이딩을 처음 다룰 때 본 length의 경우, 두 메서드의 결과 타입이 Int로 일치하기 때문에 타입 검사를 문제없이 통과한다. 그다음에 본 add 역시 결과 타입이 Vector로 일치하기에 문제 될 게 없다. 더 나아가 다음과 같이 코드를 고쳐도 SparseVector가 Vector의 서브타입이므로 여전히 타입 검사를 통과한다.

```
class Vector {
    ...
    Vector add(SparseVector v) { ... }
}
class SparseVector extends Vector {
    ...
    SparseVector add(SparseVector v) { ... }
}
```

이 코드는 벡터와 희소 벡터를 더하면 벡터가 나오고, 희소 벡터끼리 더하면 희소 벡터가 나온다는, 말이 되어 보이는 사실을 표현한다. 반면 다음 코드는 Vector가 SparseVector의 서브타입이 아니므로 타입 검사를 통과하지 못한다.

```
class Vector {
    ...
    SparseVector add(SparseVector v) { ... }
}
class SparseVector extends Vector {
    ...
```

```
    Vector add(SparseVector v) { ... }
}
```

물론 이런 코드를 작성할 일은 없다. 벡터와 희소 벡터를 더했을 때 항상 희소 벡터만 나올 리가 없기 때문이다. 이처럼 자식 클래스에 있는 메서드의 결과 타입이 부모 클래스에 있는 메서드의 결과 타입의 서브타입이어야 한다는 조건을 어기는 코드는 대개 논리에 반하는 코드다. 그렇기에 이 조건이 유용한 프로그램을 작성하는 데 걸림돌이 되는 경우는 드물다.

하지만 이 조건이 내가 원하는 구현을 방해할 때도 있다. 불변인 제네릭 타입을 사용하는 경우가 대표적이다. 예를 들어 Person 클래스에 동료의 리스트를 반환하는 colleagues 메서드를 정의했다고 하자.

```
class Person {
    ...
    List<Person> colleagues() { ... }
}
```

학생의 동료는 언제나 학생이기에 Person을 상속하는 Student 클래스를 정의할 때 colleagues를 다음 코드처럼 오버라이딩하고 싶을 수 있다.

```
class Student extends Person {
    ...
    List<Student> colleagues() { ... }
}
```

List가 공변이라면 괜찮겠지만 List가 불변인 경우에는 List<Student>가 List<Person>의 서브타입이 아니기에 위 코드가 타입 검사를 통과하지 못한다. 그러니 아쉬워도 colleagues의 결과 타입을 List<Person>으로 맞춰 주는 수밖에 없다.

이런 다소 불편한 제약이 존재하는 이유는 동적 선택을 사용하면서도 타입 안전성을 지키기 위함이다. 그 이유를 이해하기 위해 다시 벡터와 희소 벡터의 예를 보자.

```
class Vector {
    ...
    SparseVector add(SparseVector v) { ... }
}
class SparseVector extends Vector {
    ...
    Vector add(SparseVector v) { ... }
}
```

위 클래스 정의를 허용하면 다음 코드가 타입 검사를 통과함에도 실행 중에 오류를 일으킨다.

```
Vector v1 = SparseVector(...);
SparseVector v2 = SparseVector(...);
v1.add(v2).nonzeros ...
```

타입 검사기는 v1의 타입이 Vector라는 정보만 가지고 있다. 따라서 v1.add(v2)를 검사할 때 Vector 클래스에 있는 add의 정의를 참고한다. add의 결과 타입이 SparseVector라고 적혀 있으니, 이를 믿고 v1.add(v2)의 타입이 SparseVector라고 판단한다. 그러니 v1.add(v2)가 반환한 객체의 nonzeros 필드를 읽는 것을 막을 이유가 없다. 하지만 실행 중에는 v1이 SparseVector 객체이므로 실제로 호출되는 메서드는 SparseVector 클래스에 정의된 add다. 그리고 이 add는 Vector 객체를 반환한다. Vector 객체에는 nonzeros 필드가 없으니 nonzeros 필드를 읽으려 하면 오류가 발생할 것이다.

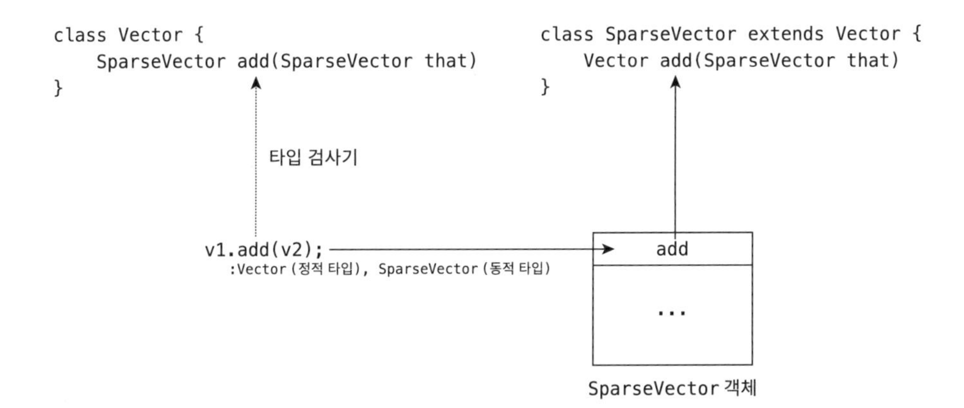

이처럼 동적 선택으로 인해 실행 전에 타입 검사기가 참고하는 메서드와 실제 실행 중에 호출되는 메서드가 다를 수 있다. 타입 검사기는 정적 타입밖에 모르니 수신자의 정적 타입을 바탕으로 참고할 메서드를 정하는 데 반해, 실행 중에는 수신자의 동적 타입이 호출되는 메서드를 결정하기 때문이다. 이로 인한 문제를 막으려면, 타입 검사기가 참고한 메서드와 다른 메서드가 호출되더라도 참고한 메서드의 결과 타입이 지켜지도록 해야 한다. 따라서 자식 클래스에 있는 메서드의 결과 타입이 부모 클래스에 있는 메서드의 결과 타입의 서브타입이어야 한다는 조건이 꼭 필요하다.

주요 언어 예시

자바

```
class Vector {
    Vector add(SparseVector v) { ... }
}
class SparseVector extends Vector {
    SparseVector add(SparseVector v) { ... }
}
```

C++

```
class SparseVector;
class Vector {
public:
    virtual Vector *add(SparseVector *v) { ... }
};
class SparseVector : public Vector {
public:
    virtual SparseVector *add(SparseVector *v) { ... }
};
```

C#

```
class Vector {
    public virtual Vector add(SparseVector v) { ... }
}
class SparseVector : Vector {
    public override Vector add(SparseVector v) { ... }
}
```

오버라이딩할 때 결과 타입이 달라지는 것을 허용하지 않는다.

타입스크립트

```
class Vector {
    add(v: SparseVector): Vector { ... }
}
class SparseVector extends Vector {
    add(v: SparseVector): SparseVector { ... }
}
```

코틀린

```
open class Vector {
    open fun add(v: SparseVector): Vector = ...
}
class SparseVector : Vector() {
    override fun add(v: SparseVector): SparseVector = ...
}
```

스칼라

```
class Vector:
  def add(v: SparseVector): Vector = ...
class SparseVector extends Vector:
  override def add(v: SparseVector): SparseVector = ...
```

오캐멀

```
class vector = object
  method add (v: sparse_vector): vector = ...
end
and sparse_vector = object
  inherit vector
  method nonzeros: int list = ...
  method add (v: sparse_vector): vector = ...
end
```

오버라이딩할 때 결과 타입이 달라지는 것을 허용하지 않는다.

- 사과가 든 비닐봉지 -

처르지: 기계가 하나 준 거 같네?

큐리 박사: 맞아. '과즙듬뿍카레자동조리기계'를 없앴거든. 사람들이 생각보다 과즙 들어간 카레를 별로 안 좋아하더라고. 어차피 쓸 일도 별로 없는 주제에 자리만 차지하는 게 싫어서 그냥 없애 버렸지. 그래서 이제 다시 '사과깍둑카레자동조리기계'랑 '복숭아깍둑카레자동조리기계'만 남았어.

처르지: 그랬구나. 아쉽네.

큐리 박사: 뭐, 이 정도는 괜찮아. 맛있는 카레를 만들기 위해서는 다양한

시행착오가 필요한 법이니깐. 그보다 오늘 재밌는 일이 있었는데 들어 볼래?

처르지: 오, 좋지. 뭔데?

큐리 박사: 아침에 손님이 한 명 왔었어. 그러더니 직원한테 가서 이렇게 말하더라고. "저기, 이 **사과가 든 비닐봉지**로 카레를 만들어 주시겠어요?" 당연히 직원은 못하겠다고 했지. 내가 직원한테 사과나 복숭아만 사용할 수 있다고 가르쳤으니까.

처르지: 비닐봉지에서 사과를 꺼내서 '사과깍둑카레자동조리기계'에 넣으면 되는 거 아니야?

큐리 박사: 정확해. 그래서 내가 직원을 불러서 이야기했지. 네가 **어떻게 사용해야 하는지 아는 게 든 비닐봉지**를 받거든, 그걸 열고 안에 있는 걸 꺼내서 카레를 만들라고. 어때? 좋은 방법이지?

처르지: 훌륭한걸! 그러면 이제 직원에게 사과가 든 비닐봉지를 갖다주면 '사과깍둑카레자동조리기계'로 카레를 만들어 주겠네?

큐리 박사: 물론이지. 또, 여전히 **이상한 과일**을 갖다주면 안 된다고 알려줄 거라고. 그게 **비닐봉지에 들어 있든 아니든** 상관없어. 이를테면 수박이 든 비닐봉지를 갖다줘 봤자 수박으로 카레를 만들지는 못하니까 받지 않을 거야.

처르지: 정말 그러겠네. 어, 재밌는 생각이 하나 떠올랐어. 이렇게 비닐

봉지에 사과를 넣어서 직원에게 갖다주면 카레를 만들어 주잖아? 그 말은, 직원이 사과가 든 비닐봉지도 어떻게 사용하는지 안다고 볼 수 있겠지?

큐리 박사: 그렇지.

처르지: 그러면 이 사과가 든 비닐봉지를 다시 다른 비닐봉지에 넣어서 직원에게 갖다주면 어떨까? 이걸로도 카레를 만들어 줄까?

큐리 박사: 음, 좋은 질문이야. 직접 해 보지 그래?

처르지: 그럴까? 저기, 이 **사과가 든 비닐봉지가 든 비닐봉지**로 카레를 만들어 주시겠어요?

직원: 네, 잠시만요. 여기 있습니다.

처르지: 와, 카레를 만들어 줬어!

큐리 박사: 정말이네!

5.3 타입클래스

지금까지 오버로딩에 의한 다형성을 서브타입에 의한 다형성과 함께 사용할 때 생기는 일들을 살펴보았다. 이번에는 오버로딩에 의한 다형성을 매개변수에 의한 다형성과 함께 사용하는 방법을 알아볼 차례다.

4장에서 두 값을 비교해 순서를 결정하는 gt 메서드를 각 클래스에 정의했다.

```
class Person extends Comparable<Person> {
    ...
    Boolean gt(Person that) {
        return this.age > that.age;
    }
}
```

sort 함수는 gt 메서드를 호출함으로써 리스트의 원소들을 비교해 리스트를 정렬한다.

```
Void sort<T <: Comparable<T>>(List<T> lst) {
    ...
    if (lst[i].gt(lst[j])) { ... }
    ...
}
```

gt를 메서드로 구현하는 것도 한 방법이지만, 그 대신 함수 오버로딩을 사용할 수도 있다. 다음과 같이 여러 타입에 대해 gt 함수를 정의할 수 있다.

```
Boolean gt(Int v1, Int v2) { return v1 > v2; }
Boolean gt(String v1, String v2) { ... }
Boolean gt(Person v1, Person v2) { ... }
```

그러면 sort 함수도 gt 메서드 대신 gt 함수를 호출하도록 바꿔야 한다.

```
Void sort<T>(List<T> lst) {
    ...
    if (gt(lst[i], lst[j])) { ... }
    ...
}
```

물론 앞의 코드는 타입 검사를 통과하지 못한다. T는 아무 타입이나 나타낼 수 있으니 T 타입의 값이 gt의 인자로 사용될 수 있다는 보장이 없기 때문이다.

비슷한 문제를 4장에서도 겪었다. 4장에서의 해결 방안은 Comparable이라는 추상 클래스를 정의한 뒤 Comparable<T>를 T의 상한으로 지정하는 것이었다.

```
abstract class Comparable<T> { Boolean gt(T that); }
Void sort<T <: Comparable<T>>(List<T> lst) { ... }
```

Comparable<T>는 T 타입의 값을 인자로 받는 gt 메서드를 가지고 있는 타입을 나타낸다. 따라서 T의 상한이 Comparable<T>라는 것은 T 타입의 값이 T 타입의 값을 인자로 받는 gt 메서드를 가져야 한다는 사실을 표현한다.

이번에도 비슷한 개념이 필요하다. 우리는 매개변수 타입이 (T, T)인 gt 함수가 있어야 한다는 조건을 표현하기를 원한다. 이는 지금까지 본 개념만으로는 할 수 없는 일이다. 추상 클래스는 특정 타입이 어떤 메서드를 가진다는 사실을 표현한다. 하지만 특정 타입을 위한 함수가 존재한다는 사실을 표현할 수는 없다. 그러니 새로운 개념이 필요하다. 이럴 때 필요한 게 바로 타입클래스(typeclass)다.

타입클래스는 특정 타입을 위한 어떤 함수가 존재한다는 사실을 표현한다. '타입클래스'라는 용어에 '클래스'가 포함되기는 하지만 타입클래스는 클래스와 관련이 없다. 타입클래스는 클래스가 아니며 타입을 나타내는 클래스는 더더욱 아니다. 다만 타입이 만족해야 하는 조건을 표현한다는 점에서 추상 클래스와 비슷한 역할을 한다. 타입클래스를 정의할 때는 정의하려는 타입클래스의 이름, 타입 매개변수, 함수 목록을 명시해야 한다. 다음 코드는 Comparable이라는 타입클래스를 정의한다.

```
typeclass Comparable<T> {
    Boolean gt(T v1, T v2);
}
```

이 코드의 뜻은 "어떤 타입 T가 Comparable 타입클래스에 속하려면 매개변수 타입이 (T, T)이고 결과 타입이 Boolean인 함수 gt가 있어야 한다"라는 뜻이다.

타입 매개변수 T 선언

```
typeclass Comparable<T> {
    Boolean gt(T v1, T v2);
}
```

타입 매개변수 T 사용 가능

T는 아무렇게나 고른 이름이니 T 대신 다른 이름을 사용해도 뜻하는 바는 변하지 않는다. 가령 T 대신 S를 사용할 수 있다.

```
typeclass Comparable<S> {
    Boolean gt(S v1, S v2);
}
```

또한 Comparable 타입클래스에 속하기 위해 필요한 함수는 하나뿐이지만, 여러 함수를 요구하는 타입클래스를 정의할 수도 있다.

특정 타입을 어떤 타입클래스에 속하게 만들고 싶다면 타입클래스 인스턴스(typeclass instance)를 정의해야 한다. 타입클래스 인스턴스를 정의할 때는 해당 타입과 타입클래스의 이름을 명시한 뒤 타입클래스가 요구하는 함수를 모두 정의하면 된다. 예를 들어 다음 코드는 Int가 Comparable에 속하도록 만드는 타입클래스 인스턴스를 정의한다.

```
instance Comparable<Int> {
    Boolean gt(Int v1, Int v2) { return v1 > v2; }
}
```

이 코드는 "타입 Int가 Comparable 타입클래스에 속하며, 타입클래스 Comparable이 요구하는 함수 gt는 v1 > v2를 계산해 반환한다"라는 뜻이다. 비슷한 방식으로 다른 타입 역시 Comparable에 속하게 만들 수 있다. 다음 코드는 String과 Person이 Comparable에 속하게 만든다.

```
instance Comparable<String> {
    Boolean gt(String v1, String v2) { ... }
}
instance Comparable<Person> {
    Boolean gt(Person v1, Person v2) { ... }
}
```

타입클래스 인스턴스에 정의된 함수는 그냥 오버로딩된 함수처럼 사용할 수 있다. 따라서 다음과 같은 코드가 가능하다.

```
gt(1, 2);
gt("a", "b");
gt(Person(...), Person(...));
```

그러니 타입클래스 인스턴스를 정의하는 일은 함수를 오버로딩하는 것과 거의 같다. 다만 지금 정의하는 함수가 어느 타입을 무슨 타입클래스에 속하게 만들기 위한 것인지 명시해야 한다는 차이가 있을 뿐이다.

이제 sort를 정의하기 위한 준비가 모두 끝났다. sort 함수는 타입 T가 Comparable에 속하는 경우에 한해서 List<T> 타입의 리스트를 인자로 받는다. 이를 코드로 표현하면 다음과 같다.

```
Void sort<T>(List<T> lst) requires Comparable<T> {
    ...
    if (gt(lst[i], lst[j])) { ... }
    ...
}
```

매개변수 목록 뒤에 requires Comparable<T>를 덧붙임으로써 T가 Comparable에 속해야 한다는 조건을 달았다. 그러면 시그니처가 Boolean gt(T v1, T v2)인 함수가 존재한다는 사실을 알고 있는 상태에서 타입 검사기가 sort의 몸통을 검사한다. 따라서 gt(lst[i], lst[j])가 검사를 통과하며, gt가 반환한 값을 if에 사용하는 것 역시 검사를 통과한다.

List<T> 타입의 리스트를 sort에 인자로 넘기려면 T가 Comparable에 속해야 한다. Int, String, Person 모두 Comparable에 속하므로 다음 코드가 타입 검사를 통과한다.

```
sort<Int>(List<Int>(4, 1, 2, 5, 3));
sort<String>(List<String>("b", "c", "e", "d", "a"));
sort<Person>(List<Person>(...));
```

반면 Vector를 위한 Comparable 타입클래스의 인스턴스를 따로 정의하지 않는 한, Vector가 Comparable에 속하지 않기 때문에 다음 코드는 타입 검사를 통과하지 못한다.

```
sort<Vector>(List<Vector>(...));
```

지금까지의 내용만으로 보면 타입클래스라는 개념이 굳이 필요할까 싶다. 오버로딩된 함수를 다루는 데 유용하기는 하지만, 애초에 함수 오버로딩을 사용해야만 할까? 그냥 이전처럼 그냥 다 메서드로 정의한 뒤 추상 클래스를 타입 매개변수의 상한으로 지정하는 것만으로도 충분해 보인다. 과연 추상 클래스에는 없는 타입클래스만의 장점이 있을까? 그렇다. 타입클래스에는 추상 클래스보다 개발자를 더 편하게 해 주는 장점들이 있다.

우선 함수는 아무 때나 정의할 수 있지만 메서드는 클래스를 정의할 때만 정의할 수 있다. 이게 무슨 장점인가 싶을 수 있다. 하지만 이는 매우 중요한 장점이다. 우리는 프로그램을 작성할 때 대부분 라이브러리를 사용한다. 그리고 라이브러리에 있는 코드는 수정할 수 없다. 그렇기에 클래스를 정의할 때만 메서드를 정의할 수 있다는 점이 치명적인 문제를 일으킨다.

Person 클래스가 라이브러리에 정의되어 있다고 하자. Person 클래스가 우리가 원하는 gt 메서드를 이미 가지고 있을 가능성은 별로 없다. gt 메서드 자체는 어려울 게 하나도 없지만, Person 클래스에 메서드를 추가하려면 클래스를 수정해야 한다. 하지만 Person이 라이브러리에 정의되어 있으니 불가능한 일이다. 그러니 사람의 리스트를 sort 함수를 사용해 정렬하고 싶어도 그럴 수 없다. sort 함수도 이미 준비되어 있고 gt를 구현하기도 쉬운데 메서드를 추가할 수 없는 게 문제라니 참으로 답답한 일이다. 언어가 구조에 의한 서브타입을 제공한다 하더라도 문제는 전혀 해결되지 않는다. 추상 클래스를 사용하든, 구조를 드러내는 타입을 사용하든 클래스에 메서드를 추가할 수 없다는 사실은 변함없기 때문이다.

반면 타입클래스에는 이런 문제가 없다. 함수는 아무 때나 정의할 수 있기 때문이다. Person이 라이브러리에 정의되어 있는 게 전혀 문제 되지 않는다. 그냥 Person 타입을 위한 gt 함수를 작성함으로써 Person을

Comparable에 속하게 만들면 끝이다. 곧바로 사람의 리스트를 sort를 사용해 정렬할 수 있게 된다. 이처럼 라이브러리에 정의된 타입을 특정 추상 클래스의 서브타입으로 만드는 것은 일반적으로 불가능하지만, 특정 타입클래스에 속하게 만들기는 매우 쉽다. 이게 바로 타입클래스의 가장 큰 장점이다.

두 번째 장점은 제네릭 타입을 다룰 때 드러난다. 추상 클래스로는 특정 타입 인자를 받은 제네릭 타입만이 만족하는 성질을 표현하기 어렵지만 타입클래스로는 쉽게 가능하다. 타입클래스의 장점이 드러나는 예를 보기에 앞서, 추상 클래스든 타입클래스든 다 잘 작동하는 비교적 간단한 경우부터 보자.

리스트들로 구성된 리스트를 정렬해 보겠다. 이때 두 리스트 사이의 순서는 리스트의 길이에 따라 결정된다. 더 짧은 리스트가 더 앞에 오도록 정렬하는 게 목표다. 길이는 모든 리스트가 가지는 속성이므로 리스트를 구성하는 원소가 무엇이든 리스트끼리 비교할 수 있다. 이를 추상 클래스로 표현하면 다음과 같다.

```
class List<T> extends Comparable<List<T>> {
    ...
    Boolean gt(List<T> that) {
        return this.length > that.length;
    }
}
```

각 List<T>가 Comparable<List<T>>의 서브타입이므로 T가 무슨 타입이든 List<T> 타입의 리스트끼리 비교할 수 있다는 사실을 나타낸다. 즉, List<Int> 타입의 리스트끼리 비교할 수 있고, List<String> 타입의 리스트끼리 비교할 수 있다.

그렇다면 타입클래스로는 같은 사실을 어떻게 표현할 수 있을까? 쉽게 시도할 수 있는 방법은 타입클래스 인스턴스를 다음과 같이 여럿 정의하는 것이다.

```
instance Comparable<List<Int>> {
    Boolean gt(List<Int> v1, List<Int> v2) {
        return v1.length > v2.length;
    }
}
instance Comparable<List<String>> {
    Boolean gt(List<String> v1, List<String> v2) {
        return v1.length > v2.length;
    }
}
```

이렇게 하면 List<Int>와 List<String>이 Comparable에 속하게 된다. 같은 방식으로 다른 리스트 타입도 Comparable에 속하게 할 수 있을 것이다. 물론 썩 마음에 드는 방법은 아니다. 수없이 많은 타입이 있는데 각각을 위해 개별적인 타입클래스 인스턴스를 정의하기도 힘들고, v1.length > v2.length라는 코드가 반복되는 것도 별로다.

우리는 분명 이전에 비슷한 문제를 겪었다. 가령 3장에서 choose 함수를 정의할 때 각 타입마다 함수를 따로 정의하느라 같은 코드를 반복해서 적어야 했다.

```
Int choose(Int v1, Int v2) { ... }
String choose(String v1, String v2) { ... }
```

이를 해결하는 방법은 매개변수에 의한 다형성이었다. 타입 매개변수를 가진 제네릭 함수로서 choose를 정의하면 함수를 한 번만 정의해도 충분했다.

```
T choose<T>(T v1, T v2) { ... }
```

이번에도 똑같다. 타입 매개변수를 사용하여 한 번에 여러 타입을 특정 타입클래스에 속하게 만들 수 있다. 다음과 같이 말이다.

```
instance <T> Comparable<List<T>> {
    Boolean gt(List<T> v1, List<T> v2) {
        return v1.length > v2.length;
    }
}
```

이 코드는 "각각의 타입 T마다 List<T>가 Comparable에 속한다"라는 뜻이다. 즉, List<Int>도 Comparable에 속하고, List<String>도 Comparable에 속하는 셈이다. 따라서 T가 무슨 타입이든 List<T> 타입의 리스트끼리 비교할 수 있다.

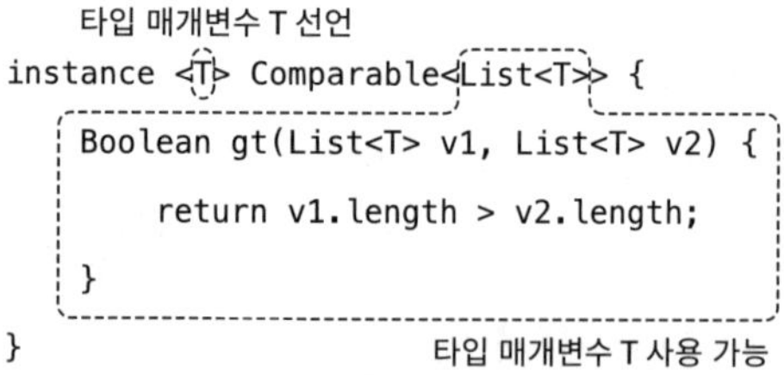

```
타입 매개변수 T 선언
instance <T> Comparable<List<T>> {
    Boolean gt(List<T> v1, List<T> v2) {
        return v1.length > v2.length;
    }
}                                  타입 매개변수 T 사용 가능
```

지금까지는 추상 클래스를 사용하든 타입클래스를 사용하든 별 차이가 없었다. 하지만 이제부터 볼 조금 더 복잡한 예에서는 타입클래스만의 장점이 드러난다. 이번에도 리스트들로 구성된 리스트를 정렬해 보겠다. 단, 정렬 기준이 전과는 다르다. 마치 사전이 두 단어 사이의 순서를 정할 때 첫 글자부터 비교하듯이, 각 리스트에 들어 있는 원소를 첫 번째 원소부터 차례대로 비교하여 두 리스트 사이의 순서를 정한다. 즉, 첫 원소끼리 서로 다르면 두 원소의 비교 결과가 곧 두 리스트의 비

교 결과가 되고, 첫 원소가 같으면 그다음 원소로 넘어간다. 가령 1이 2보다 작으니 List(1, 3)은 List(2, 1)보다 앞에 오고, 1끼리는 서로 같지만 2가 3보다 작으니 List(1, 2)가 List(1, 3)보다 앞에 온다. 즉, List(List(1, 3), List(2, 1), List(1, 2))를 정렬하면 List(List(1, 2), List(1, 3), List(2, 1))이 된다. 한편 벡터의 비교는 정의한 적이 없으니 List<Vector> 타입의 리스트 역시 비교할 수 없다. 따라서 List<List<Vector>> 타입의 리스트를 정렬하는 것은 불가능하다. 정리하면 List<T> 타입의 리스트를 비교하기 위해서는 T 타입의 값을 비교할 수 있어야 한다.

이 조건을 추상 클래스로 표현하려고 하면 문제가 생긴다. 일단 다음과 같이 코드를 작성하면 타입 검사를 통과할 수 없다.

```
class List<T> extends Comparable<List<T>> {
    ...
    Boolean gt(List<T> that) {
        this[i].gt(that[i]) ...
    }
}
```

위 코드에서 this[i]의 타입은 T인데 T는 아무 타입이나 될 수 있다. 따라서 this[i]가 gt라는 메서드를 가지고 있다는 보장이 없다. 그러니 코드를 다음과 같이 고치는 수밖에 없다.

```
class List<T <: Comparable<T>> extends Comparable<List<T>> {
    ...
    Boolean gt(List<T> that) {
        this[i].gt(that[i]) ...
    }
}
```

이 코드는 타입 검사를 통과한다. T가 Comparable<T>의 서브타입이니 this[i]가 gt 메서드를 가진다는 사실이 보장되기 때문이다. 하지만 이 코드는 심각한 문제를 일으킨다. 이제 T가 Comparable<T>의 서브타입일 때만 List<T> 타입의 리스트를 만들 수 있다. 정수의 리스트는 만들 수 있어도 벡터의 리스트는 만들 수 없는 것이다. 우리가 하려는 일은 정수의 리스트는 정렬할 수 있도록 하되 벡터의 리스트는 정렬할 수 없게 하는 것이지, 벡터의 리스트를 아예 만들지 못하게 하는 것은 아니다. 정렬할 수 없더라도 리스트는 다양한 용도로 필요하다. 그러니 벡터의 리스트를 만들 수 없게 된 것은 큰 문제다.

우리가 표현하고 싶은 것은 List<T> 중 일부만 비교 가능하다는 사실이다. 하지만 추상 클래스를 사용할 때는 이런 '중간' 선택지가 없다. List 클래스를 정의할 때 Comparable을 상속함으로써 모든 List<T>를 비교할 수 있도록 만들거나, Comparable을 상속하지 않음으로써 모든 List<T>를 비교할 수 없게 만드는 두 가지만 가능하다. 전자를 선택하면 서로 비교 가능한 값들로만 리스트를 만들 수 있게 되고, 후자를 선택하면 리스트끼리 아예 비교할 수 없게 되니 어느 쪽도 마음에 들지 않는다.

타입클래스는 이런 문제를 깔끔하게 해결한다. Comparable에 속하는 각각의 T마다 List<T>를 Comparable에 속하게 만드는 타입클래스 인스턴스를 다음과 같이 한 번에 정의할 수 있다.

```
instance <T> Comparable<List<T>> requires Comparable<T> {
    Boolean gt(List<T> v1, List<T> v2) {
        gt(v1[i], v2[i]) ...
    }
}
```

이 코드는 '각각의 타입 T마다 List<T>가 Comparable에 속한다. 단, T가 Comparable에 속할 때만'이라는 뜻으로 이해할 수 있다.

이제 Int, String, Person이 Comparable에 속하므로 List<Int>, List<String>, List<Person> 역시 Comparable에 속한다. 따라서 List<List<Int>>, List<List<String>>, List<List<Person>> 타입의 리스트를 sort를 사용해 정렬할 수 있다. 더 나아가 List<Int>, List<String>, List<Person>이 Comparable에 속하므로 List<List<Int>>, List<List<String>>, List<List<Person>> 역시 Comparable에 속한다. 그러니 List<List<List<Int>>>, List<List<List<String>>>, List<List<List<Person>>> 타입의 리스트조차도 정렬할 수 있게 된다. 몇 번이고 이 과정을 반복할 수 있음은 물론이다. 가령 List<List<List<List<List<List<List<List<List<Int>>>>>>>>> 타입의 리스트도 정렬할 수 있다. 물론 현실적으로 이런 리스트를 사용하는 경우는 없겠지만. 한편 Vector가 Comparable에 속하지 않기에 List<Vector> 역시 Comparable에 속하지 않고, List<Vector>와 List<List<Vector>> 타입의 리스트는 정렬할 수 없다. 하지만 여전히 List<Vector>와 List<List<Vector>> 타입의 리스트를 만드는 것은 문제없이 가능하다.

이처럼 추상 클래스로는 제네릭 타입이 타입 인자에 상관없이 항상 만족하는 성질만 표현할 수 있다. 하지만 타입클래스로는 항상 만족하는 성질은 물론이고 특정 타입 인자를 받은 경우에만 만족하는 성질 역시 표현할 수 있다. 이것이 타입클래스의 또 다른 장점이다.

주요 언어 예시

러스트

```
trait Comparable {
    fn gt(v1: &Self, v2: &Self) -> bool;
}
```

타입클래스를 정의할 때는 trait라는 키워드를 사용한다. 또한 타입 매개변수를 명시적으로 선언하는 대신, 이 타입클래스에 속하게 될 타입을 항상 Self라고 부른다.

```
impl Comparable for i32 {
    fn gt(v1: &i32, v2: &i32) -> bool { v1 > v2 }
}
impl Comparable for String {
    fn gt(v1: &String, v2: &String) -> bool { v1 > v2 }
}
```

타입클래스 인스턴스를 정의할 때는 impl이라는 키워드를 사용한다.

```
Comparable::gt(&1, &2);
Comparable::gt(&"a".to_string(), &"b".to_string());
```

타입클래스에 정의한 함수를 호출할 때는 타입클래스 이름을 함께 적는다.

```
fn sort<T: Comparable>(lst: Vec<T>) -> () {
    if Comparable::gt(&lst[...], &lst[...]) { ... }
}
sort::<i32>(vec![2, 3, 1]);
sort::<String>(vec![
    "b".to_string(),
    "c".to_string(),
    "a".to_string()
]);
```

타입 T가 타입클래스 C에 속한다는 조건을 T: C라고 쓴다.

```
impl<T> Comparable for Vec<T> {
    fn gt(v1: &Vec<T>, v2: &Vec<T>) -> bool {
        v1.len() > v2.len()
    }
}
sort::<Vec<i32>>(vec![vec![1, 2], vec![1, 2, 3], vec![1]]);
```

각각의 타입 T마다 Vec<T>를 Comparable에 속하게 만들 수 있다.

```
impl<T: Comparable> Comparable for Vec<T> {
    fn gt(v1: &Vec<T>, v2: &Vec<T>) -> bool {
        if Comparable::gt(&v1[...], &v2[...]) { ... }
    }
}
sort::<Vec<i32>>(vec![vec![1, 2], vec![1, 2, 3], vec![1]]);
sort::<Vec<Vec<i32>>>(vec![]);
```

Comparable에 속하는 각각의 타입 T마다 Vec<T>를 Comparable에 속하게 만들 수 있다.

스칼라

```
trait Comparable[T]:
  def gt(v1: T, v2: T): Boolean
```

타입클래스를 정의할 때는 trait라는 키워드를 사용한다.

```
given Comparable[Int] with
  def gt(v1: Int, v2: Int): Boolean = v1 > v2
given Comparable[String] with
  def gt(v1: String, v2: String): Boolean = v1 > v2
```

타입클래스 인스턴스를 정의할 때는 given이라는 키워드를 사용한다.

```
summon[Comparable[Int]].gt(1, 2)
summon[Comparable[String]].gt("a", "b")
```

타입클래스 C에 정의한 함수 f를 타입 A를 위해 호출할 때는 summon[C[A]].f라고 적는다. 단, 많은 경우에 [C[A]] 부분은 생략한 채 summon.f라고 적을 수 있다.

```
def sort[T: Comparable](lst: List[T]): Unit =
  if summon.gt(lst(...), lst(...)) then ...
sort[Int](List(2, 3, 1))
sort[String](List("b", "c", "a"))
```

타입 T가 타입클래스 C에 속한다는 조건을 T: C라고 쓴다.

```
given [T]: Comparable[List[T]] with
  def gt(v1: List[T], v2: List[T]): Boolean =
    v1.length > v2.length
sort[List[Int]](List(List(1, 2), List(1, 2, 3), List(1)))
```

각각의 타입 T마다 List[T]를 Comparable에 속하게 만들 수 있다.

```
given [T: Comparable]: Comparable[List[T]] with
  def gt(v1: List[T], v2: List[T]): Boolean =
    if summon.gt(v1(...), v2(...)) then ...
sort[List[Int]](List())
sort[List[List[Int]]](List())
```

Comparable에 속하는 각각의 타입 T마다 List[T]를 Comparable에 속하게 만들 수 있다.

하스켈

```
class Comparable a where
  gt :: a -> a -> Bool
```

타입클래스를 정의할 때는 class라는 키워드를 사용한다.

```
instance Comparable Int where
  gt v1 v2 = v1 > v2
instance Comparable String where
  gt v1 v2 = v1 > v2
```

타입클래스 인스턴스를 정의할 때는 instance라는 키워드를 사용한다.

```
gt (1 :: Int) 2
gt "a" "b"
```

타입클래스에 정의한 함수를 함수 이름만으로 호출할 수 있다.

```
sort :: Comparable a => [a] -> ()
sort lst = if gt (lst !! ...) (lst !! ...) then ... else ...
sort [2 :: Int, 3, 1]
sort ["b", "c", "a"]
```

타입 a가 타입클래스 C에 속한다는 조건을 `C a =>`라고 쓴다.

```
instance Comparable [a] where
  gt v1 v2 = (length v1) > (length v2)
sort [[1 :: Int, 2], [1, 2, 3], [1]]
```

각각의 타입 a마다 `[a]`를 `Comparable`에 속하게 만들 수 있다.

```
instance Comparable a => Comparable [a] where
  gt v1 v2 = if gt (v1 !! ...) (v2 !! ...) then ... else ...
sort [[1 :: Int, 2], [1, 2, 3], [1]]
sort [[[1 :: Int]]]
```

`Comparable`에 속하는 각각의 타입 a마다 `[a]`를 `Comparable`에 속하게 만들 수 있다.

프로젝트 이름	구현 언어	프로그램 용도	스타 개수	깃허브 주소
디노	러스트	자바스크립트 런타임	89k	*https://github.com/denoland/deno*
얼래크러티	러스트	터미널	46k	*https://github.com/alacritty/alacritty*
러스트데스크	러스트	원격 데스크톱	40.7k	*https://github.com/rustdesk/rustdesk*
아파치 스파크	스칼라	데이터 처리 엔진	35.5k	*https://github.com/apache/spark*
아카	스칼라	분산 프로그래밍 프레임워크	12.7k	*https://github.com/akka/akka*
리라	스칼라	온라인 체스 서버	13k	*https://github.com/lichess-org/lila*

플레이 프레임워크	스칼라	웹 프레임워크	12.4k	*https://github.com/playframework/playframework*
셸체크	하스켈	셸 스크립트 분석기	31.9k	*https://github.com/koalaman/shellcheck*
팬독	하스켈	문서 형식 변환기	28.6k	*https://github.com/jgm/pandoc*
PostgREST	하스켈	데이터베이스 REST API	20.4k	*https://github.com/PostgREST/postgrest*

표 5-4 타입클래스를 사용하는 프로젝트

- 가든 비닐봉지, 가든 종이 상자 -

처르지: 고민이 있는 표정인걸?

큐리 박사: 잘도 알았네. 넌 항상 눈치가 빠르구나.

처르지: 우리가 하루 이틀 본 사이도 아닌데 이쯤이야 뭐. 그래서 뭔데?

큐리 박사: 최근에 과일 가게에서 포장 서비스를 시작했거든. 과일을 사면 비닐봉지나 종이 상자에 담아서 줘. 근데 손님이 과일을 사갈 때마다 어디에 포장할지 물어봐야 하는 게 꽤나 귀찮더라고. 한두 번이면 몰라도 종일 그러려니 좀 힘들달까?

처르지: 장사를 하려면 그 정도는 당연히 감내해야 하는 거 아니야? 뭐 대단한 거도 아니고.

큐리 박사: 그렇긴 하지만 그래도 귀찮은걸.

처르지: 그러면 이렇게 하는 게 어때? 손님이 처음 과일을 주문할 때부터 어디에 포장할지 말하도록 안내문을 써 붙이는 거야. 그러면 네가 매번 물어볼 필요는 없지 않겠어?

큐리 박사: 정말 좋은 생각이야. 당장 그렇게 해야겠어.

잠시 후

큐리 박사: 이 정도면 되겠지?

주문 방법: □ □ 주세요.

□에 들어갈 말: 사과, 복숭아, 바나나, 오렌지, 키위, 딸기, 가 든 비닐봉지, 가 든 종이 상자

처르지: 음, 그런가? 뭔가 부족해 보이는 거 같기도 하고.

큐리 박사: 그래? 아, 손님 왔다. 금방 돌아올게.

손님 1: 안녕하세요. **사과가 든 비닐봉지** 주세요.

큐리 박사: 네, 바로 드리겠습니다.

손님 1: 감사합니다. 안녕히 계세요.

큐리 박사: 야호, 성공이야. 이제 매번 어디에 포장할지 물어볼 일이 없겠어.

처르지: 그러게. 잘된 거 같네.

큐리 박사: 앗, 또 손님이다.

손님 2: 어, **사과 사과** 주세요.

큐리 박사: 네? 뭐라고요?

손님 2: 사과 사과 주세요.

큐리 박사: 그게 뭔 소리죠?

손님 2: 저는 여기에 적힌 주문 방법대로 한 건데요? 얼른 과일 주세요.

큐리 박사: 이상한 소리 하지 말고 과일 안 살 거면 얼른 나가세요.

손님 2: 허, 참! 장사 그따위로 하지 마쇼.

큐리 박사: 이상한 사람이네.

처르지: 저 사람이 잘못한 건 없지 않았어?

큐리 박사: 뭐라고? 아, 또 손님이네. 좀 있다가 다시 이야기하자.

손님 3: 아, **가 든 비닐봉지가 든 종이 상자** 주세요.

큐리 박사: 가든 비닐봉지, 가든 종이 상자? Garden? 에잇, 도통 뭐라는 지 알아들을 수가 없구먼. 이상한 소리 그만하고 얼른 가세요.

손님 3: 내가 여길 다시 오나 봐라.

큐리 박사: 이상한 사람이 연달아 왔잖아! 오늘 운수가 사납네.

처르지: 음, 내가 보기엔 네 주문 방법 설명이 좀 잘못된 거 같아. **과일 이름이랑 포장 방법을 좀 구분할 방법**이 필요하지 않을까?

5.4 카인드

이번 절의 주제인 카인드(kind)는 사실 매개변수에 의한 다형성을 설명한 3장에서 다뤘어야 하는 개념이다. 하지만 타입클래스가 있어야 카인드의 유용성이 잘 드러나기 때문에 어쩔 수 없이 이번 장으로 미루게 되었다. 우선 카인드가 어떤 개념인지 예시와 함께 알아보자. 그 뒤에 카인드를 타입클래스와 함께 사용하는 방법까지 살펴보겠다.

4장에서 본 배열 리스트와 연결 리스트를 다시 사용할 것이다. 오버로딩을 통해 각 종류의 리스트마다 함수가 두 개씩 정의되어 있다.

```
Int length<T>(ArrayList<T> lst) { ... }
Int length<T>(LinkedList<T> lst) { ... }
Void add<T>(ArrayList<T> lst, T elem) { ... }
Void add<T>(LinkedList<T> lst, T elem) { ... }
```

length는 리스트의 길이를 구하는 함수이고, add는 리스트의 맨 끝에 새로운 원소를 추가하는 함수다. 각 함수는 리스트를 구성하는 원소의 타입과 상관없이 잘 작동하므로 모두 제네릭 함수로 정의했다.

이제 length와 add를 사용해서 배열 리스트를 다루는 다음과 같은 함수를 정의할 수 있다.

```
Void addUntil<T>(ArrayList<T> lst, T v, Int len) {
    while (length<T>(lst) < len) {
        add<T>(lst, v);
    }
}
```

addUntil은 리스트, 그 리스트에 추가할 값, 도달하고 싶은 리스트의 길이를 인자로 받는다. 그 뒤 리스트의 현재 길이를 확인해 가며 목표 길이에 도달할 때까지 반복해서 리스트에 값을 추가한다. 사실 이 함수가 사용하는 기능은 리스트의 길이를 재는 것과 리스트에 원소를 추가하는 것뿐이다. 이 둘은 배열 리스트가 아닌 다른 리스트도 모두 제공하는 기능이다. 가령 다음과 같이 연결 리스트를 가지고 같은 일을 하는 함수도 정의할 수 있다.

```
Void addUntil<T>(LinkedList<T> lst, T v, Int len) {
    while (length<T>(lst) < len) {
        add<T>(lst, v);
    }
}
```

이렇게 함수 두 개를 각각 정의해도 잘 작동하기는 하지만 썩 만족스럽지 않다. 두 함수의 몸통이 완전히 똑같다. 게다가 배열 리스트와 연결 리스트 이외의 다른 방식의 리스트를 더 만든다면 몸통이 같은 addUntil을 또 만들어야 할 테다. 이는 우리가 원하는 일이 아니다.

그러니 지금까지 했던 것처럼 매개변수에 의한 다형성을 활용해야 한다. 함수를 한 번만 정의해도 모든 종류의 리스트를 처리할 수 있도록 코드를 고쳐 보자.

```
Void addUntil<L, T>(L<T> lst, T v, Int len) {
    while (length<T>(lst) < len) {
        add<T>(lst, v);
    }
}
```

이제 addUntil은 타입 인자 두 개를 받는 제네릭 함수다. 첫 번째 타입 인자는 리스트의 종류를 나타내고, 두 번째 타입 인자는 리스트를 구성하는 원소의 타입을 나타낸다. 즉, 정수를 담고 있는 배열 리스트에 원소를 추가하고 싶다면 addUntil<ArrayList, Int>(...)라고 쓰면 되고, 문자열을 담고 있는 연결 리스트에 원소를 추가하고 싶다면 addUntil<LinkedList, String>(...)이라고 쓰면 된다.

하지만 곰곰이 생각해 보면 위 코드가 조금 이상하다는 것을 깨닫게 된다. addUntil을 말도 안 되는 방식으로 사용할 수 있다. addUntil<Int, String>(...)이나 addUntil<LinkedList, ArrayList>(...) 같은 코드가 그 예다. addUntil<Int, String>은 첫 번째 인자로 Int<String> 타입의 값을 받고, addUntil<LinkedList, ArrayList>는 첫 번째 인자로 LinkedList<ArrayList> 타입의 값을 받는다. 둘 다 전혀 말이 되지 않는다. Int는 제네릭 타입이 아니다. 그러니 Int<String> 타입이라는

것은 존재하지 않는다. 또, ArrayList는 제네릭 타입이다. 사용할 때 타입 인자를 받아야 한다. LinkedList<ArrayList<Int>>는 정수로 이루어진 배열 리스트들을 담고 있는 연결 리스트를 나타내는 올바른 타입이지만, LinkedList<ArrayList> 같은 타입은 없다.

무엇이 잘못된 것일까? 문제는 타입이라고 다 같은 타입이 아니라는 점이다. 타입에도 여러 종류가 있다. 한 종류는 지금까지 우리가 흔히 사용하던 타입들을 포함한다. Int나 String 같이 타입 인자를 받을 필요 없이 매개변수 타입이나 결과 타입으로 사용할 수 있는 타입들이다. 여기서 어떤 타입을 "매개변수 타입이나 결과 타입으로 사용할 수 있다"라는 말은 그 타입에 속하는 값[5]이 존재한다는 것이다. 어떤 타입 A가 함수의 매개변수 타입이라는 말은 그 함수가 인자로 A 타입의 값을 받는다는 뜻이다. 또, A가 함수의 결과 타입이라는 말은 그 함수가 A 타입의 값을 반환한다는 뜻이다. 어떤 타입에 속하는 값이 없다면 그 타입을 매개변수 타입이나 결과 타입으로 사용하는 의미가 없다. 그러니 "매개변수 타입이나 결과 타입으로 사용될 수 있다"라는 말을 "그 타입에 속하는 값이 존재한다"라는 뜻으로 이해해도 무리가 없다. 이를 바탕으로 다시 말하면, 첫 번째 종류는 그 타입의 값들이 존재하는 타입들이다.

또 다른 종류는 우리가 제네릭 타입이라고 부르는 타입들을 가리킨다. ArrayList나 LinkedList 같이 타입 인자를 필요로 하는 타입들이다. 이런 타입들을 매개변수 타입이나 결과 타입으로 사용하는 것은 이치

5 정확히는 '그 타입에 속하는 부품'이라 하는 게 옳다. 최소 타입처럼 그 타입의 부품은 만들 수 있어도 값은 만들 수 없는 타입도 있으니 말이다. 하지만 대부분의 경우에는 '그 타입에 속하는 값'이라 해도 틀리지 않으니 직관적인 이해를 위해 부품 대신 값이라 했다.

에 맞지 않는다. ArrayList 타입의 값이나 LinkedList 타입의 값이란 것은 없기 때문이다. ArrayList<Int>나 LinkedList<String> 타입의 값은 있을지언정 ArrayList나 LinkedList 타입의 값은 없다. 즉, 두 번째 종류는 그 타입의 값들이 존재하지 않는 타입들을 포함한다. 또한 이런 타입들이 타입 인자를 받으면 첫 번째 종류의 타입을 만들어 낸다. ArrayList가 Int를 받아 ArrayList<Int>라는 타입을 만들고, LinkedList가 String을 받아 LinkedList<String>이라는 타입을 만드는 게 그 예다.

이런 타입의 분류를 설명하기 위해 도입된 개념이 카인드다. 카인드는 곧 타입의 타입인 셈이다. 첫 번째 종류의 타입은 *라는 카인드에 속한다. "Int의 카인드는 *이다"나 "String의 카인드는 *이다"와 같이 말할 수 있다. 두 번째 종류의 타입은 * => *라는 카인드에 속한다. 함수 타입을 떠올리면 * => *라는 카인드를 쉽게 이해할 수 있다. Int => String 타입은 Int 타입의 값을 인자로 받아 String 타입의 값을 반환하는 함수를 나타낸다. 마찬가지로 * => * 카인드는 * 카인드의 타입을 타입 인자로 받아 * 카인드의 타입을 만드는 타입을 나타낸다. ArrayList와 LinkedList가 여기에 속한다. 그러니 "ArrayList의 카인드는 * => *이다"나 "LinkedList의 카인드는 * => *이다"라고 말할 수 있다.

카인드는 이 두 개뿐일까? 그렇지 않다. Map과 같이 타입 인자 두 개를 받는 타입은 (*, *) => * 카인드에 속한다. 또, 더 복잡한 카인드를 만들 수도 있다. 다음 코드를 보자.

```
class IntContainer<(* => *) L> {
    L<Int> integers;
}
```

IntContainer는 L이라는 이름의 타입 매개변수를 가지고 있는 제네릭 클래스다. 그런데 그 타입 매개변수에 * => *라는 카인드 표시가 붙어 있다. 이 카인드 표시는 IntContainer가 타입 인자로 받을 수 있는 타입이 * => * 카인드의 타입뿐이라는 뜻이다. 어떤 함수의 매개변수 x에 Int라는 타입 표시가 붙어 (Int x)라고 되어 있으면 그 함수가 Int 타입의 값만 인자로 받을 수 있는 것과 마찬가지다. 즉, IntContainer<ArrayList>나 IntContainer<LinkedList>는 가능해도, IntContainer<String>이나 IntContainer<Map>은 불가능하다. 이는 아주 합리적이다. IntContainer 객체의 필드 integers의 타입이 ArrayList<Int>나 LinkedList<Int>인 것은 말이 되어도, String<Int>나 Map<Int>인 것은 말이 안 되니 말이다. 이렇게 만든 IntContainer라는 타입의 카인드는 무엇일까? IntContainer는 * => * 카인드의 타입을 타입 인자로 받아 * 카인드의 타입을 만든다. 그러니 IntContainer의 카인드는 (* => *) => *이다. 같은 방식을 반복하면 ((* => *) => *) => * 같이 더욱 복잡한 카인드도 끝없이 만들 수 있다. 그러니 카인드의 수는 무수히 많다. 하지만 일반적으로 코드를 작성할 때 *, * => *, (* => *) => * 수준을 넘어가는 카인드를 볼 일은 거의 없다.

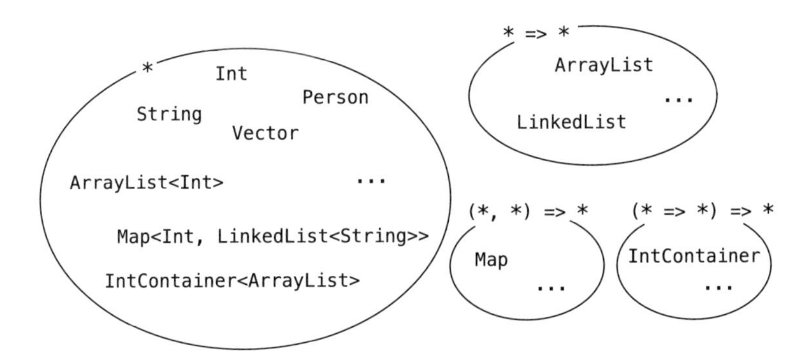

이제 카인드 표시를 사용해 addUntil을 다시 작성해 보자.

```
Void addUntil<(* => *) L, * T>(L<T> lst, T v, Int len) {
    while (length<T>(lst) < len) {
        add<T>(lst, v);
    }
}
```

이제 타입 매개변수 L 앞에는 * => *라는 카인드 표시가 붙고, T 앞에는 *라는 카인드 표시가 붙는다. 따라서 addUntil의 첫 번째 타입 인자는 * => * 카인드에 속해야 하고, 두 번째 타입 인자는 * 카인드에 속해야 한다. 그러니 addUntil<ArrayList, Int>(...)와 addUntil <LinkedList, String>(...)은 타입 검사를 통과하고, addUntil<Int, String>(...)과 addUntil<LinkedList, ArrayList>(...)는 타입 검사를 통과하지 못한다. 우리가 원하는 코드는 타입 검사를 통과하고, 말이 되지 않는 이상한 코드는 타입 검사기가 올바르게 거부하는 것이다.

그런데 사실 제네릭 함수를 정의할 때 대부분의 타입 매개변수에는 *가 카인드 표시로 붙는다. * 이외의 * => * 같은 카인드에 속하는 타입을 타입 인자로 받는 addUntil 같은 함수는 상당히 드물다. 그래서 매번 *를 붙이는 번거로움을 해결하고자 대부분의 언어에서는 *를 생략할 수 있도록 한다. 카인드 표시를 안 붙이면 그냥 * 카인드라고 간주하는 것이다. 이에 따라 코드를 다음과 같이 다시 적을 수 있다.

```
Void addUntil<(* => *) L, T>(L<T> lst, T v, Int len) {
    while (length<T>(lst) < len) {
        add<T>(lst, v);
    }
}
```

이제 코드가 완벽해졌을까? 아쉽게도 그렇지 않다. * => * 카인드에 속하는 모든 타입이 length와 add 함수를 가지고 있지는 않다. 예를 들어 읽기만 가능한 ReadOnlyList 타입을 위한 add 함수는 정의할 수 없다. 그러니 타입 검사기 입장에서는 L<T> 타입의 값인 lst를 length와 add의 인자로 사용할 수 있다는 보장이 없다. L 타입을 위한 length와 add 함수가 반드시 정의되어 있다는 사실을 타입 검사기에 알려 주어야 한다. 그 방법은 물론 타입클래스다.

다음 코드는 ListLike라는 타입클래스를 정의한다.

```
typeclass ListLike<(* => *) L> {
    Int length<T>(L<T> lst);
    Void add<T>(L<T> lst, T elem);
}
```

이 코드가 의미하는 바는 '* => * 카인드의 타입 L이 ListLike 타입클래스에 속하려면 length와 add 함수가 정의되어야 한다'는 것이다. 타입클래스 인스턴스를 정의하는 과정은 전과 비슷하다. 다음과 같이 ArrayList와 LinkedList를 각각 ListLike에 속하도록 만들 수 있다.

```
instance ListLike<ArrayList> {
    Int length<T>(ArrayList<T> lst) { ... }
    Void add<T>(ArrayList<T> lst, T elem) { ... }
}
instance ListLike<LinkedList> {
    Int length<T>(LinkedList<T> lst) { ... }
    Void add<T>(LinkedList<T> lst, T elem) { ... }
}
```

마지막으로 addUntil을 고치면 끝이다.

```
Void addUntil<(* => *) L, T>(L<T> lst, T v, Int len) requires
      ListLike<L> {
    while (length<T>(lst) < len) {
        add<T>(lst, v);
    }
}
```

이제 addUntil의 첫 번째 타입 인자는 카인드가 * => *이면서 ListLike 타입클래스에 속해야 한다. 그런 타입으로는 ArrayList와 LinkedList가 있다. 따라서 addUntil<ArrayList, Int>(...)와 addUntil<LinkedList, String>(...)은 계속해서 타입 검사를 통과한다. 한편 ReadOnlyList의 경우 카인드는 * => *가 맞을지언정 ListLike 타입클래스에 속하지 않기에 addUntil<ReadOnlyList, String>(...)은 타입 검사를 통과하지 못한다.

주요 언어 예시

스칼라

```
class ArrayList[T]
class LinkedList[T]
trait ListLike[L[_]]:
  def length[T](lst: L[T]): Int
  def add[T](lst: L[T], elem: T): Unit
given ListLike[ArrayList] with
  def length[T](lst: ArrayList[T]): Int = ...
  def add[T](lst: ArrayList[T], elem: T): Unit = ...
given ListLike[LinkedList] with
  def length[T](lst: LinkedList[T]): Int = ...
  def add[T](lst: LinkedList[T], elem: T): Unit = ...
def addUntil[L[_]: ListLike, T](lst: L[T], v: T, len: Int) =
  while summon.length[T](lst) < len do
    summon.add[T](lst, v)
```

T의 카인드가 * -> *라는 조건을 T[_]라 쓴다. 비슷하게 T의 카인드가 (*, *) -> *라는 조건은 T[_, _]라 쓰고, T의 카인드가 (* -> *) -> * 라는 조건은 T[_[_]]라 쓴다.

하스켈

```
data ArrayList a = ...
data LinkedList a = ...
class ListLike (l :: * -> *) where
  len :: l a -> Int
  add :: l a -> a -> ()
instance ListLike ArrayList where
  len lst = ...
  add lst elem = ...
instance ListLike LinkedList where
  len lst = ...
  add lst elem = ...
addUntil :: ListLike l => l a -> a -> Int -> ()
addUntil lst v l =
  len lst
  ...
  add lst v
```

타입 추론에 더해 카인드 추론도 지원하기 때문에 class ListLike (l :: * -> *) 대신 class ListLike l이라고만 써도 된다.

프로젝트 이름	구현 언어	프로그램 용도	스타 개수	깃허브 주소
아파치 스파크	스칼라	데이터 처리 엔진	35.5k	*https://github.com/apache/spark*
아카	스칼라	분산 프로그래밍 프레임워크	12.7k	*https://github.com/akka/akka*
리라	스칼라	온라인 체스 서버	13k	*https://github.com/lichess-org/lila*
플레이 프레임워크	스칼라	웹 프레임워크	12.4k	*https://github.com/playframework/playframework*
팬독	하스켈	문서 형식 변환기	28.6k	*https://github.com/jgm/pandoc*

시맨틱	하스켈	코드 분석기	8.6k	*https://github.com/github/semantic*
퓨어스크립트	하스켈	컴파일러	8.1k	*https://github.com/purescript/purescript*

표 5-5 카인드를 사용하는 프로젝트

마치며

프로그래밍 언어의 역사를 되돌아보면 정적 타입 언어는 끊임없이 발전해 왔다.

자바가 처음 나온 1990년대만 해도 매개변수에 의한 다형성은 당연한 기능이 아니었다. 학계에서는 1960년대부터 매개변수에 의한 다형성에 대한 연구가 이루어졌지만, 현실에 적용되는 속도는 훨씬 느렸다. 매개변수에 의한 다형성은 기껏해야 하스켈 같은 일부 함수형 언어에서나 찾아볼 수 있었다. 객체 지향 언어에는 서브타입에 의한 다형성이면 충분해 보였다. 하지만 만들려는 프로그램이 크고 복잡해질수록 개발자들은 정적 타입 언어에 더 많은 기능을 요구했다. 그 결과 자바에 매개변수에 의한 다형성이 추가되었고, 매개변수에 의한 다형성을 제공하는 언어가 하나둘씩 더 생겨났다. 그러더니 어느새 매개변수에 의한 다형성을 제공하지 않는 정적 타입 언어가 더 드물 지경이 되었다.

정적 타입 언어의 발전은 결코 과거에 국한된 이야기가 아니다. 과거에도 일어났지만 요즘도 일어나는 일이다. 이를 잘 보여 주는 예가 러스트다. 러스트는 기존 시스템 프로그래밍 분야에서 사용되던 C와 C++의 고질적인 문제들을 해결하기 위해 등장한 언어다.

C와 C++가 겪는 많은 문제의 원인은 너무나도 부실한 타입 검사에 있었다. 타입 오류로 취급하는 오류가 적다 보니 프로그램이 타입 검사를 통과해도 실행 중에 일어날 수 있는 오류가 너무 많았던 것이다. 당연히 이런 C와 C++의 한계를 극복하려는 여러 시도가 있었다. 대표적으로는 C의 타입 검사를 개선한 사이클론(Cyclone)과 시큐어드(CCured) 같

은 언어가 있었다. 하지만 모두 개발자의 지지를 얻지 못한 채 역사 속으로 사라졌다.

그러다가 러스트가 등장했다. 러스트는 과거의 그 어떤 시도보다도 훨씬 더 성공적으로 C와 C++를 대체해 나가고 있다. 러스트가 C와 C++를 완전히 몰아낼 것이라고 단언하기는 어렵지만, 적어도 C와 C++가 차지하던 역할의 상당 부분을 빼어오리라는 사실은 이미 확실해 보인다.

러스트의 성공에서 흥미로운 점은 러스트가 C와 C++를 조금만 고치려고 하지 않았다는 사실이다. 오히려 근본부터 C, C++와는 전혀 다른 선택을 했다. 이는 C와 C++를 조금만 고쳐 문제를 해결해 보려던 과거의 시도들과는 확실히 차이가 나는 부분이다.

러스트의 근본에는 선형 타입(linear type)이 있다.[1] 선형 타입은 이 책에서 다루지 않은 주제로, 기존의 타입과 비교했을 때 훨씬 더 강력한 능력을 가지고 있다. 기존의 타입은 각각의 값이 '무엇'을 할 수 있는지만 표현한다. 하지만 프로그램이 다루는 많은 대상은 사용 시점과 횟수에 제한이 있다. 가령 열려 있는 파일을 한번 닫고 나면 그 파일을 더 읽을 수도, 다시 닫을 수도 없다. 즉, 파일이 읽는 능력과 닫는 능력을 가지고 있다고 표현하는 것만으로는 부족하다. 닫기 전까지만 읽을 수 있고, 오직 한 번만 닫을 수 있다고 표현해야 파일의 능력을 제대로 설명한 게 된다. 이런 성질을 표현할 수 있는 수단이 바로 선형 타입이다. 다시 말해 선형 타입은 각각의 값이 '무엇'을 할 수 있는지 표현할 뿐 아니라 '언제까지', '몇 번' 할 수 있는지도 표현한다. 그리고 선형 타입의 이런 강력함은 C와 C++의 타입 검사기가 놓치던 수많은 오류를 러스

1 정확히 말하면 러스트는 어파인 타입(affine type)을 사용하지만, 선형 타입이 더 널리 알려진 용어이고 둘의 차이가 크지 않기 때문에 선형 타입이라 적었다.

트의 타입 검사기가 잡아내는 데 핵심적인 역할을 했다.

매개변수에 의한 다형성이 학자들의 관심 대상에서 다수의 개발자가 사용하는 기능이 될 때까지 긴 시간이 필요했듯, 선형 타입 역시 빛을 볼 때까지 오랜 세월을 기다려야 했다. 선형 타입에 관한 연구가 본격적으로 시작된 것은 1980년대로 거슬러 올라간다. 하지만 선형 타입이 유용하기는 해도 실제로 프로그램을 작성할 때 사용하기에는 어렵고 불편하다는 인식이 더 컸기에 현실의 언어에 적용될 가능성은 별로 없어 보였다. 러스트는 그 편견을 성공적으로 깨부쉈다. 언어를 공들여 설계한다면 선형 타입을 사용하여 C와 C++에서 겪던 문제들을 해결하면서도 충분히 실용적인 언어를 만들 수 있다는 사실을 보여 준 것이다.

지금까지 일어난 일들로 미루어 볼 때 정적 타입 언어가 앞으로도 계속 발전할 것이라는 사실은 명백해 보인다. 지금 이 순간에도 학계에서는 실용적으로 널리 사용되지 못한 채 남아 있는 여러 개념을 계속해서 연구하고 있다. 그 예로는 의존적 타입(dependent type), 정제 타입(refinement type), 효과 타입(effect type), 점진적 타입 검사(gradual typing) 등이 있다. 이러한 개념을 제대로 설명하려면 책 한 권이 더 필요할 테니 여기서 자세히 설명하지는 않겠다. 선형 타입이 그랬듯이 각 개념은 현실에 적용되기 어려운 저마다의 이유를 가지고 있다. 하지만 마찬가지로 그중 어느 개념이든 누군가의 좋은 아이디어와 결합하여 미래에 우리가 사용하는 언어에 적용될 수 있다. 그리고 그 결과 정적 타입 언어가 또 한 번 발전하여 우리를 버그의 악몽에서 한 걸음 더 멀어지게 해 줄 것이다. 그러니 눈을 늘 부릅뜨고 어디서 진보가 일어나는지 지켜보기 바란다. 남들보다 한발 빨리 새로운 기능을 익히고 활용할 수 있다면 즐겁지 않겠는가.

이제 정말로 끝이다. 타입 세계의 긴 여정을 마친 것을 축하한다. 책을 읽기 전 정적 타입 언어에 대한 마음이 어떠했든 간에, 이제는 정적 타입 언어를 즐겁게 사용할 수 있는 사람이 되어 있기를 바란다. 책을 읽느라 고생했으니 일단 푹 쉬자. 그러고는 늘 그랬듯 다시 프로그램을 작성하자. 이왕이면 정적 타입 언어로 말이다!

더 읽을거리

이 책에서 다룬 내용을 익히려면 스스로 여러 타입 관련 기능을 사용해 코드를 작성해 보는 편이 좋다. 이때 자신이 사용하는 언어가 특정 기능을 어떤 방식으로 제공하는지 알아보기 위해 그 언어를 자세히 설명하는 책을 찾아 읽을 수 있다. 하나의 언어만을 다루는 책은 시중에 매우 많고 각자 처한 상황에 따라 적합한 책이 다를 수 있으니, 읽을 만한 책 목록을 구체적으로 제시하지는 않겠다.

한편 코드를 작성할 때 타입 관련 기능을 잘 사용하는 것뿐 아니라 타입이라는 개념 자체에 관심이 생긴 독자도 있을 것이다. 그런 독자들을 위해 다음 책 두 권을 추천한다.

- Benjamin C. Pierce, 《Types and Programming Languages》, The MIT Press: 여러 타입 관련 기능을 제공하는 언어를 정의한다. 그 언어의 타입 안전성을 증명하고 타입 검사기를 구현한다.
- John C. Reynolds, 《Theories of Programming Languages》, Cambridge University Press: 타입이라는 개념을 어떻게 수학적으로 설명할 수 있는지 살펴본다.

감사의 글

가장 먼저 제 지도 교수님이신 류석영 교수님께 깊은 감사의 인사를 올립니다. 대학원생이 되어 연구하기도 모자란 시간에 책을 쓰겠다고 했는데도 전적으로 지지해 주셔서 감사한 마음뿐입니다. 교수님과의 인연은 2015년, 제가 고등학교 3학년이던 시절로 거슬러 올라갑니다. 교수님께서 학교에 방문해 즐겁게 강연하시는 모습에 이끌려 프로그래밍 언어 연구자의 길을 걷게 되었습니다. 그때부터 지금까지 언제나 열정적으로 지도해 주셨기에 제가 여기까지 올 수 있었습니다. 교수님께서 가르쳐 주신 지식, 조언해 주신 내용 하나하나가 제 성장의 밑거름이 되었습니다. 이 책에 담긴 내용 역시 모두 교수님께서 가르쳐 주신 것이며, 만일 책에 미흡한 부분이 있다 해도 이는 제가 부족한 탓입니다.

KAIST 프로그래밍 언어 연구실의 모든 동료에게 감사드립니다. 먼저 졸업한 선배님들 그리고 지금 저와 함께 지내고 있는 동기, 선후배 모두에게 감사합니다. 행복하게 지낼 수 있는 연구실 문화를 만들고 계속 유지해 준 덕에 어려운 대학원 생활을 즐겁게 이어 나가고 있습니다. 날마다 연구실에서 한 수많은 잡담이 글을 쓰는 데 큰 영감이 되었습니다. 한 명 한 명 감사하지 않은 사람이 없지만, 그중에서도 옆자리에 앉아 있는 지희 형에게 특별히 더 감사를 표하고 싶습니다. 책을 쓰다가 막혔을 때 함께 고민해 주었고, 《괴델, 에셔, 바흐》를 읽고 나서 그 책처럼 내용 사이사이에 해학적인 이야기를 넣으라고 조언해 준 덕분에 '큐리 박사와 처르지' 이야기를 만들 수 있었습니다.

이 책을 쓰도록 권유해 주신 인사이트 출판사에 감사드립니다. 먼저 제안해 주시지 않았다면 제가 이 책을 쓸 일은 없거나 적어도 한참 후의 일이 되었을 터입니다. 여전히 부족한 점이 많지만, 책이 이 정도로나마 읽을 만한 글이 된 것은 소중한 의견을 아낌없이 주셨기 때문입니다. 개발자를 대상으로 글을 쓰는 것은 처음이다 보니 우여곡절이 많았습니다. 1년이면 다 쓸 줄 알았는데 기간이 두 배 이상 늘어났고, 책을 처음부터 다시 쓰기만 두 번이었습니다. 그 과정 속에서 더 나은 방향으로 나아갈 수 있게 도와주신 덕분에 이 책이 탄생할 수 있었습니다.

저를 낳고 지금까지 길러 주신 부모님께 감사드립니다. 어렸을 적부터 부모님께서 다양한 경험의 기회를 주신 덕분에 수학과 과학 그리고 전산학에 흥미를 가지게 되었습니다. 언제나 제 의견을 존중해 주시고 제가 하고 싶은 일을 하면서 살 수 있도록 이끌어 주셨기에 프로그래밍 언어 연구자가 될 수 있었고 이 책도 쓸 수 있었습니다.

마지막으로 고등학교 시절부터 즐거울 때도 슬플 때도 늘 함께하며 힘이 되어 준 제 가장 친한 친구 현우 형, 언제나 곁에서 의지할 수 있는 버팀목이 되어 주는 여자 친구에게 감사합니다. 또한 블로그에 올린 책의 초고를 읽고 다른 사람들에게 홍보해 주시거나 의견을 주신 모든 분들 그리고 이 책을 펼친 모든 독자들께 감사드립니다.

찾아보기

ㄱ
가변성 262, 269-272, 274-276, 280-284, 289, 291
간접 상속 78
객체 68-72, 76-77, 82, 84-88, 91-92, 9, 96-97, 106, 125-128, 134, 145, 152, 159, 163, 184-185, 199-200, 206-207, 210-211, 217-218, 224, 238-240, 252, 263-264, 266-268, 272-273, 275, 304, 306, 309-311, 318-320, 322, 334, 363, 369
객체 지향 언어 152, 224, 369
결과 타입 29-33, 36, 46, 49, 52-53, 90, 95, 109-112, 115, 134, 136-137, 139-141, 154, 156-157, 170-171, 185, 195, 210-211, 225, 239-241, 251, 254, 264, 270-277, 287, 331-337, 342, 361
공변 269, 271-272, 274, 276-291, 333
구조를 드러내는 타입 85, 87-91, 97-102, 200, 243, 247-248
구조에 의한 서브타입 77, 82-85, 90-91, 97, 100, 126, 145, 232, 275, 283, 345
구조체 90, 165, 188-189

ㄴ
널 54-58, 61
널 접근 54, 56, 61

ㄷ
다중 상속 124, 129-130
다형성 60-63, 68, 71-77, 84, 105, 134, 152-156, 166, 170-171, 178, 193, 224, 264, 301-32, 339, 347, 358, 360, 369, 371
대수적 타입 189
동적 선택 323-324, 334-335
동적 타입 310-311, 321-323, 327-330, 335
동적 타입 언어 12, 35, 39-46, 49, 58-59, 69, 91, 176

ㄹ
러스트 11, 37, 44, 48, 53, 162, 164, 168, 182, 188, 352, 355, 369-371
렛 다형성 170
루비 12, 59, 60
리스트 3, 46, 71, 76, 135-138, 176-184, 194-195, 206, 225-228, 250-254, 262-269, 276-278, 281-289, 301, 304, 333, 340, 343-351, 358-361
리스프 12
리팩터링 41

ㅁ
매개변수 29-33, 45-51, 62, 70, 87-88, 92, 95, 100, 121, 126-129, 134-141, 152, 155-162, 166, 170-173, 176-179, 184-185, 189-190, 193-210, 224, 226, 237-238, 240-245, 247, 249-254, 257, 263-265, 270-286, 289, 299-302, 306-309, 312, 319-320, 331, 339, 341-345, 347-348, 352, 358, 360-361, 363-364, 369, 371
매개변수에 의한 다형성 62, 152, 155-156, 166, 171, 178, 193, 224, 264, 302, 339, 347, 358, 360, 369, 371
매개변수 타입 29, 31, 33, 46-47, 49-51, 87-88, 93-95, 106, 121, 126-129, 134, 136-137, 139-141, 156-157, 160, 170, 173, 177, 179, 199, 226, 240-241, 251-254, 263-265, 270-277, 282, 285-286, 289, 299-301, 306-309, 312, 319-320, 331, 341-342, 361
맵 180-181, 183-184, 279
메서드 39-41, 62, 69-71, 78-79, 84, 87-102,

145, 154, 163, 166, 184-185, 198-200, 206-207, 224-226, 228, 232, 250-254, 266-268, 271-273, 276-283, 285-287, 302, 312-313, 318-325, 327-335, 340-341, 345, 349-350
메서드 선택 313, 322-323, 327-329
메서드 오버라이딩 312, 318-322, 331-332
메서드 오버로딩 302, 312-313, 322, 328
명령 줄 4
모듈 220
몸통 30-31, 45-47, 49, 95-97, 156,159, 172, 242-243, 344, 360
무엇이든 타입 193, 197-198, 200-202, 205, 213-214, 216
무엇인가 타입 193, 205, 210, 212-213, 216-217, 219-220
문자 3
문자열 3-4, 19-21, 23, 35-38, 40-41, 46-47, 50, 54, 56, 70, 106, 109, 112, 114-115, 119-123, 134, 153-156, 161, 172, 176-181, 194, 208-209, 211, 214, 225, 228, 240, 301, 311, 360
밀너 169-174

ㅂ

반변 271-272, 274, 275, 279-280, 282-285, 288-291
배열 리스트 225, 227-228, 358-361
버그 2-3, 5-7, 10-11, 54-60, 302, 311, 371
벡터 228, 304-308, 311, 318-320, 327-329, 332-334, 349-350
변수 3, 26-31, 40-41, 45, 48-49, 51-53, 69, 71, 121, 123, 134-135, 137, 153, 181, 185, 212, 238-239, 242-243, 266, 309-311
병합 정렬 250
부모 클래스 319, 322, 332-333, 335
불 3, 21, 24, 27, 35-38, 228
불변 270-272, 274, 276, 278-282, 284-285, 291, 333
비교 정렬 250
비트 벡터 228

ㅅ

사용할 때 가변성을 지정 275, 284, 289
사이클론 369
사전 180
삼항 연산자 23, 26
삽입 정렬 250
상속 70, 78-81, 83-84, 91, 93-96, 99-101, 124-127, 129-130, 145, 217-218, 224, 226-230, 234, 238, 243, 245, 254, 262, 267, 305, 319, 321, 333, 350
상한 241, 243-249, 251-254, 263-264, 341, 345
서브타입 68, 73-75, 77-82, 84-91, 94, 97, 100-101, 106, 114-115, 120, 126, 128-129, 134, 136-137, 139-141, 145, 224, 227, 229-230, 232, 239, 241-243, 245, 252-254, 262-271, 275-280, 283-289, 301, 306-309, 311-312, 322, 332-333, 335, 345-346, 350
서브타입에 의한 다형성 62, 68, 71-75, 77, 84, 105, 134, 154, 224, 264, 301-302, 339, 369
서티코스 58
선형 타입 370-371
수신자 322-324, 327-328, 330, 335
슈퍼타입 73, 93, 106, 244-245, 271, 289
스칼라 11, 37, 53, 60, 81-82, 90-91, 101-102, 108, 117-118, 124, 130, 144-145, 162, 165, 168-169, 183-184, 189-190, 201, 217, 233-234, 248-249, 257, 283-284, 303-304, 315, 325-326, 337, 353, 355-356, 366-367
시그니처 95, 98, 198-200, 220, 226, 232, 251, 254, 344
시큐어드 369

ㅇ

양변 271
어파인 타입 370
연결 리스트 225-228, 358-361
연산자 오버로딩 302
예외 109-113, 115-117
예외 처리기 109
오버라이딩 312, 318-322, 324-326, 328, 331-333, 336-337
오버로딩 298, 300-302, 306-307, 309, 312-313, 331, 339, 343-344, 358
오버로딩에 의한 다형성 62, 301-302, 339
오캐멀 11, 38, 49, 53,90, 102, 170, 173-174,

183, 189, 219, 220, 326, 337
위치에 민감한 타입 검사 121-124, 299
의존적 타입 371
이거나 타입 105, 118-124, 127, 131, 145, 298-301
이름에 의한 서브타입 77-78, 81-82, 84, 90-91, 126, 129, 145, 275
이름을 드러내는 타입 85, 90, 200
이면서 타입 105, 124, 127-129, 145
인자 17, 18, 20, 29, 32-33, 44-47, 50, 70, 72, 74, 76, 82, 86, 92-94, 105-106, 109-110, 112, 116, 118-119, 121, 126-127, 134-136, 138-140, 154-159, 167, 170, 172, 177, 179-180, 194-201, 214, 225-226, 228, 237-239, 242-243, 250, 252-253, 262-264, 266-267, 272, 274, 286, 288, 298-302, 306-313, 322-323, 327, 329-330, 341, 343-344, 359-363, 365
인터페이스 97, 100, 130, 282
일급 함수 134, 140, 200

ㅈ

자바 11, 35, 52, 54-57, 79, 81, 98, 102, 107-108, 141, 144, 152, 160, 162-163, 165, 167, 169, 182-183, 187, 190, 200, 220, 230, 233, 245, 249, 255, 257, 289, 291, 303, 314-315, 323, 326, 335, 355, 369
자바스크립트 12, 174, 220, 355
자식 클래스 319, 322, 325, 332-333, 335
재귀적 타입 매개변수 제한 249-250, 253-254, 257
점진적 타입 검사 371
정의할 때 가변성을 지정 275-276, 280-282, 289
정적 선택 310-311, 323-324
정적 타입 310-313, 321-324, 328-330, 335
정적 타입 언어 11-12, 23, 27, 38-45, 48-49, 51, 58-60, 62-63, 68-69, 91-92, 134, 152, 176, 193, 212, 369, 371-372
정제 타입 371
제네릭 메서드 163, 165-166, 185, 198, 200
제네릭스 152
제네릭 클래스 184-185, 190, 224, 227, 229, 230, 234, 244, 252, 254, 282, 291, 363
제네릭 타입 176, 178-181, 183-184, 189, 262, 264, 269-272, 274-276, 280-282, 284-285, 289, 333, 346, 351, 360-361
제네릭 함수 152, 157-161, 163, 166, 169-173, 179-180, 184, 189, 194, 196-201, 237-238, 240-244, 251, 263-265, 301, 347, 359-360, 364
직접 상속 78, 124
집합론적 타입 105

ㅊ

처치 63
최대 타입 105-108, 116, 145, 154, 177, 213, 242
최소 타입 105, 109, 114-118, 145, 213-214, 361
추상 메서드 91-92, 94-102, 251, 254
추상 클래스 97, 99-102, 226, 251, 266, 273, 341, 345-346, 348-351

ㅋ

카인드 358, 362-368
커리 57, 63
컴서트 58
컴파일러 58, 91, 108, 124, 131, 174, 202, 220, 368
코드 편집기 39-42, 58-59, 91-102, 108, 118, 124, 130, 162, 165, 169, 184, 249
코틀린 11, 37, 52, 56-57, 61, 80, 82, 101-102, 108, 117-118, 143, 161-162, 164-165, 168-169, 182, 184, 189-190, 233-234, 248-249, 256-257, 283-284, 290-291, 303-304, 314-315, 325-326, 336
콕 57-58
클래스 62, 68-72, 78-97, 99-102,124-127, 129-130, 145, 163, 165, 185, 188, 190, 199-200, 205-207, 211, 217, 224-226, 228-230, 234, 238, 242, 244-245, 250-251, 254, 265-266, 273, 279-280, 304-306,, 312, 318-322, 328-334, 340, 345, 350
키워드 27, 48, 52, 80, 95, 97-101, 160, 170, 246, 290, 324-325, 352-354

ㅌ

타입 3-5, 17-18. 20-34, 38, 40-42, 44-49,

51-57, 61-63, 69-77, 84-91, 93-94, 96-97, 105-106, 109, 111-116, 118-124, 126-128, 134-145, 154-160, 166-167, 171-172, 176-183, 185, 189-190, 193, 195-199, 201, 205, 207, 211-214, 216-220, 224-228, 230, 232, 237-244, 251-254, 262-264, 266-273, 279-280, 283-288, 290-291, 300-301, 307-313, 323, 322, 334, 340-355, 359-363, 365-366, 370-372
타입 검사 2, 10-13, 16, 19, 22-26, 28, 32-34, 38-40, 43-45, 47-51, 54-61, 71-72, 74, 76, 84, 87-88, 94-97, 105-106, 109, 111-113, 115, 121-124, 136, 139-140, 153-154, 158-159, 161, 167, 177, 179-180, 195-198, 209-212, 239-243, 251, 253, 263, 268, 276, 278, 280-281, 285, 287, 289, 299, 309, 310, 331-334, 341, 344, 349-350, 364, 366, 369, 371
타입 검사기 7-12, 16-17, 19-21, 24-27, 32, 34-35, 38-40, 42, 44-45, 47-54, 57-62, 69, 72, 74-78, 84, 86, 94-98, 122-123, 134, 136, 139, 141, 145, 154, 158-159, 167, 170-172, 174, 177, 179, 181, 213, 220, 237, 239-242, 263, 266, 268, 275, 279, 283, 308-310, 331, 334-335, 344, 364-365, 370-372
타입 매개변수 152, 156-162, 170-171, 176, 184-185, 189-190, 197, 210, 237, 241, 244-245, 247, 249, 252, 263-264, 270, 272-273, 275-281, 284, 341, 345, 347-348, 352, 363-364
타입 매개변수 제한 237-238, 241, 243-244, 249-251, 253-254, 257, 263, 281
타입스크립트 11, 36, 52, 89, 91, 99, 102, 107-108, 117-118, 123-124, 129-131, 143, 161, 164, 168, 182, 187, 231, 246, 255, 282, 325, 336
타입 안전성 9, 11, 62, 74, 268, 334, 372
타입 오류 3-12, 19, 22-25, 30-31, 33-35, 38, 54-59, 61, 109, 139, 369
타입 인자 157-163, 166-167, 169, 172-173, 178-180, 183, 186, 198, 200, 229-230, 242-243, 251, 253-254, 262-263, 269-271, 277, 285, 288-289, 346, 351, 360-364, 366
타입 추론 45, 48-51, 166, 169-174, 367
타입클래스 339, 341-348, 350-356, 358, 365-366
타입클래스 인스턴스 342-344, 347, 350, 352-354, 365
타입 표시 27, 36, 45-53, 59, 70, 87-88, 92-93, 121, 134, 156-157, 173, 363
튜링 8, 60
트레이트 97, 130, 217

ㅍ

파이썬 12, 23, 174, 220
패턴 대조 124, 219
필드 68-71, 76, 78-79, 84-91, 94, 125-126, 129, 145, 163, 185, 224, 232, 238, 240-244, 263-268, 283, 304-305, 334, 363

ㅎ

하스켈 11, 38, 49, 53, 173-174, 183, 189, 201-202, 218, 354, 356, 367-369
하워드 57
하한 244-245, 249, 281, 372
함수 선택 300, 307-310, 312-313, 322-323
함수 오버로딩 299, 301-302, 304, 311-313, 340, 344
함수형 언어 152, 224, 280-281, 369
호출 16, 18, 28-33, 41-42, 96, 109-110, 113, 115-117, 119-120, 122, 135, 157-158, 161, 163, 166, 173, 177, 179, 199-200, 206-207, 213, 242, 249-250, 254, 273, 300-302, 307, 309-311, 313, 321-322, 324, 328-330, 334-335, 340, 352-353, 355
효과 타입 371
희소 벡터 305-308, 311, 319-320, 327-329, 332-334
힌들리 170
힌들리-밀너 타입 추론 169-174

기타

0으로 나누기 54-55